GIGANTES DA ESTRATÉGIA

DAVID B. YOFFIE e MICHAEL A. CUSUMANO

GIGANTES DA ESTRATÉGIA

Tradução de
EVELYN KAY MASSARO

1ª edição

best.
business
RIO DE JANEIRO – 2016

CIP-BRASIL. CATALOGAÇÃO NA FONTE
SINDICATO NACIONAL DOS EDITORES DE LIVROS, RJ

Y53g
Yoffie, David B.
  Gigantes da estratégia / David B. Yoffie, Michael A. Cusumano; tradução de Evelyn Kay Massaro. – 1ª ed. – Rio de Janeiro: Best Business, 2016.
  340 p.; 14 × 21 cm.

  Tradução de: Strategy Rules
  ISBN 978-85-68905-17-3

  1. Planejamento estratégico. 2. Estratégia. I. Cusumano, Michael A. II. Título.

16-35266
CDD: 658.4012
CDU: 658.012.2

Gigantes da estratégia, de autoria de David B. Yoffie e Michael A. Cusumano.
Texto revisado conforme o Acordo Ortográfico da Língua Portuguesa.
Primeira edição impressa em setembro de 2016.
Título original inglês:
STRATEGY RULES

Copyright © 2015 by David B. Yoffie e Michael A. Cusumano
Publicado em acordo com a Harper Collins Publishers.
Todos os direitos reservados. Proibida a reprodução, no todo ou em parte, sem autorização prévia por escrito da editora, sejam quais forem os meios empregados.

Design de capa: Sérgio Campante.

Direitos exclusivos de publicação em língua portuguesa para o Brasil adquiridos pela Best Business, um selo da Editora Best Seller Ltda. Rua Argentina, 171 – 20921-380 – Rio de Janeiro, RJ – Tel.: (21) 2585-2000 que se reserva a propriedade literária desta tradução.

Impresso no Brasil

ISBN 978-85-68905-17-3

Seja um leitor preferencial Best Business.
Cadastre-se e receba informações sobre nossos lançamentos e nossas promoções.

Atendimento ao leitor e vendas diretas: sac@record.com.br ou (21) 2585-2002.
Escreva para o editor: bestbusiness@record.com.br
www.record.com.br

Sumário

PREFÁCIO   7
INTRODUÇÃO A formação de um mestre estrategista   13

1. Olhe para o futuro, raciocine no presente   39
2. Aposte alto, sem apostar a empresa   85
3. Construa plataformas *e* ecossistemas — não apenas produtos   124
4. Explore a influência *e* o poder — pratique judô *e* sumô   172
5. Molde a organização em torno da sua âncora pessoal   213

CONCLUSÃO Lições para a próxima geração   257
NOTAS   283
ÍNDICE REMISSIVO   313

Prefácio

Há quase trinta anos ensinamos estratégia em Harvard e no Instituto de Tecnologia de Massachusetts. Ao longo das últimas três décadas, o campo da estratégia realizou um enorme progresso no fornecimento de estruturas rigorosas e analíticas, em geral baseadas em disciplinas acadêmicas como microeconomia, teoria dos jogos e sociologia. Apesar de oferecermos inúmeras ferramentas aos estudantes, raramente debatemos sobre como os grandes estrategistas pensam, aprendem e transformam suas ideias em ações. Existe um enorme buraco em nossa compreensão sobre o que forma um grande estrategista. Os acadêmicos estudam companhias e seus líderes com frequência, mas quase nunca estudam a fundo os indivíduos em si, junto com as decisões que definem suas carreiras e as organizações que criaram.

Quando começamos este projeto, partimos de várias hipóteses importantes. Uma delas foi que gerentes e empreendedores poderiam aprender muito com Bill Gates, Andy Grove e Steve Jobs, apesar da singularidade e da personalidade marcante de cada um deles. Nunca tivemos qualquer dúvida de que esses três indivíduos não se enquadravam entre os típicos CEOs ou empreendedores em termos de capacidade pessoal ou realizações. Eles eram titãs da indústria, para dizer o mínimo. Ao mesmo tempo, concluímos que suas abordagens poderiam ajudar gerentes e empreendedores a pensar de maneira mais sistemática, tanto sobre estratégia quanto sobre execução, porque esses homens lidaram com problemas-chave de modos similares.

A segunda hipótese foi que, apesar de os três personagens pertencerem ao mundo da alta tecnologia, suas experiências podem nos fornecer um bom olhar sobre o papel e a importância da estratégia e da execução para muitos tipos de negócios. Um dos motivos de termos passado grande parte de nossas carreiras estudando empresas high-tech é que o ritmo das mudanças concede um enorme peso à formulação da estratégia certa na hora certa, bem como ao cuidado com os detalhes da execução. Além disso, tecnologias em rápida evolução estão se entranhando em todos os tipos de negócios do mundo moderno. Rápidas mudanças nas mídias sociais, no sistema de nuvem, nos dispositivos móveis e até em tecnologias desgastadas irão impactar a maioria das empresas nas próximas décadas. Entender como a estratégia se desenvolve no mundo da alta tecnologia se tornou parte da vida cotidiana dos negócios.

A terceira hipótese é que a estratégia e a execução estão invariavelmente conectadas. Quando estamos ensinando, os alunos geralmente perguntam: "O que é mais importante, estratégia ou execução?" Depois de uma pequena pausa, costumamos responder com outra pergunta: "O que preferiria ter — uma ótima estratégia mal-executada ou uma estratégia ruim executada com perfeição?" A resposta, claro, é que nenhuma das duas. Não há valor em uma grande estratégia que não pode ser executada ou em uma grande execução que nos leve para o lado errado. CEOs capacitados devem conduzir a organização ao caminho certo e depois levá-las a fornecer resultados. Como Bill Gates disse em certa ocasião: "Uma estratégia ruim vai fracassar por melhor que seja a qualidade das informações, e uma execução malfeita vai sufocar uma boa estratégia. Quem fizer muitas coisas malfeitas acabará fora do negócio."[1]

Finalmente, acreditamos que se tornar um grande estrategista não é algo inato. Os executivos mais bem-sucedidos *aprendem* ao longo do tempo como pensar de forma mais estratégica e como executar com maior eficácia, tanto nos níveis táticos como organizacionais. Voltaremos a esse assunto no último capítulo do livro. Enquanto isso, mostraremos que Bill Gates, Andy Grove e Steve Jobs não nasceram como grandes estrategistas: Jobs quase faliu a companhia no seu período inicial de atuação na Apple; o primeiro livro de Grove que pretendia ensinar como dirigir um negócio, *High Output Management,* tornou-se nada mais que um guia utilizado por gerentes medianos, orientados para a produção; e o conhecimento de Gates sobre administração e negócios quando abandonou Harvard estava longe de ser impressionante. Foi a capacidade desses homens de aprender — sobre estratégia, execução e novos domínios dentro de seus próprios negócios — que os transformou em líderes eficazes ao longo de grandes períodos de tempo. Nós partimos da hipótese de que outros diretores experientes e empreendedores, desde que decidam se dedicar, podem aprender tanto quanto eles.

De várias maneiras, a pesquisa para este livro se iniciou em meados da década de 1980, quando começamos a estudar, escrever sobre o assunto ou trabalhar nas indústrias de software, computadores ou semicondutores. Incorporamos entrevistas conduzidas nessas companhias que datam desde 1987. No total, recorremos a cem de nossas próprias entrevistas em diferentes anos, bem como aos outros livros, artigos e *cases* que nós e outros escrevemos. Também passamos cerca de um ano nos encontrando algumas vezes por mês para compararmos ideias sobre nossos três personagens e moldar a estrutura do livro antes de começarmos a escrever. O atual formato das cinco "regras" e habilidades principais — que mostra o que pensamos ser os pontos em comum dos três CEOs — emergiu nos primeiros dias de nossas conversas, reforçando nossa crença de que Gates, Grove e Jobs tinham muitas semelhanças no que dizia respeito ao modo como abordavam desafios estratégicos.

Apesar de já termos agradecido muitos dos indivíduos que nos ajudaram em nossa pesquisa ao longo das duas décadas passadas, gostaríamos de expressar nosso apreço aos executivos que nos doaram seu tempo e perspectivas durante o outono de 2013, quando começamos nossas pesquisas mais recentes. Em absoluto primeiro lugar, queremos agradecer a Andy Grove por se reunir conosco em várias ocasiões, entre setembro de 2013 e julho de 2014. Andy leu e comentou partes do manuscrito e também respondeu nossos numerosos e-mails. Além deles, tentamos também nos encontrar com Bill Gates, mas, no final do outono de 2013, ele se desculpou por não estar disponível.

Nossa estratégia de entrevistas, com duas exceções, era conversar com executivos que tinham trabalhado em proximidade com Gates, Grove e Jobs, mas que não estavam mais nas respectivas companhias. As exceções foram Renée James, que foi assistente técnica de Grove e na ocasião de nossa entrevista era a nova presidente da Intel, e Joel Podolny, chefe dos recursos humanos da Apple, que trabalhou com David, um dos autores, na Harvard Business School antes de ir para Yale e depois para a Apple. Além de nos reunirmos com Grove, James e Podolny, realizamos outras 12 entrevistas no outono de 2013. Desejamos agradecer a Fred Anderson, Dennis Carter, Tom Dunlap, Carl Everett, Pat Gelsinger, Frank Gill, Ron Johnson, Paul Maritz, Jon Rubinstein, Russ Siegelman, Avie Tevanian e Les Vadasz.

Também nos beneficiamos enormemente com os numerosos leitores do manuscrito e outros que ofereceram um feedback por escrito sobre nossos seminários. Entre eles estão nosso agente, James Levine; o editor, Hollis Heimbouch; além de Juan Alcacer, Deborah Ancona, Ankur Chavda, Scott Cook, Donna Dubinsky, Kathy Eisenhardt, Andreas Goeldi, Mel Horwitch, Reed Hundt, Renée James, Carol Kauffman, Karim Lakhani, Doug Melamed, Sanjiv Mirchandani, Tim Ott, Joel Podolny, Alec Ramsay, Steven Sinofsky, Brad Smith, Michael Scott-Morton, Ben Slivka, Richard Tedlow e Eric Van den Stein. Queremos também agradecer aos participantes dos seminários no Departamento de Ciência de Gestão e Engenharia da Stanford Engineering, London Business School, Imperial College Business School, Saïd Business School de Oxford, a Harvard Business School Strategy Conference e Strategy Seminar, e HBS Strategy Seminar, e o MIT Sloan Seminar in Technological Innovation, Entrepreneurship and Strategy.

Algumas pessoas foram indispensáveis: Eric Baldwin, assistente de pesquisa de David, que se aprofundou em todos os aspectos dos assuntos, procurando novos exemplos, insights, referências e perspectivas para nos ajudar em cada um dos capítulos do livro. Somos profundamente gratos ao nosso editor, Mary Kwak, que nos incentivou a esclarecer nosso modo de pensar e desempenhou um papel crucial na formação do livro, tornando-o mais legível para um número bem maior de leitores. A assistente de David, Cathyjean Gustafson, nos deu um apoio incrível em cada estágio do processo.

É claro que também agradecemos a nossas esposas, Terry Yoffie e Xiaohua Yang, que leram inúmeros rascunhos do manuscrito e foram nossas maiores críticas, melhores guias e maiores torcedoras.

Introdução

A formação de um mestre estrategista

No início de março de 1998, Bill Gates, Andy Grove e Steve Jobs, os CEOs da Microsoft, da Intel e da Apple, respectivamente, posaram para uma fotografia numa festa na cidade de Nova York, comemorando o 75º aniversário da revista *Time*. Isso nunca havia acontecido antes e jamais aconteceria de novo. A foto é a única com os três, juntos, na época em que estavam dirigindo suas empresas. O mais impressionante são os smokings! Naquela noite, Jobs havia trocado sua camiseta preta de gola alta e jeans habituais, Grove, sua jaqueta de couro, e Gates, seus eternos pulôveres e calças informais.

No centro da foto, Grove está exultante. Poucas semanas antes, a *Time* o escolhera como o Homem do Ano, a coroação de uma carreira ilustre. A Intel estava desfrutando os melhores resultados de sua história, dominando o mercado de microprocessadores e era líder mundial nas rendas e lucros com semicondutores. No auge de sua forma, Grove acabara de anunciar que estava se aposentando como CEO e alçando voo para o posto de presidente, que ele manteve até 2005.

À direita, Gates tem um sorriso mais discreto. Como chefe da Microsoft, ele passara por cima de todos os obstáculos em seu caminho, inclusive a tentativa da Intel de entrar no ramo dos softwares, o desafio da Apple aos computadores desktop e, mais recentemente, o esforço da Netscape para se apoderar da internet e derrubar a Microsoft, que era a companhia de software mais poderosa do mundo. Todavia, o sucesso de Gates atraíra uma atenção indesejada. Apenas dois meses depois, o Departamento de Justiça dos Estados Unidos, mais vinte estados e o Distrito de Columbia, deram entrada em uma bateria de ações judiciais acusando a Microsoft de ter usado ilegalmente seu poder de mercado para prejudicar a concorrência. Em 2000, Gates encerraria seu período de 25 anos como CEO da companhia. Ele permaneceu como presidente do conselho até 2014, quando novamente se afastou para se tornar conselheiro do novo CEO, Satya Nadella.

À esquerda, Jobs ostenta sua expressão característica, que nos dá a impressão de que só ele está a par de um segredo. Ele havia voltado a ser o CEO interino da Apple oito meses antes, recusando o título permanentemente até ter absoluta certeza de que a empresa sobreviveria. Mais pragmático do que o Steve Jobs de antes, ele fizera as pazes com os antigos adversários, Gates e Grove, mas nem por isso havia se tornado menos maníaco no que diz respeito ao controle do design dos produtos e à experiência do usuário. Dois meses depois dessa festa, Jobs apresentou ao mundo o iMac no formato de jujuba e cores vivas que revolucionou a companhia. Mais tarde, ele apresentaria o iPod e o iTunes, em seguida o iPhone e o iPad, transformando a Apple na companhia mais valiosa do mundo.

DOMINANDO AS REGRAS DA ESTRATÉGIA

Podemos apenas especular sobre o que Gates, Grove e Jobs estavam pensando quando a foto foi tirada. No entanto, quando se trata das mais importantes ideias e ações que os haviam levado a esse momento em suas carreiras, não precisamos especular: nós *sabemos*. Tivemos a sorte de estudar e trabalhar com esses líderes e suas empresas por mais de 25 anos. David Yoffie é membro do Conselho de Diretores da Intel desde 1989 e trabalhou muito próximo de Grove durante seu período de 11 anos como CEO e sete como presidente. Ele também se reuniu com Gates, Jobs e outros líderes da indústria em diversas ocasiões como parte de sua pesquisa sobre estratégia de alta tecnologia na Harvard Business School. Ao longo do mesmo período, Michael Cusumano se aprofundou na estratégia e nas operações da Microsoft. Como principal especialista sobre software na Sloan School of Management do MIT, ele escreveu extensivamente sobre a indústria e conduziu longas entrevistas com Gates e Grove, e também com muitos executivos e engenheiros da Microsoft, Intel e Apple. Juntos, em 1998, escrevemos um estudo que se tornou best-seller sobre a batalha épica da Microsoft contra a Netscape, *Competing on Internet Time*. Como muitos outros, podemos dizer o que esses três líderes estavam pensando enquanto tomavam as decisões que levaram a Microsoft, a Intel e a Apple às alturas — e a ocasionais fracassos.

Foi muito importante observar Gates, Grove e Jobs bem de perto. Isso nos permitiu identificar pontos em comum em suas abordagens sobre estratégia, execução e empreendedorismo que frequentemente passariam despercebidos por diferenças em personalidade e estilo. É certo que não existe carência em análises de estudos de caso e livros examinando cada uma das companhias. Os três CEOs têm sido tema de biografias extensas, variando de calhamaços de 650 páginas a brochuras ilustradas para crianças. Inevitavelmente, esses tratamentos enfatizam detalhes únicos da vida dos três — a fuga de Grove da Hungria comunista e sua subsequente carreira acadêmica; a criação privilegiada de Gates e sua precoce imersão no software; a infância humilde de Jobs e, mais tarde, sua obsessão com elegância no design. Todavia, por trás dessas diferenças, havia uma estrutura básica comum que os levou à liderança de suas empresas.

Essa abordagem compartilhada sobre os aspectos essenciais da estratégia e execução não aconteceu ao mesmo tempo para os três e foi evoluindo ao longo de suas carreiras, por meio de diversas tentativas e erros. As cinco regras que identificamos para descrever essa estrutura básica constituem o coração deste livro:

1. Olhe para o futuro, raciocine no presente
2. Aposte alto, sem apostar a empresa
3. Crie plataformas *e* ecossistemas — não apenas produtos
4. Explore a influência *e* o poder — pratique judô *e* sumô
5. Molde a organização em torno da sua âncora pessoal

Ao aplicar essas regras em suas empresas, Gates, Grove e Jobs produziram resultados jamais vistos. O desempenho financeiro constitui somente uma pequena parte de suas histórias complexas, mas é uma óbvia indicação do seu sucesso.

Por exemplo, veja os lucros operantes (Tabela a seguir). Bill Gates foi CEO da Microsoft de 1975 a 2000. Ao longo desse período, o lucro anual da empresa cresceu de praticamente zero para US$11 bilhões. Andy Grove tornou-se CEO da Intel em 1987. No ano anterior, a Intel havia perdido US$135 milhões. Em 1997, o último ano de Grove como CEO, a Intel ganhou quase US$10 bilhões. Em 1997, o ano em que Steve Jobs voltou para a Apple, a companhia perdeu mais de US$400 milhões; em 2011, ano em que se demitiu por causa de sua doença, a Apple ganhou quase US$34 bilhões.

Os números das ações no mercado contam uma história parecida. A parcela da Intel no segmento de microprocessadores cresceu de menos de 40% para mais de 80% durante o mandato de Grove.[1] Sob a liderança de Gates, a Microsoft tomou conta de 95% do mercado de sistemas operacionais para PC. No final do segundo período de Jobs na Apple, a companhia havia conquistado 20% do mercado de smartphones, 60% do mercado de MP3 players (o iPod) e mídia digital (iTunes) e até 70% do mercado de tablets (iPad).[2] Além disso, Jobs se orgulhou muito do fato de a Apple vender 90% de todos os computadores pessoais com custo acima de US$1 mil.[3]

O mais impressionante talvez seja o fato de a Apple ser a empresa mais valiosa do mundo quando Jobs se demitiu. A Microsoft apresentou a mesma distinção no final do período de Gates como CEO. A Intel estava apenas um passo atrás, conquistando a liderança mundial dentro dos 27 meses da mudança de Grove do escritório de CEO para a suíte presidencial (falando metaforicamente, isso quer dizer que Grove continuou a trabalhar em um cubículo, como qualquer outro empregado da Intel).

LUCROS E PICO DA CAPITALIZAÇÃO NO MERCADO

	Lucros operacionais no início do período como CEO	Lucros operacionais no final do período como CEO	Pico da capitalização no mercado	Capitalização aproximada no mercado (final de 2014)
Gates (25 anos) (Microsoft)		US$11 bilhões	US$612 bilhões (27 de dezembro de 1999)	US$410 bilhões
Grove (11 anos) (Intel)	(US$135 milhões)	US$10 bilhões	US$501 bilhões (31 de agosto de 2000)	US$165 bilhões
Jobs (14 anos) (Apple)	(US$403 milhões)	US$34 bilhões	US$668 bilhões (14 de novembro de 2014)	US$688 bilhões

Gates, Grove e Jobs deveram parte do sucesso à explosão de atividades desencadeadas pela invenção do computador pessoal, o advento da internet e a disseminação dos dispositivos móveis. Sem dúvida, estavam no lugar certo na hora certa. Entretanto, muitos negócios bem posicionados dirigidos por indivíduos talentosos e diligentes fracassaram ou ficaram para trás durante esse mesmo período e nos mesmos mercados. Gates, Grove e Jobs sobressaíram porque conquistaram e mantiveram o domínio em suas indústrias, mesmo quando mudanças sísmicas alteraram o cenário à sua volta. Durante o processo, exerceram um impacto duradouro sobre suas empresas, seus setores e sua era.

Microsoft, Intel e Apple enfrentaram modificações importantes em seus negócios desde a época em que Gates, Grove e Jobs eram CEOs. Mesmo assim, o desempenho profissional dessas três empresas tem sido mais forte do que a maioria das pessoas pode pensar. As vendas da Intel quase dobraram, indo de US$25 bilhões para US$53 bilhões nos 16 anos após a saída de Grove do cargo. As rendas da Microsoft mais que triplicaram nos 13 anos que se seguiram à demissão de Gates. Até mesmo as vendas anuais da Apple cresceram quase 60% nos dois anos seguintes à saída de Jobs, indo de US$108 bilhões para US$170 bilhões. As três companhias também continuaram a gerar níveis invejáveis de renda operacional — no ano de 2013, US$12,3 bilhões para a Intel, US$27,6 bilhões para a Microsoft e US$48,5 bilhões para a Apple.

Esses números impressionantes demonstram que uma grande posição estratégica, combinada com produtos inovadores ou plataformas de indústria dominante, pode gerar enormes benefícios econômicos por longos períodos de tempo. No entanto, nos últimos anos, o desempenho financeiro, o valor de mercado e as percepções públicas da Microsoft, da Intel e até mesmo da Apple deixaram de atingir os altos padrões mais recentes de sua história. Não vemos mais taxas de crescimento dobrarem ou triplicarem a média da indústria ou produtos realmente revolucionários. Não chega a ser uma grande surpresa. Os CEOs que vieram depois de Gates, Grove e Jobs foram, em certo sentido, vítimas do sucesso de seus predecessores. Em vez de recém-chegados ágeis em negócios crescentes, eles herdaram "gigantes" amadurecidos que enfrentaram distorções nos seus mercados, bem como concorrentes famintos em todos os lados. As três empresas são desafiadas pelo surgimento de novas tecnologias e modelos de negócios, indo de softwares em forma de serviço e computação em nuvem a serviços de software "gratuitos" apoiados em anúncios, redes sociais e crescimento explosivo de smartphones e tablets relativamente baratos

Embora Gates, Grove e Jobs tenham construído organizações e culturas fortes que persistiram, as equipes de liderança que se seguiram aos nossos três CEOs são, em última instância, responsáveis pelo desempenho de suas companhias. Os sucessores imediatos dos CEOs da Microsoft e Intel — Steve Ballmer, Craig Barrett e Paul Otellini — foram gerentes competentes das franquias existentes, mas fracassaram em combinar clareza estratégica e execução disciplinada, aspectos que se tornaram uma segunda natureza para Gates e Grove. Quanto à Apple, ainda não está claro como a companhia vai funcionar sem Jobs no leme. Apesar de substituir qualquer líder desse nível ser talvez uma tarefa impossível, nos três anos após o afastamento de Jobs, em 2011, nenhum produto inovador comparável ao iPod, iPhone ou iPad foi lançado. O iWatch talvez seja uma exceção, mas há boas razões para o ceticismo sobre seu impacto como plataforma de nível na indústria, como discutiremos mais adiante. De maneira geral, Apple, Intel e Microsoft permanecem sendo empresas importantes e poderosas, e todas têm CEOs relativamente novos, que, esperamos, levarão suas empresas a novos patamares no futuro. O problema estratégico comum aos três é que Microsoft, Intel e Apple não estão mais sozinhas na liderança do mundo high-tech.

Atualmente, o holofote está voltado para uma nova geração de companhias e empreendedores CEOs: pessoas como Larry Page, do Google (especialista em ciência e engenharia, como Grove); Mark Zuckerberg, do Facebook (um "hacker" que largou os estudos em Harvard, como Gates); e Jeff Bezos, da Amazon (um não conformista compulsivamente orientado para o consumidor, como Jobs); além de Huateng "Pony" Ma, da Tencent (fundador da maior companhia de internet da China). Como discutiremos mais tarde neste livro, esses CEOs estão seguindo os passos de Gates, Grove e Jobs. Podemos observar sua confiança em princípios estratégicos similares na visão presciente da nuvem de Page, nos passos ousados de Zuckerberg para construir a plataforma Facebook, na paixão de Bezos para criar plataformas que promovam uma experiência insuperável ao consumidor, e no ímpeto de Ma para "abraçar e expandir" as melhores tecnologias de serviço de mensagem e networking da internet.

Não é de surpreender que essa última geração de empreendedores de alta tecnologia esteja construindo sobre os alicerces que Gates, Grove e Jobs fundaram. Como seus famosos predecessores, eles operam a passos rápidos em indústrias de "plataforma", definidas por seu grande potencial de crescimento e frequentemente por mudanças imprevisíveis. Porém, além do setor de tecnologia, acreditamos que os líderes de uma ampla gama de indústrias também poderão se beneficiar com o estudo sobre esses três CEOs. Indústrias dinâmicas como software para computadores, semicondutores, eletrônicos para consumidores e mídia digital são as moscas-das-frutas no mundo dos negócios.[4] Como as mudanças são tão rápidas, e os ciclos de vida, tão curtos, temos muitas oportunidades para observar por que algumas companhias são bem-sucedidas e outras tropeçam ou fracassam. Entendendo como Microsoft, Intel, Apple e outras companhias high-tech administraram sua evolução, executivos seniores e empreendedores de outras indústrias podem aprender como melhor gerenciar as mudanças em seus próprios mercados.

A palavra "aprender" é essencial neste estudo. Depois de observar Gates, Grove e Jobs — por mais de duas décadas —, está claro para nós que o saber estratégico não é um talento inato. A grande maioria dos CEOs *aprende como se tornar* pensadores estratégicos e líderes de organizações muito melhores. Por exemplo, Grove, no início da carreira, acreditava que seus gerentes no "front", os mais próximos dos consumidores, deveriam estabelecer a estratégia corporativa. Posteriormente ele se deu conta de que a estratégia exigia tanto uma abordagem de cima para baixo como uma de baixo para cima. Gates foi pego de surpresa pela ascensão da internet e quase perdeu a guerra dos navegadores para a Netscape. Porém, depois de ser empurrado por alguns funcionários mais jovens e relativamente inexperientes, ele se adaptou rápido para salvar a companhia de um potencial desastre. Jobs quase levou a Apple para a bancarrota durante seu primeiro período na companhia antes de aprender que apenas projetar grandes produtos não era suficiente. Eventualmente, ele percebeu que a Apple tinha de formar uma parceria mais ampla com a indústria e trabalhar com concorrentes — em especial Bill Gates e a Microsoft — para sobreviver e depois prosperar.

Sem dúvida, os mercados de alta tecnologia têm características únicas e isso foi uma grande lição aprendida por Gates, Grove e Jobs. Negócios ligados à tecnologia geralmente giram em torno de "plataformas" amplas em vez de produtos únicos. Plataformas como o Windows PC ou o iPhone são produtos ou tecnologias que fracassam ou são bem-sucedidas, dependendo do número de usuários que atraem e do número de empresas terceirizadas que produzem produtos e serviços "complementares" para elas. O aumento de usuários e complementos pode gerar poderosos loops de feedback, conhecidos como "efeitos de network" ou "externalidades de network", que por sua vez podem aumentar exponencialmente à medida que mais consumidores e complementos adotam a plataforma. Além disso, como os mercados de plataforma podem logo se voltar para um único grande vencedor, até mesmo as empresas mais dominantes se arriscam com frequência a sofrer duros rompimentos no status quo. Essa dinâmica exige gerentes de alta tecnologia capazes de tomar decisões extremamente complexas com rapidez e muito pouca certeza sobre o futuro. Se acertarem, haverá grandes recompensas; se errarem, as consequências serão arrasadoras.

Poucas pessoas podiam ter imaginado (além de Steve Jobs, é claro) que um novo telefone celular chamado iPhone transformaria gigantes da indústria (Nokia e BlackBerry) em atores virtualmente irrelevantes em poucos anos. Ou que uma pequena startup de Seattle (Microsoft) viraria de ponta-cabeça seu maior consumidor e a maior e mais valiosa companhia da época (IBM). Ou então que uma pequena e quase falida fabricante de memória de semicondutores (Intel), que chegou a receber ajuda financeira da IBM, se modificaria para derrotar japoneses, coreanos e europeus e se tornar líder mundial de uma nova e crucial tecnologia — microprocessadores — no intervalo de uma década.

Gates, Grove e Jobs estavam entre os primeiros CEOs e empreendedores a descobrir como competir no mercado de plataformas. Foram atentos estudantes de estratégia, organização e também de história, e ainda se dedicaram a aprender o máximo sobre novas tecnologias, novos modelos de negócios e novas indústrias. Os três compartilhavam do compromisso de refletir sobre seus triunfos e também sobre seus erros. Essa dedicação ao aprendizado é uma parte essencial do que os fez se tornarem líderes eficazes ao longo de tanto tempo.

OS TRÊS CEOs

Quando começamos este livro, pensamos nele como uma conversa com Gates, Grove e Jobs sobre o que é preciso para se tornar um mestre em estratégia. Aprendemos muito dissecando e revisando as regras que, em nosso ponto de vista, todos pareciam seguir. Por meio desse processo, descobrimos que suas histórias e interesses pessoais desempenharam um papel poderoso em moldar suas abordagens sobre estratégia, organização e também empreendedorismo. Por isso, um bom ponto de partida para este livro é apresentar um resumo de suas histórias pessoais e dos negócios que administraram, começando com o mais velho dos três.

Andy Grove e a Intel

Andy Grove nasceu na Hungria, em 1936. Foi uma criança sobrevivente do Holocausto e cresceu atrás da Cortina de Ferro. Fugiu da opressão soviética durante a fracassada revolução de 1956. Posteriormente, emigrou para os Estados Unidos, onde trabalhou para cursar a City College de Nova York, graduando-se em engenharia química. Prosseguiu nos estudos até completar o Ph.D. na mesma área, na Universidade da Califórnia, Berkeley. Começou sua carreira na Fairchild Semiconductor, em 1963, de onde saiu para ajudar a fundar a Intel em 1968, época em que os adolescentes Gates e Jobs estavam começando a lidar com computadores.

A princípio, a Intel se focou em projetar e fabricar chips de memória para computadores mainframe. A companhia se tornou pública em 1971, com base na força do seu negócio de armazenamento. No mesmo ano inventou um novo produto — os microprocessadores — que posteriormente a levou a ser uma usina de força global. O microprocessador também é chamado de unidade de processamento central, ou CPU, cuja função é executar tarefas computacionais para sistemas de computador ou outros dispositivos eletrônicos, como relógios digitais. Em 1980, a Intel ganhou um contrato da IBM para fornecer o microprocessador para seu primeiro computador pessoal, lançado no ano seguinte. Quando o PC decolou, no início da década de 1980, a linha de microprocessadores X86 da Intel tornou-se padrão para a indústria.

Na mesma época, a Intel ainda se via primariamente como uma empresa de produtos de memória. Porém, em 1985, a combinação entre alguns fabricantes japoneses agressivos e uma desaceleração do mercado causou prejuízo ao negócio de memórias. Depois de conseguir apoio financeiro da IBM para manter viva a companhia, o CEO Gordon Moore e o então COO, Andy Grove, tomaram a difícil decisão de sair formalmente do segmento DRAM e decidiram focar em microprocessadores. Quando Grove se tornou CEO, em 1987, completou a transição dos DRAMs e implantou a nova identidade da Intel como líder em fornecimento de microprocessadores para PC. Em 1992, a Intel se tornou a maior fabricante de semicondutores do mundo. Seis anos depois, quando Grove deixou o cargo de CEO, a Intel acionava cerca de 80% dos PCs vendidos. A companhia também se tornou uma verdadeira gigante nos data centers, chegando a fornecer CPU para aproximadamente 90% dos servidores mundiais. Ao longo desse caminho, a expressão Intel Inside passou a ser um termo familiar e a companhia, antes conhecida como um mero fabricante de componentes apenas pelos que atuavam na área, transformou-se em líder de tecnologia com uma das mais valiosas marcas do mundo.[5]

Bill Gates e a Microsoft

Nascido em 1955, quase duas décadas depois de Grove, Bill Gates partiu de um início de vida muito diferente. Cresceu em Seattle como filho privilegiado de um advogado bem-relacionado e de uma notável voluntária cívica. No final da década de 1960, quando estava no ensino médio, Gates descobriu os computadores e logo ficou fascinado por programação. Na faculdade, criou um programa de software que administradores escolares passaram a usar para organizar as aulas e os horários dos alunos. Na época, junto com um colega mais velho, Paul Allen, fundou uma pequena empresa para registrar dados de trânsito. Gates se matriculou em Harvard em 1973, mas depois de dois anos desistiu dos estudos para começar a Microsoft em 1975, também tendo Allen como sócio.

A Microsoft começou bem pequena. No início, os dois adaptaram a linguagem BASIC de programação para o Altair 8800, um kit barato de minicomputador acionado por uma CPU Intel da época, dedicado a pessoas que o usavam como hobby. O grande avanço ocorreu em 1980, quando a IBM, que se apressava para colocar seu primeiro PC no mercado, recorreu a Gates para fornecer um sistema operacional — o software que trabalha com o microprocessador para cuidar de funções de rotina, mas essenciais. Como não tinha um sistema operacional adequado, a Microsoft comprou um de uma companhia local, rebatizou-o como DOS e o licenciou para a IBM sem exclusividade.* Quando o PC da IBM se tornou amplamente utilizado, a Microsoft assumiu a dominância na indústria vendendo o DOS para os concorrentes da IBM, e ele se transformou na plataforma de software para a indústria dos computadores pessoais até a Microsoft apresentar o Windows, cuja venda em volume ocorreu a partir de 1990.

Enquanto isso, a Microsoft construiu um negócio de aplicativos para a indústria, começando com uma versão inicial do Excel em 1982, rapidamente seguida pelo Word. Em 1990, ela lançou o pacote Office de aplicativos. Juntando a venda de linguagens, sistemas operacionais e aplicativos, os rendimentos anuais foram superiores a US$100 milhões, ajudando a Microsoft a abrir o capital em 1986.[7] Por volta de 1987, a Microsoft havia ultrapassado sua rival, a Lotus (fabricante da planilha 1-2-3 amplamente usada), para se tornar a maior companhia de produtos para PC do mundo, com quase US$350 milhões de receita.[8] Três anos mais tarde, as vendas ultrapassaram US$1 bilhão.

O surgimento da internet em 1990 ameaçou solapar a importância do PC — a pedra fundamental do negócio da Microsoft. Gates reagiu esbanjando recursos para desenvolver um navegador e adicionando a funcionalidade da internet a quase todos os produtos da Microsoft. A estratégia funcionou: a Microsoft deixou para trás as ameaças da Netscape e outras empresas de internet para retomar sua posição no topo da indústria de produtos de software.

Em 2000, Gates deixou o cargo de CEO, passando o bastão para o amigo e colega de muito tempo, Steve Ballmer, mas continuou sendo o principal arquiteto de software até 2006 e funcionário em tempo integral até 2008, quando passou a dedicar a maior parte do tempo à Bill & Melinda Gates Foundation.[9]

Steve Jobs e a Apple

Como Bill Gates, Steve Jobs nasceu em 1955 e cresceu enquanto a revolução do computador pessoal estava apenas começando. Filho de dois estudantes que se conheceram na Universidade de Wisconsin, ele foi adotado ao nascer por uma família da classe trabalhadora que mudou de São Francisco para o Vale do Silício quando o menino tinha 5 anos. Jobs deve seu conhecimento de projeto e eletrônica ao pai, um carpinteiro e mecânico que gostava de reconstruir carros. Um vizinho que trabalhava na Hewlett-Packard atiçou a crescente fascinação de Jobs com circuitos, incentivando-o a brincar com kits de eletrônica no estilo "monte você mesmo" e colocando-o num programa da HP que reunia engenheiros e estudantes locais uma vez por semana.[10] Pela lógica, o passo seguinte seria uma escola do tipo Stanford ou Berkeley, mas Jobs escolheu a Reed College, uma escola de artes liberal em Oregon, famosa pela atmosfera de contracultura. Ele se matriculou em 1972, mas desistiu dos estudos depois de seis meses e passou os anos seguintes indo às aulas apenas como ouvinte, se divertindo com amigos e eventualmente viajando para a Índia. Ao voltar para o Vale do Silício, começou a colaborar em projetos com Steve Wozniak, um verdadeiro gênio da engenharia, de quem era colega e amigo desde o ensino médio. Em 1976, eles fundaram a Apple Computer.

O primeiro produto da companhia, chamado Apple I, consistia de uma placa de circuito dentro de uma caixa de madeira, que Jobs, Wozniak e um amigo montaram na garagem dos pais de Jobs. Um ano depois veio o Apple II, um computador totalmente montado com o teclado dentro de uma elegante caixa de plástico. O produto se tornou um dos primeiros computadores pessoais comercialmente bem-sucedidos e ajudou a lançar a nova indústria. Seu sucesso também colaborou para a Apple abrir o capital no final de 1980.

Quando a IBM apresentou seu computador pessoal, em 1981, a Apple se viu diante de um novo e gigantesco concorrente. O PC da IBM, que operava com um microprocessador Intel e usava o DOS da Microsoft, logo se tornou a plataforma de computação dominante e ultrapassou o Apple II em participação de mercado. Em um esforço para reverter o jogo, a Apple lançou o Macintoch em 1984. Apesar de o "Mac" nunca ter desafiado seriamente o PC da IBM e computadores compatíveis (chamados de "clones") na parcela do mercado, ele representou um ponto de virada decisivo para a indústria. O Mac incorporava uma interface gráfica para o usuário (GUI) que o fazia ser muito mais fácil de usar do que o PC da IBM. Essa inovação, mais tarde adotada pela Microsoft no Windows, expandiu o mercado potencial dos computadores pessoais para muito além dos usuários por hobby e geeks da internet.

O Mac era um produto revolucionário, mas teve um início vagaroso como plataforma industrial. Jobs falhara em cultivar um grande ecossistema de desenvolvedores de aplicativo e manteve o preço alto demais para o mercado de massa. Problemas com a venda do Mac também levaram a uma luta pelo poder entre Jobs e o CEO que ele recrutara da PepsiCo, John Sculley. Depois de ter sido demitido da chefia da divisão Macintosh, em maio de 1985, Jobs deixou o cargo de presidente alguns meses depois, vendeu todas as suas ações da Apple e foi fundar a NeXT, uma companhia de computadores conhecidos como workstation. Em 1986, ele assumiu a Pixar, o estúdio de filmes de animação.

Ao longo da década seguinte, sem Steve Jobs, a Apple conquistou seguidores leais e dominou certos nichos de mercado, como editoração eletrônica e educação. No entanto, a companhia perdeu uma parcela significativa do mercado de PC e enfrentou perdas crescentes por volta de meados da década de 1990. Os esforços para lançar uma variedade de aparelhos voltados para os consumidores falharam, e as principais plataformas de software e hardware do Macintosh estavam ficando ultrapassadas. Como parte de sua estratégia para reverter esse panorama, a Apple adquiriu a NeXT e usou sua tecnologia de software como base para o sistema operacional Macintosh de nova geração. Com a NeXT, Jobs voltou à Apple em 1997, primeiro como conselheiro e depois como CEO.

Jobs rapidamente mudou o foco da Apple para a produção de um pequeno número de produtos com a meta de tornar cada um deles um aparelho de primeira categoria. Começou com um Macintosh redesenhado, chamado iMac, que foi colocado à venda em 1998. Três anos depois, a Apple lançou seu famoso reprodutor de música, o iPod, que viria a ser um dos produtos definidores da nova era. O iPod logo se tornou o responsável por metade da receita da companhia. Com esse novo produto e a loja de música on-line, iTunes, a Apple deixou os computadores para trás e se concentrou na eletrônica para consumidores. Reconhecendo essa mudança, Jobs eliminou a palavra "Computer" do nome da empresa, que passou a se chamar Apple, Inc. em 2007.

No mesmo ano, a Apple lançou o iPhone, que se tornou o smartphone mais vendido do mundo e uma nova plataforma para a construção de "apps" vendidos através da App Store.[11] Depois do iPhone, a companhia lançou o iPad, em 2010, um computador portátil em forma de tablet, que usava o sistema operacional e os aplicativos do iPhone, permitindo aos usuários assistir vídeos, ouvir música, ler e escrever e-mails, além de navegar pela web. O iPad virou uma sensação instantânea: suas vendas atingiram 1 milhão de unidades no primeiro mês e 15 milhões nos primeiros nove meses no mercado.[12] Baseando-se na força dessas novas plataformas da indústria, Jobs posicionou a Apple de tal forma que, em 2011, época em que precisou se afastar por motivos de saúde, a empresa havia alcançado a maior capitalização de mercado da história.

Pessoas diferentes, abordagens similares

Como personalidades individuais, Gates, Grove e Jobs não poderiam ser mais diferentes. Grove era um engenheiro disciplinado com Ph.D., ótimo em resolver problemas. Na Intel, ele inicialmente teve o cargo de diretor de operações, apesar de não ter nenhuma graduação em administração. Nos primeiros anos, suas tarefas incluíam tudo, desde revisar desenhos de engenharia e organizar os vários níveis dos funcionários até montar o sistema de correio da Intel e encomendar os móveis do escritório.[13] Essas experiências transformaram Grove em um ávido estudante de administração e deixaram uma forte marca em seu estilo como CEO. Por exemplo, ele insistia em sistemas formais para tudo, desde a avaliação de funcionários e entrevistas para demissão até planejamento estratégico de longo prazo.

De uma geração mais jovem, Jobs estava mergulhado até o pescoço na contracultura do final da década de 1960 e tudo o impulsionava a desafiar o status quo. Às vezes descrito como "meio maluquinho", ele frequentemente se comportava como se as regras normais não se aplicassem a ele. Não era incomum ele aparecer nas reuniões com a barba por fazer e descalço (e às vezes até sem tomar banho, para desgosto dos seus colegas e amigos). Tirou as placas de sua Mercedes e estacionava nas vagas para deficientes no estacionamento da Apple. (Grove, ao contrário, parava o carro em qualquer vaga livre do estacionamento da Intel, como qualquer outro empregado.) Todavia, a despeito da aparente casualidade que marcava sua vida pessoal, quando se tratava de projetos e design, Jobs era perfeccionista, obcecado com elegância e simplicidade. "Se alguma coisa não está certa, não se pode simplesmente ignorá-la e dizer que será consertada mais tarde", afirmava. "Isso é o que outras companhias fazem."[14]

Jobs provavelmente estava pensando na Microsoft quando fez essa afirmação.[15] Porém, em comparação a ele, Bill Gates tinha habilidades técnicas impressionantes. Enquanto estava na faculdade, Gates encontrou um algoritmo que, além de resolver um problema combinatório há muito sem solução na matemática aplicada, continuou sendo considerado como a mais eficiente solução para o problema pelos trinta anos subsequentes. Era conhecido por desdenhar das lutas de outros nas complicações técnicas, dizendo: "Eu poderia codificar isso em um fim de semana."[16] No entanto, a perfeição nunca foi a meta de Gates. Era pragmático; focava em criar produtos e depois plataformas da indústria que eram "boas o bastante" para dominar o mercado de massa.[17] Se Jobs se considerava artista e artesão, Gates se orgulhava de ser "hacker" e programador, não esperando para colocar os produtos no mercado e depois ir melhorando-os pouco a pouco.

Apesar das diferentes personalidades e vidas pessoais, Gates, Grove e Jobs compartilhavam vários atributos pessoais importantíssimos. O principal era que os três eram enormemente ambiciosos e sonhavam alto — nem tanto para eles mesmos quanto para suas companhias, suas indústrias e o mundo. Estavam determinados a exercer um impacto no universo. Por exemplo, Gates se lembrava de quando ele e Paul Allen tinham começado a Microsoft em

1975. "Conversávamos sobre um computador em cada escrivaninha e em cada casa."[18] E não pensavam em qualquer máquina, mas em computadores acionados por softwares da Microsoft. Por sua vez, Jobs genuinamente acreditava que os produtos que a Apple estava criando, em suas palavras, "fariam um rombo no universo".[19] Sua meta era não apenas manufaturar produtos que seriam comprados, mas mudar o modo como milhões de pessoas viviam suas vidas cotidianas. O fato é que nenhuma dessas inovações teria sido possível sem o microprocessador que a Intel inventara. A ambição declarada de Grove era remodelar a indústria mundial de computadores, colocando a Intel no centro.

Além disso, Gates, Grove e Jobs tinham uma feroz ética pessoal de trabalho, que infundiram na cultura de suas companhias. Em 1981, em resposta a uma desaceleração da indústria de chips, Grove implementou o que chamou de "solução 125%", pedindo aos empregados da Intel para trabalharem duas horas a mais por dia sem pagamento extra.[20] Jobs forçava suas equipes de produção a trabalhar 99 horas por semana e exigia que atingissem um patamar de realizações que a maioria dos funcionários nunca imaginava ser possível. Gates era famoso por enviar e-mails lancinantes em todas as horas do dia e da noite, além de vagar pelos corredores da Microsoft nos domingos para ver quem estava trabalhando. O próprio Gates notou sua semelhança com Jobs. Refletindo sobre as similaridades, ele comentou que "[Jobs e eu] éramos hiperenergéticos e trabalhávamos arduamente".[21]

Os três líderes também promoviam o que Grove chamou de "debates intelectuais acalorados", que com frequência acabavam em gritaria.[22] Extremamente confiantes em suas próprias habilidades, nenhum deles tinha delicadeza no trato com os outros executivos ou empregados e não se preocupavam com seus sentimentos. Gates costumava derrubar uma ideia que desprezava dizendo: "Essa foi a merda mais estúpida que já ouvi." Um membro da equipe original do Macintosh contou que Jobs tinha "a capacidade incomum de saber exatamente qual era o seu ponto fraco, fazendo a gente se sentir pequeno e constrangido".[23] Grove era mais delicado, mas não menos arrasador. Não aconselhamos que outros CEOs e líderes imitem esse comportamento agressivo, mas seria bom que adotassem a paixão que despertava os ataques verbais. Gates, Grove e Jobs eram todos "buscadores da verdade", como um colega da Intel classificou Andy Grove.[24] Mas, sem dúvida, eles respeitavam os colegas com a inteligência, o conhecimento e a coragem de enfrentá-los para mostrar que estavam errados. Jobs, por exemplo, em 1995, disse: "Não me importo em estar certo, só me interessa o sucesso."[25] Reconhecendo tanto sua capacidade de intimidar quanto à disposição para recuar, os membros da equipe do Macintosh instituíram um prêmio anual para a pessoa que fizesse o melhor enfrentamento a ele.

Por fim, os três CEOs possuíam uma dose saudável de paranoia, pelo menos no que dizia respeito às suas empresas. Grove até intitulou seu livro sobre estratégia como *Só os paranoicos sobrevivem*. Gates e Jobs poderiam facilmente ter escrito livros com um título similar. Os três estavam cientes de que o sucesso de uma indústria que sofria constantes mutações exigia vigilância permanente. Estavam sempre de olho em competidores em ascensão ou estreantes que apareciam do nada. Em 1997, logo depois da vitória sobre a Netscape na guerra dos browsers, Gates escreveu: "Hoje eu nos vejo como um saco de pancadas, exatamente como antes, durante todos os dias dos últimos vinte anos, eu nos via como um saco de pancadas. Se não mantivéssemos essa perspectiva, algum competidor comeria nosso almoço... Um dia, alguém nos pegará cochilando. Um dia, um novato ansioso fará a Microsoft sair do negócio. Só espero que isso aconteça daqui a uns cinquenta anos, não em dois ou cinco."[26] Substituindo "Microsoft" por "Intel" ou "Apple", Grove ou Jobs poderiam ter dito exatamente as mesmas palavras.

GUIA PARA O LIVRO

Devido ao nosso longo estudo sobre Gates, Grove e Jobs, temos um profundo respeito e admiração pelos três líderes, mas não os vemos através de lentes cor-de-rosa. Nenhum deles foi infalível. Todos cometeram erros tanto em estratégia quanto em execução. Os três defenderam produtos que fracassaram ou chegaram tarde demais no mercado e não funcionaram a contento. Todos ocasionalmente demoraram a aproveitar oportunidades estratégicas, apesar dos recursos empresariais que lhes possibilitavam em termos financeiros. E todos os CEOs levaram suas companhias para situações à margem da lei. Microsoft, Intel e Apple, todas assinaram acordos judiciais com o Departamento de Justiça norte-americano ou com a Comissão Federal do Comércio e enfrentaram investigações antitruste em todo o mundo.

Mesmo assim, acreditamos que Gates, Grove e Jobs foram os mais bem-sucedidos CEOs e estrategistas do mundo high-tech e talvez de todos os tempos. Eram mestres da estratégia e líderes organizacionais surpreendentemente eficazes. Estabeleceram metas a curto e longo prazo para suas companhias, colocaram-nas no caminho do sucesso, lideraram equipes que trabalhavam com impiedosa eficiência e dominaram a competição por um amplo período de tempo. Apesar de seus sucessos (e fracassos) estarem no passado, as lições que nos oferecem são perenes. As cinco regras que apresentamos neste livro têm o objetivo de capturar sua abordagem estratégica e de execução e podem ajudar qualquer líder de organização a navegar com confiança para o futuro.

Os três primeiros capítulos examinam as regras básicas de estratégia que ajudaram a impulsionar Gates, Grove e Jobs para seus maiores sucessos.

O capítulo 1 trata de olhar à frente, para o futuro, para depois raciocinar sobre as ações que devem ser feitas no presente. Durante os primeiros cinco anos como CEO, tanto Gates como Grove desenvolveram uma visão característica do mundo; para Steve Jobs, essa poderosa visão não surgiu até seu segundo período na Apple. Igualmente importante, mas pouco visto na prática, é que os três foram capazes de descobrir — em termos bem detalhados — o que precisavam fazer imediatamente para transformar sua visão em realidade. Ao antecipar as necessidades do consumidor, restringindo as opções dos concorrentes e alterando a dinâmica da indústria em seu favor, eles transformaram as ideias em estratégias e ações.

O capítulo 2 fala sobre fazer movimentos ousados sem ser imprudente e sem colocar a companhia em risco desnecessário. Conduzidos por efeitos da rede, os mercados de alta tecnologia podem crescer exponencialmente, produzindo tanto grandes vencedores quanto grandes perdedores, muitas vezes num piscar de olhos. Gates, Grove e Jobs fizeram enormes apostas estratégicas e tiveram suas parcelas de erros. Porém, raramente fizeram apostas de alto risco ou irreversíveis.

Escolhendo a hora certa, ampliando e diversificando as grandes jogadas, eles sucessivamente abrandaram os riscos. *O capítulo 3 trata de uma abordagem relativamente nova da estratégia, que exige a construção de plataformas e ecossistemas, em vez de companhias fabricantes de produtos únicos.* As indústrias de tecnologias intensivas em geral têm propriedades especiais que forçam os administradores a pensar não só além dos melhores produtos do mercado como também fora dos limites de suas próprias companhias. Aprendemos com Gates, Grove e Jobs como equilibrar a permuta entre criar grandes produtos *versus* construir plataformas de indústria. Embora grandes produtos possam se sustentar por conta própria, as plataformas de indústria exigem inovações complementares de outras empresas para serem bem-sucedidas no mercado.

Os dois capítulos seguintes analisam e ilustram as diretrizes de execução que Gates, Grove e Jobs seguiram nos níveis táticos e organizacionais. *O capítulo 4 fala sobre como usar tanto a influência quanto o poder para derrotar a concorrência, ou o que chamamos de táticas de judô e sumô.* Os três CEOs provaram ser mestres da tática, frequentemente tornando as virtudes dos oponentes em fraquezas e também, mais tarde em suas carreiras, usando os impressionantes recursos das suas companhias para dominar os adversários.

O capítulo 5 trata da construção de uma organização em torno dos talentos e habilidades singulares dos líderes e seu tino para os negócios, o que chamamos de âncora pessoal. Gates modelou a Microsoft em torno do seu profundo conhecimento sobre a tecnologia de software; Grove fez a Intel desenvolver processos usados na engenharia para produzir complexos dispositivos semicondutores em massa; Jobs moldou a Apple em torno de suas obsessões — tanto a simplicidade e a elegância no design dos produtos quanto a experiência do consumidor. Além disso, todos os três reconheceram e compensaram suas fraquezas por meio de pessoas que contrataram ou através de valores, culturas e sistemas que inspiraram e ajudaram a criar.

Ao longo desses cinco capítulos, exploramos os episódios marcantes da história das três companhias para mostrar como Gates, Grove e Jobs implementaram as cinco regras de estratégia e por que às vezes elas não deram certo. Nossa meta não é recontar a história completa da Microsoft, da Intel ou da Apple — uma tarefa que muitos outros realizaram muito bem —, mas focar em lições de administração mais amplas. Como resultado, nossa discussão em algumas ocasiões vagueia pelo tempo. Além disso, examinamos algumas decisões particularmente importantes em mais de um capítulo, porque fornecem novos insights quando vistas sob diferentes perspectivas.

A conclusão resume o que é preciso para dominar nossas cinco regras de estratégia. Recapitulamos as lições aprendidas com Gates, Grove e Jobs, e mostramos como os membros da geração que os sucedeu — Mark Zuckerberg, Jeff Bezos, Larry Page e "Pony" Ma — já estão empregando muitas das mesmas técnicas. Por fim, identificamos alguns dos maiores erros que Gates, Grove e Jobs cometeram durante suas administrações, inclusive no modo como prepararam suas organizações para a sucessão. Encerramos com algumas sugestões sobre como executivos seniores e empreendedores podem evitar ou minimizar erros similares enquanto conduzem suas empresas para o futuro.

1. Olhe para o futuro, raciocine no presente

Quase todas as pessoas conhecem a máxima de Edmund Burke: "Os que não conhecem a história estão destinados a repeti-la." E muitos de nós levamos isso a sério. Quando estamos diante de grandes decisões, nosso primeiro instinto é olhar para trás e confiar nas lições da história enquanto pensamos nos desafios que nos cercam nos tempos atuais.

Todavia, estratégia é fundamentalmente olhar para frente e planejar o que deverá ser feito. Sem dúvida, entender as lições do passado é muito importante, mas desenvolver seu negócio com base na hipótese de que o futuro será igual ao passado é bem arriscado. Como Andy Grove gostava de dizer, citando Einstein: "Os pensamentos visionários exigem que se aprenda com o passado, ao mesmo tempo que nos mantemos livres das suas limitações."[1]

Os grandes estrategistas têm uma abordagem diferente. Em vez de olhar para o passado e raciocinar à frente, eles *olham para o futuro e raciocinam no presente*. Sendo tanto teóricos de jogos quanto mestres de xadrez, os grandes estrategistas "olham para o futuro" para determinar onde desejam que suas companhias cheguem e depois "raciocinam no presente", identificando ações que levarão seu negócio a alcançar esse ponto. O foco em antecipar e modelar o futuro é particularmente importante para indústrias que têm um andamento veloz, nas quais a diferença entre estar meio passo à frente e manter o ritmo do pelotão pode ser a diferença entre a grandeza e o fracasso. Bill Gates, Andy Grove e Steve Jobs deveram muito do sucesso à sua capacidade incomum de permanecer à frente dos consumidores e concorrentes.

Essa qualidade não deve ser confundida com clarividência. Os mestres estrategistas não têm bola de cristal, e Gates, Grove e Jobs fizeram previsões sobre o futuro que se mostraram erradas. Todavia, é preciso estar implacavelmente focado no futuro, mantendo uma constante modernização das previsões à medida que novas informações se tornam disponíveis e os competidores avançam ou revelam suas intenções.

Igualmente importante, os mestres da estratégia precisam posicionar suas empresas e a si mesmos, de forma a obter vantagem em novas oportunidades à medida que elas aparecem. Em geral damos um crédito excessivo aos CEOs de sucesso, mas o fato é que, olhando em retrospecto, os líderes bem-sucedidos tendem a parecer grandes visionários que foram capazes de planejar antecipadamente seus movimentos. Mas, na realidade, a maioria dos grandes estrategistas são visionários e também oportunistas. Eles percebem os primeiros vislumbres de um mercado emergente ou identificam espaços não preenchidos por seus competidores. Depois atuam, usando sua bagagem de conhecimentos e tino comercial, sem ficar paralisados pela dúvida ou incerteza.

Por exemplo, quando a IBM apareceu procurando um novo sistema operacional, a primeira resposta de Gates foi que ele não estava nesse ramo de negócios. Porém, rapidamente ele compreendeu que a IBM estava oferecendo à Microsoft uma oportunidade para controlar a plataforma de todas as aplicações de software para PC. Grove não inventou o microprocessador, mas foi o primeiro a entender seu potencial para remodelar a indústria dos computadores. Não foi a Apple que teve a ideia de uma interface gráfica para o usuário, mas Jobs foi o primeiro líder a entender seu potencial revolucionário.

Além disso, os três desenvolveram e executaram estratégias para transformar essas visões em realidade. A capacidade de ver o futuro não é, por si só, o que faz um grande estrategista. Para isso é preciso descobrir como ir daqui para ali. Nesse processo, Gates, Grove e Jobs tiveram o apoio de parceiros executivos e funcionários de enorme talento. Como a maioria dos CEOs, eles dependiam das equipes de administração e de outros colaboradores da empresa para propor uma gama de ideias e fazer a essência criativa começar a fluir. Quando se viam diante de certas escolhas, eles avaliavam suas atuais posições, estudavam os prováveis movimentos e contramovimentos dos outros atores e, em seguida, propunham uma diretriz capaz de amarrar todas as peças. Eles eram tanto "curadores" e sintetizadores quanto visionários. Se as circunstâncias mudavam, eles ajustavam seus planos e visões. Esse é o trabalho árduo da estratégia — não decidir onde se quer estar, mas calcular como chegar lá. Não apenas olhar adiante, mas também raciocinar sobre o que está e esteve acontecendo e fazer os ajustes necessários à medida que se avança.

Neste capítulo, fazemos o trabalho árduo se tornar um pouco mais fácil. Dividimos o processo de olhar para o futuro e raciocinar no presente em quatro componentes essenciais. Dominando esses quatro princípios, qualquer administrador pode aprender a planejar o futuro com maior eficácia.

REGRA 1: OLHE PARA O FUTURO, RACIOCINE NO PRESENTE

1. Olhe para o futuro: comece com uma visão à frente; raciocine no presente: estabeleça limites e prioridades.
2. Olhe para o futuro: antecipe as necessidades dos consumidores; raciocine no presente: combine as necessidades com recursos.
3. Olhe para o futuro: antecipe os movimentos dos concorrentes; raciocine no presente: construa barreiras contra a entrada no mercado e prenda os consumidores.
4. Olhe para o futuro: antecipe os pontos de inflexão estratégicos; raciocine no presente: comprometa-se com a mudança — e permaneça no curso.

ANALOGIAS NA TEORIA DOS JOGOS E NO XADREZ

Embora poucos dos grandes estrategistas tenham aprendido a teoria dos jogos, e talvez joguem ou não xadrez, eles praticam as regras fundamentais dessas disciplinas: olhe para o futuro, depois raciocine no presente. A teoria dos jogos, um ramo da matemática frequentemente usado em economia, ensina que os jogadores precisam pensar no final do jogo, independente de como ele será definido, descobrir qual será o melhor resultado possível e então analisar o que está acontecendo no presente para encontrar as decisões necessárias que produzam o resultado almejado. Para ganhar o jogo, é preciso considerar não somente os próprios interesses, mas também os dos seus oponentes, antecipando seus movimentos. Trata-se de uma questão relativamente fácil em jogos estilizados, como o famoso Prisoner's Dilemma. No entanto, em jogos complexos ou situações do mundo real, pode ser impossível calcular todas as possibilidades e resultados. Portanto, os grandes teóricos do jogo, bem como os mestres estrategistas, devem confiar em sua experiência e intuição para vencer.

Os mestres do xadrez também olham à frente para identificar as posições que esperam criar no tabuleiro e depois raciocinam calculando "linhas" de jogo — se eu fizer este movimento, meu oponente provavelmente fará isto, e então eu farei aquilo. Eles começam com uma visão de para onde o jogo está indo. O desafio é que, no final, o número de possíveis desvios em cada linha de jogo está muito além da capacidade humana de calcular. Sendo assim, os melhores jogadores de xadrez do mundo aprendem a "podar", ou seja, a eliminar rapidamente jogadas inferiores para reduzir o número de linhas que precisam considerar. Até mesmo o Deep Blue, o supercomputador da IBM que derrotou o campeão mundial Garry Kasparov em 1997, não tinha capacidade de computação suficiente para calcular todas as variáveis possíveis em um jogo. Embora o Deep Blue conseguisse analisar 200 milhões de jogadas por segundo, seu algoritmo incorporava a capacidade de reconhecer e descartar jogadas óbvias e ruins.

Agora, quando vemos novas coisas ou oportunidades, podemos aproveitá-las... Um período criativo como este dura talvez uma década, mas pode ser uma década de ouro se soubermos administrá-la adequadamente.[2]

— Steve Jobs [2000]

OLHE PARA O FUTURO: COMECE COM UMA VISÃO À FRENTE

Nos negócios, como na teoria dos jogos e no xadrez, todas as grandes estratégias começam com uma visão do futuro. Em certo sentido, a receita é simples: ela deve incluir a ideia de para onde a organização deve ir, o que os consumidores provavelmente estão dispostos a pagar e como a empesa pode oferecer um produto ou serviço único que os clientes comprarão. O problema, é claro, está nos detalhes.

Para acertar esses detalhes, os CEOs de sucesso se apoiam tanto na extrapolação quanto na interpretação. A extrapolação é a parte relativamente fácil; analistas, empresas de pesquisa e pesquisa acadêmica podem ajudar os líderes das organizações a identificar padrões da indústria e tendências baseadas em dados atualizados. Depois, contudo, alguém tem de interpretar a informação, ou seja, identificar as oportunidades e as ameaças criadas por essas tendências. A extrapolação em si pode ser genérica e facilmente imitada. A interpretação é onde os CEOs visionários constroem seu legado.

Andy Grove baseou sua visão para a Intel em uma extrapolação conhecida como "Lei de Moore". Em 1964,

Gordon Moore, posteriormente um dos cofundadores da Intel, previu que o número de transistores em um circuito integrado dobraria a cada 18 a 24 meses. A indústria aceitara essa previsão por mais de duas décadas quando Grove começou a articular sua visão futurística, no final da década de 1980. Apesar de alguns encararem a Lei de Moore como mais um exemplo de progresso na engenharia, Grove a interpretou como uma estratégia que transformaria a estrutura da indústria de computadores. Ele argumentou que, se a Intel pudesse continuar a seguir a Lei de Moore, os competidores precisariam de economias em escalas massivas para produzir os circuitos integrados, ou chips. De maneira inevitável, isso abalaria os gigantes verticalmente integrados que vinham dominando o setor há décadas. Na época, as principais companhias de computação, lideradas pela IBM e a Digital Equipment Corporation (DEC), produziam tudo, de pão até feijoada. Manufaturavam seus próprios semicondutores, construíam seu próprio hardware, escreviam seus próprios sistemas operacionais e distribuíam os produtos por meio de seus próprios setores de vendas. Muitos anos antes de essa política se tornar óbvia para o mundo, Grove previu a derrocada desse sistema e o crescimento de uma indústria organizada em camadas horizontais — chips, hardware, sistemas operacionais, programas, repartições —, cada uma das quais dominada por um pequeno número de companhias poderosas. Com base nessa visão, ele focou a estratégia e a organização da Intel inteiramente em chegar à liderança no segmento dos microprocessadores.

Bill Gates também construiu sua visão do futuro sobre a tendência descrita na Lei de Moore, mas interpretou a repetida duplicação do poder computacional como uma força que faria o hardware se tornar uma commodity, deixando o software como a verdadeira fonte de valor na indústria. Em uma entrevista feita em 1994, ele se lembrou deste pensamento:

> Quando você tem o microprocessador duplicando de poder a cada dois anos, em certo sentido podemos pensar no poder de computação como quase gratuito. Então você me pergunta: por que estar no negócio de fazer uma coisa que é quase de graça? Qual é o recurso mais escasso? O que é que limita a capacidade de obter valor baseado nesse infinito poder de computação? O software.[3]

Esse insight foi revolucionário e profético, como era a convicção de Gates já no início de 1975, de que um dia haveria um computador pessoal em cada escrivaninha e em cada lar. Steve Jobs teve uma visão similar pouco mais de um ano depois, quando ele e Steve Wozniak fundaram a Apple Computer, em 1976. Tanto a Microsoft quanto a Apple surgiram a partir dessa visão, numa época em que os ilustres nomes da indústria acreditavam que o computador doméstico era uma bobagem. Gordon Moore uma vez nos disse que, na década de 1970, ele não conseguia ver qualquer utilidade de se ter um computador em casa além de guardar receitas na cozinha. Em 1977, Ken Olsen, o CEO da segunda maior companhia de computadores, a Digital Equipment Corporation, disse publicamente: "Não existe motivo para qualquer indivíduo ter um computador em casa."[4] É claro que Bill Gates discordava e, em 1975, largou Harvard para fundar a Microsoft com Paul Allen e fez sua visão do futuro acontecer. Paul Maritz, que dirigiu o negócio de sistemas operacionais da Microsoft do final da década de 1980 até grande parte da década seguinte, mais tarde nos contou como a visão original de Gates influenciou fortemente a empresa toda:

A transformação da indústria da computação
(sem escala)

A antiga indústria de computação vertical – aprox. 1980

	IBM	DEC	Sperry Univac	Wang
vendas e distribuição				
software aplicativo				
sistema operacional				
computador				
chips				

A nova indústria de computação horizontal – aprox. 1995

vendas e distribuição	Vendas no varejo	Hiperlojas	Comerciantes	Correios
software aplicativo	Word		Word Perfect	Etc.
sistema operacional	DOS e Windows		OS/2	Mac	UNIX
computador	Compaq	Dell	Packard Bell	Packard Hewlett-Packard	IBM	Etc.
chips	Intel Architecture		Motorola	RISCs

FONTE: Apresentação de Andy Grove na Intel, reproduzida com permissão.

> A noção de que éramos parte da criação dessa nova plataforma que geraria benefícios e funcionalidade extraordinários, tanto nas vidas pessoais como nos ambientes de trabalho das empresas, estava sempre na nossa mente. Para nós, era como uma grande missão. Nós derrotaríamos os vilões. Acabaríamos com os velhos mainframes, computadores caros de marcas registradas e microcomputadores e ofereceríamos coisas novas.[5]

Em uma fase posterior de sua carreira, Gates delegou parte do trabalho de extrapolar a partir do presente. Segundo Russ Siegelman, que trabalhou diretamente para Gates no início dos anos 1990, "[Ele] não dizia: 'É aqui que está o futuro.' Gates contratou pessoas como Nathan [Myhrvold] para fazer isso".[6] De fato, diretor-chefe de tecnologia e fundador da Microsoft Research, Myrhvold era um escritor prolífico de memorandos sobre tendências futuras. No entanto, Gates permaneceu firme no controle da visão da Microsoft e conduzia os assuntos quando se tratava de interpretar o impacto que essas tendências teriam nos produtos da companhia e na sua posição competitiva.

Apesar de a visão de Gates incluir um PC em cada lar, sua inclinação natural era construir produtos para outros programadores e clientes da empresa, e não para o consumidor médio. Por outro lado, Steve Jobs foi inspirado pelos mesmos estonteantes avanços no poder da computação para mudar a vida das pessoas. A visão de Jobs era usar a tecnologia para atender necessidades ainda não conhecidas dos consumidores. Desde o início de sua carreira, Jobs se dedicava a transformar computadores mundanos em produtos "insanamente bons". Com o passar do tempo, sua visão para a Apple expandiu para muito além de criar produtos individuais até a total experiência digital. Como muitos outros na indústria, Jobs se deu conta de que a explosão dos dispositivos digitais na década de 1990 estava criando uma Babel digital, piorada pelo mau uso e má conectividade. Porém, diferente dos outros, ele tinha uma solução. Em 2001, comunicou aos participantes da Macworld que o Mac "pode se tornar o 'hub' de novo estilo digital emergente, com a capacidade de adicionar um tremendo valor a esses outros dispositivos digitais".[7] Com seu foco na experiência do usuário, a Apple era a única adequada para proporcionar essa visão.

A visão de Jobs sobre um hub digital colocou a Apple em um novo caminho. Como lembrou o chefe de hardware da Apple, Jon Rubinstein, depois de Jobs articular a estratégia do hub digital internamente em 2000 e externamente em 2001, ele e sua equipe "passaram muito tempo quebrando a cabeça sobre que outros aparelhos deveríamos produzir" e pensou nos assistentes digitais pessoais, câmeras e telefones antes de decidir que o iPod apresentava a melhor oportunidade em curto prazo.[8] Ampliando o tema, Ron Johnson, na época chefe do varejo, explicou:

> [A visão do hub digital] criou um esquema mental para os produtos, produtos de software, como a Apple venceria no mercado. A Apple esteve presa a um modelo de PC durante a maior parte de sua história, e essa [visão] libertou a companhia para ser relevante em todas as categorias emergentes, desde reprodutores de música a câmeras e muito além. Ela realmente se tornou o modo como aplicávamos os recursos.[9]

Achamos que cada uma dessas visões é digna de nota não somente pela ambição audaciosa que representou, mas também pela clareza e simplicidade com que Gates, Grove e Jobs comunicaram suas metas. Usaram poucas palavras e desenhos ocasionais para apresentar suas ideias a funcionários, consumidores e parceiros. Talvez como resultado dessas atitudes, as plateias, tanto dentro como fora de cada companhia, prestavam total atenção quando esses CEOs explicavam suas visões sobre o futuro.

Entretanto, clareza não é a mesma coisa que imutabilidade. Essas visões não brotaram já prontas das mentes dos seus criadores, como Atena surgindo da cabeça de Zeus. Elas foram continuamente revistas, revisadas e redefinidas à medida que novos eventos e informações apareciam no horizonte. Grove, por exemplo, refinou sua visão ao longo de cinco anos enquanto transformava a Intel, uma clássica companhia de semicondutores que fabricava produtos comuns, em protagonista da nova indústria de computadores. Quando se tornou CEO pela primeira vez, ele teve a visão da Intel como a principal fabricante de semicondutores para banda larga do mundo.[10] Somente "aos poucos concluiu que precisávamos reposicionar a companhia, mudar o foco dos semicondutores para o desktop", como admitiu falando à sua equipe de administração, em 1990.[11]

Sob a chefia de Bill Gates, a Microsoft se movimentou na direção oposta, ampliando seu escopo ao longo do tempo, mas mantendo o pulso firme no software. Os produtos originais da companhia foram linguagens de programação, seguidas de sistemas operacionais e depois aplicativos. Posteriormente, Gates expandiu sua visão para uma gama mais ampla de produtos, como software para redes de comunicação, servidores de dados, aplicações multimídia e servidores da internet e aplicativos. De maneira similar, a visão de Jobs para a Apple foi evoluindo continuamente, primeiro focando em computadores, depois no Mac como hub digital e, no final dos anos 2000, na "nuvem". Essa capacidade de se modernizar e acompanhar as mudanças no ambiente, mas preservando a clareza como o núcleo de sua estratégia, foi uma força importante que os três mostraram.

RACIOCINE NO PRESENTE: ESTABELEÇA LIMITES E PRIORIDADES

O antigo CEO da IBM, Lou Gerstner, disse uma vez: "A visão é fácil. Basta apontar para a papelada e dizer que vou obter sucesso com isso. O difícil é descobrir... como fazê-lo?"[12] Em outras palavras, a visão nunca é um fim em si. Os líderes precisam traduzir a visão numa estratégia que defina o escopo das atividades de uma companhia — o que ela precisa fazer e, talvez mais importante, o que ela *não* pode fazer. Esse processo de poda, que fornece o alicerce para uma sensata locação de recursos, é um elemento essencial do raciocinar no presente.

Voltemos a Grove. Em resumo, sua ideia para a Intel era torná-la uma das mais poderosas companhias da computação aproveitando o potencial da Lei de Moore. Como resultado, a maior prioridade da empresa era impulsionar as inovações em engenharia e manufatura, necessárias para dobrar o número dos transistores em um circuito integrado, a cada 18 a 24 meses. A Lei de Moore e suas implicações para investimentos em tecnologia de processo e gasto de capital foram discutidas com maior frequência durante seu mandato do que, provavelmente, qualquer outro assunto. Ano após ano, nada era mais importante para a estratégia, o planejamento e a alocação de recursos do que garantir que a Intel permanecesse na trajetória prevista pela Lei de Moore.

No entanto, essa lei não era o objetivo máximo. O objetivo era fazer a Intel prosperar numa indústria constituída por camadas horizontais. Grove acreditava que as empresas capazes de atingir enormes economias em escala dominariam cada camada; e as que não fossem, por sua vez iriam tropeçar ou falir. Essa visão não tinha lugar para companhias que tentavam fazer de tudo. A Intel teria de abandonar ou ficar longe de negócios em que não conseguiria ser bem-sucedida e se comprometer a ser a primeira e melhor companhia de microprocessadores. Essa evolução do pensamento de Grove e a transformação da Intel não aconteceram da noite para o dia. Em 1987, no primeiro ano de Grove como CEO, ele declarou que 50% do negócio da Intel deveriam ser "sistemas" ou computadores plenamente montados. Dois anos depois ele estabeleceu a meta de fazer a Intel a "TOP 5 EM SISTEMAS".[13]

O QUE SIGNIFICA "FAZER CERTO?"

Fonte: Apresentação na SLRP de Andy Grove para a Intel, 1991, reproduzida com permissão.

Porém, por volta de 1990, ele percebeu que a companhia precisava sair do negócio de sistemas para se concentrar na sua força básica. No futuro ela faria produtos do tipo placas-mãe — placas de circuito impresso contendo a CPU, memória e outros componentes — que ajudariam na venda de microprocessadores. A Intel poderia entrar nos mercados de produtos relacionados (modem, por exemplo), cujos custos fixos eram relativamente baixos, mas isso a afastaria muito das camadas da indústria de computadores dominadas por outros grandes atores que contavam com economia de escala ao seu lado. Em particular, Grove revelou à sua equipe, em 1991, que entrar agora no negócio de hardware para PC com marca da sua companhia — o que significaria competir diretamente com os clientes da Intel — era um decisivo "Não mesmo!".[14]

Bill Gates usou a mesma abordagem disciplinada quando mapeou a estratégia da companhia. A princípio, o cofundador Paul Allen queria produzir tanto hardware quanto software, e a Microsoft projetou alguns mouses e teclados, mas a energia e os recursos da empresa se concentravam principalmente em software. Gates estava irredutível sobre a importância de ter um foco e mais tarde explicou: "É preciso ter o máximo possível de uma estratégia única. Existem negócios separados e existem batalhas competitivas separadas, mas isso tudo ocorre dentro de uma única jihad."[15] A meta central da jihad da Microsoft era dominar o mercado de sistemas operacionais, primeiro com o DOS e depois com as múltiplas versões do Windows. Fronts secundários focavam em aplicativos de produtividade nos PCs (Word, Excel e PowerPoint), um navegador da Web (Internet Explorer), um sistema operacional para servidores (Windows Server) e outros produtos de software complementares. A Microsoft praticamente ignorou o hardware até o lançamento do Xbox, em 2001, mais de um quarto de século depois da fundação da companhia.

De maneira similar, Steve Jobs viu a "poda" como um elemento central de seu trabalho enquanto principal estrategista da Apple. No final de seu mandato, ele explicou: "Fomos bem-sucedidos escolhendo com todo o cuidado quais cavalos deveríamos montar."[16] Infelizmente, nem sempre a Apple seguiu essa regra. Quando Jobs voltou, em 1997, depois de um exílio de 12 anos, encontrou o portfólio de produtos da empresa em completa desordem. Como nunca mediu as palavras, queixou-se: "Esses produtos são uma MERDA! Não existe mais tesão neles!"[17] Por quê? Principalmente porque havia muitos deles. A liderança da Apple já havia começado uma importante reestruturação e diminuição da empresa antes de Jobs ser novamente indicado como CEO.[18] A divisão de impressoras, os Mac mais baratos e o grupo de tecnologia avançada foram encerrados. Mesmo assim, Jobs se sentia perdido na selva de produtos da Apple.

Irritado, ele desenhou uma simples tabela com duas linhas e duas colunas. Escreveu nas colunas "Consumidor" e "Profissional" e nas linhas "Desktop" e "Portátil". Insistiu que a companhia devia focar somente em quatro produtos, um computador para cada quadrado na tabela. Mesmo no segmento profissional, segundo o antigo CFO, Fred Anderson, Jobs recomendou aos executivos da companhia que abandonassem o mercado de empreendimentos e o substituíssem pela ênfase nos mercados da educação, bem como em profissionais do design e publicação.[19]

Jobs teria dito uma vez: "Tenho orgulho tanto do que não fazemos quanto do que fazemos."[20] Uma das coisas que a Apple nunca fez em seu mandato foi entrar no lado barato do mercado de computadores fazendo máquinas de baixo preço para competir com a Dell, a Compaq e outras.[21] Jobs dedicou o mesmo foco em poucos grandes produtos na Pixar, o estúdio de animação que adquiriu em 1986. A Pixar mantinha o hábito de produzir num ritmo relativamente lento em vez de lançar múltiplos filmes por ano. Esse andamento significava que não haveria "filmes B". Cada produção tinha o melhor dos animadores, roteiristas e engenheiros. Disse Jobs: "Qualidade é mais importante do que quantidade... Um *home run* é sempre melhor do que dois *doubles*."[22] Apesar de a metáfora ser imperfeita (no basebol, um *home run* produz o mesmo resultado que dois *doubles* consecutivos), Jobs claramente acreditava nas apostas arriscadas de maior potencial.

> Você nem sempre pode perguntar aos consumidores o que eles querem e em seguida tentar lhes dar o que pediram. Quando você terminar a fabricação, eles vão querer algo novo.[23]
>
> — Steve Jobs [1989]

OLHE PARA O FUTURO: ANTECIPE AS NECESSIDADES DOS CONSUMIDORES

Para começar e depois administrar um negócio com sucesso, é preciso entender as necessidades dos consumidores e tentar valorizá-los diariamente. Com isso, você consegue um feedback sobre seus produtos e serviços existentes. Você ouve (assim esperamos) o que seus clientes estão dizendo. Procure ver os aspectos que desagradam a eles e tente eliminá-los.

Para desenvolver uma estratégia para o futuro você precisa fazer isso e ainda mais. Também precisa olhar além do que os consumidores querem hoje e descobrir o que desejarão amanhã. É uma situação desafiadora porque os consumidores frequentemente não sabem o que querem antes de o verem. E a dificuldade no mundo high-tech é ainda pior porque poucos leigos entendem o potencial das tecnologias emergentes. Nesse ambiente, pesquisas e grupos de foco pouco ajudam. Em vez deles, os grandes estrategistas usam seu conhecimento superior sobre tendências da tecnologia para criar produtos e serviços capazes de atender as necessidades e desejos que os consumidores nem imaginavam que tinham. No processo, eles tanto antecipam quanto moldam suas preferências.

Bill Gates e Paul Allen olharam para o futuro em 1975, quando viram um novo pacote de PC para hobby à venda e anteciparam a demanda que isso criaria para programação, produtos de linguagem e outras ferramentas para o desenvolvimento de softwares. No entanto, nos anos seguintes, Gates geralmente era um seguidor de tendências rápido (e às vezes nem tão rápido). Com sistemas operacionais, aplicativos, servidores e navegadores na internet, bem como outros produtos e serviços, a estratégia da Microsoft era principalmente esperar até o surgimento de um mercado de massa que estava para emergir, copiar os aspectos básicos dos líderes da indústria e depois lançar produtos "bons o bastante" que seriam incrementados aos poucos.[24]

Steve Jobs, por outro lado, dominava a arte de antecipar e moldar as necessidades dos consumidores. Como contou ao seu biógrafo: "Algumas pessoas dizem que devemos dar aos consumidores o que eles desejam. Não é o que eu penso. Nossa abordagem é adivinhar o que eles irão desejar antes de terem conhecimento disso. Acho que foi Henry Ford que disse: 'Se eu perguntasse aos consumidores o que queriam, eles teriam dito um cavalo mais veloz.'"[25] Jobs não perdia tempo perguntando aos consumidores o que queriam. Ele via a si mesmo como o protótipo do consumidor e partia da hipótese de que os produtos que atendiam seus padrões perfeccionistas seriam acolhidos pelo mercado como um todo. Como Fred Anderson lembrou: "Jobs não acreditava em pesquisa de mercado. Achava que o consumidor não sabia, de fato, qual seria o próximo grande produto... Steve se orgulhava da sua capacidade e visão para adivinhar o que seria o próximo grande produto e perseguir essa meta com paixão."[26]

O desenvolvimento do computador Macintosh original ilustra a abordagem de Jobs. Antes de a Apple criar o Mac, a maioria dos computadores tinha uma interface com linha de comando, ou seja, era controlada pela digitação textual. No início da década de 1970, o Palo Alto Research Center (PARC) criou a primeira interface gráfica para o usuário da Xerox (GUI), que substituía os antiquados comandos de texto por ícones, menus e janelas mais intuitivos, mas a Xerox não se interessou em comercializar sua inovação. Coube à Apple esse papel. Depois de visitar o PARC no final de 1979, Jobs não precisou fazer qualquer tipo de pesquisa de mercado para concluir o que havia visto no futuro da computação.

Imediatamente ele focou a Apple na tarefa de projetar um computador para o mercado de massa com uma interface gráfica. Ao longo desse processo, às vezes frenético, ele pessoalmente determinou os menores detalhes do Macintosh, desde o desenho do mouse até o modo como o texto rolava na tela.[27] Ele não baseou tais decisões no feedback dos consumidores, mas nas suas fortes crenças sobre a natureza do bom design. Como diria mais tarde ao CEO da Apple, John Sculley, não havia alternativa para esse método. "Como posso perguntar a alguém como um computador com base gráfica deveria ser se eles não têm ideia do que é isso? Ninguém nunca viu um antes."[28]

As decisões de Jobs moldaram fundamentalmente o pensamento das pessoas a respeito de como um computador pessoal deveria parecer e funcionar. De maneira similar, embora a Apple não tenha inventado o reprodutor de MP3, o smartphone ou o tablet, Jobs desempenhou um papel crucial na definição — ou, mais frequentemente, na redefinição — de como os consumidores usam esses produtos. No processo, ele serviu como "um grupo de foco de um só homem".[29] Como demonstram os muitos triunfos da Apple, Jobs tinha mesmo um raro talento para antecipar os desejos e necessidades dos consumidores. Todavia, havia um problema em se basear quase exclusivamente no gosto de uma só pessoa. Como Anderson comentou: "Na maioria das vezes Jobs estava certo, mas houve fracassos."[30] Eles variaram desde o caríssimo Lisa, o primeiro computador com GUI da Apple, ao estranho formato do Macintosh Cube e o primeiro serviço de nuvem, o desastroso MobileMe. Steve Jobs não era infalível, e outros CEOs não devem necessariamente tentar imitá-lo nas suas abordagens. As melhores ideias de produto na Apple e também na Microsoft e na Intel em geral surgiram de debates e competições internas, não de estudos de marketing ou insight de uma pessoa. Debates intensos, usados para explorar e depois refinar uma ampla gama de ideias de produto, seguidos por uma clara decisão, aumentam a probabilidade de uma companhia identificar futuras necessidades dos consumidores — muito antes desses consumidores as descobrirem por si mesmos.

Andy Grove era menos idiossincrático do que Jobs no seu modo de antecipar e modelar as preferências dos consumidores, mas era igualmente comprometido com essa tarefa. O desafio que enfrentou foi similar ao da Apple: a tecnologia estava avançando mais rapidamente do que as necessidades percebidas dos consumidores. A Lei de Moore significava que a Intel podia dobrar a capacidade de processamento que disponibilizava para os consumidores ano sim, ano não. Isso criou um problema óbvio: o que fazer com esse poder de processamento adicional? Os usuários de PC não tinham ideia. Na década de 1980, por exemplo, muitas pessoas não acreditavam que qualquer um iria precisar de um chip mais poderoso do que o Intel 80386, introduzido em 1985. Pior ainda para a Intel, muitos de seus consumidores diretos — as companhias que faziam computadores pessoais — resistiam aos esforços de acrescentar novos recursos a cada geração de chips. Considerando-se os limites do quanto pagariam por um PC, à medida que o valor da CPU aumentava, o valor capturado pelos fabricantes de PC, como a Dell ou Compaq, caía.

Para fazer os fabricantes de PC comprarem seus novos e mais caros chips a cada 18 a 24 meses, a Intel tinha de convencer os consumidores a comprar os novos e mais caros PCs construídos em torno desses chips. Para persuadi-los a fazer esse upgrade em suas máquinas, a Intel tinha de convencê-los de que os PCs novos e mais caros lhes ofereciam recursos e funções que iriam melhorar suas vidas profissionais e privadas. Para resolver esse problema, Grove criou uma nova possibilidade: exigiu que a Intel acionasse o "poder espiral" e encontrasse "aplicativos capazes de sugar

MIPS" que se aproveitariam do aumento de potência oferecido por cada novo chip. (MIPS são milhões de instruções por segundo.)

Como a Intel não fazia software para consumidores, isso levou a uma *plataforma* e não apenas a uma estratégia de apenas um *produto,* como discutiremos no capítulo 3. A empresa precisou se ligar ativamente a muitas outras para fabricar esses aplicativos "sugadores de MIPS". Além disso, os engenheiros da Intel começaram a projetar novas funções nos seus chips, como instruções que aceleraram a multimídia. Essas funções dariam suporte para novos e empolgantes aplicativos para PC que os consumidores não sabiam que desejavam — ouvir música, assistir e editar vídeos, jogar, fazer ligações pelo telefone ou vídeo —, mas que logo descobririam que não podiam viver sem. A Intel teve um papel ativo na promoção desses aplicativos, embora outras companhias os vendessem. Em 1994, por exemplo, a Intel criou uma enorme campanha de publicidade em que apresentava oito novos programas de software para consumidores e negócios. Essa campanha criou um importante impulso de demanda pelo Pentium, o mais novo e poderoso chip da Intel.[31]

RACIOCINE NO PRESENTE: COMBINE AS NECESSIDADES COM RECURSOS

O perigo de olhar para frente é que o futuro é um lugar atraente, e é fácil se perder nos sonhos de como ele poderá ser. Isso pode ser ótimo para um futurista, mas para um estrategista pode significar um desastre. Para conduzir sua companhia em segurança do presente para o futuro e construir um negócio viável, você precisará determinar as etapas que transformarão a visão de hoje na realidade de amanhã.

Em primeiro lugar, isso significa garantir que sua empresa tem ou poderá ter os recursos necessários para atender as futuras necessidades dos consumidores. Esses recursos podem incluir talento, tecnologia, instalações, sociedades — qualquer coisa que você precise para oferecer produtos e serviços planejados à frente da concorrência. Às vezes, uma companhia precisa fazer esses investimentos com muitos anos de antecedência.

No final da década de 1980, por exemplo, Bill Gates começou a investir em um sistema operacional para substituir o Windows, que na época estava no mercado havia poucos anos. O Windows original era basicamente uma interface gráfica construída a partir do DOS. Ele queria uma nova versão — chamada a princípio de Windows NT — que seria robusta o bastante para atender as mais exigentes demandas dos usuários corporativos, assim como futuros consumidores. Para construir um novo OS [sistema operacional] desde a base, ele contratou engenheiros com ampla experiência vindos de empresas como a DEC e a AT&T. A Microsoft produziu então a primeira versão do Windows NT, almejando a área de negócios em 1993, mas a companhia levou outros oito anos para substituir a antiga base de código e lançar para o mercado doméstico um sistema operacional — o Windows XP — baseado na codificação do Windows NT.[32]

Combinar recursos e necessidades também pode exigir ajustes na estrutura da companhia para fazê-la se alinhar com a nova estratégia. Como Ron Johnson contou, por volta da mesma época em que a Apple começou a desenvolver tablets, os executivos seniores estavam pensando em como reorganizar a companhia para apoiar a visão "hub digital" que Jobs começou a articular em 2000. "Precisamos de um setor de software. Precisamos de um setor de aplicativos. Precisamos de setores de máquinas", disse Johnson, fazendo um resumo das principais linhas daquela discussão.[33] Essas conversas acabaram ocasionando um novo grupo de máquinas, que se concentrou no iPod, e um novo setor de aplicativos de software.[34]

Mas o processo de pensar no presente não deve parar nas fronteiras da empresa. Para serem bem-sucedidos, os estrategistas frequentemente precisam garantir que os recursos e objetivos de outras companhias apoiarão seu plano de atender as necessidades dos consumidores. Isso vale principalmente em indústrias de plataformas ou negócios com cadeias de suprimento complexas. Até mesmo os mais visionários CEOs tropeçarão se não souberem reconhecer tanto as limitações de suas companhias quanto as dos seus fornecedores e parceiros de ecossistema.

Por exemplo, no início da década de 1990, Andy Grove estava absolutamente convicto, muito antes de o Skype aparecer, que a videoconferência pelo PC seria a próxima "grande novidade". Centenas de milhões de dólares mais tarde, o sistema de videoconferência da Intel, chamado de ProShare, fracassou. Por quê? Porque na década de 1990, essa tecnologia exigia hardwares muito caros e dependia de uma linha telefônica da ISDN (Rede Digital de Serviços Integrados) complicada, vagarosa e muitas vezes não confiável.[35] Pat Gelsinger, gerente de projeto da ProShare, explicou: "Apostar na ISDN foi uma decisão péssima." E, para piorar as coisas, mesmo quando já estava claro que a ProShare ia fracassar, a "paixão [de Grove] em criar uma nova categoria de aplicativos" fez com que fosse quase impossível para Gelsinger dizer: "Andy, esse negócio não vai funcionar."[36]

A Apple encontrou um desafio similar no início dos anos 2000. Segundo Ave Tevanian, os engenheiros da empresa construíram tablets como o iPad já em 2002 e 2003.[37] Ainda de acordo com ele, os tablets eram ótimos: o processador, a interface do usuário, as capacidades de toque — tudo funcionava. No entanto, os executivos da companhia perceberam que mesmo assim eles não atenderiam as necessidades dos consumidores. O problema, como notou Tevanian, era a rede. "O WiFi estava apenas começando, portanto eu não conseguia me conectar com nada. De que adianta ter um aparelho se não consigo conectá-lo?"[38] A Apple suspendeu o lançamento do iPad até que houvesse infraestrutura adequada para fornecer ao consumidor sua visão completa.

Esses exemplos sugerem que os CEOs e empreendedores precisam tomar cuidado para não se apaixonarem demais pela "ciência foguete", porque correm o risco de avançar muito em relação aos consumidores e à indústria como um todo. Para evitar esse cenário, o mestre estrategista precisa associar constantemente um foco definido no futuro próximo com sua visão em longo prazo. Como disse Jon Rubinstein a respeito de Jobs, ele tinha uma clara visão para a Apple, mas na maior parte do tempo "Steve se concentrava apenas na próxima novidade, com um horizonte de mais ou menos um ano, o que lhe dava vantagem sobre os que planejavam com três anos de antecedência".[39] Da mesma forma, Les Vadasz, um executivo sênior da Intel e um dos melhores amigos de Grove, enfatizou a capacidade de Grove de unir o futuro com o presente (mesmo apesar da ProShare). "Há muitos administradores que fazem um plano para cinco anos e depois, por volta do terceiro, começam a pensar sobre o próximo plano de cinco anos.

Andy nunca agia assim." Ele notou que Grove entendia uma verdade básica:

> Você só pode enxergar até determinada distância, por isso é melhor ficar de olho com frequência. Esse é o elemento mais importante da estratégia: você sabe em que direção está indo, mas também sabe o que fará nos próximos seis meses. A maioria das empresas é ótima em estabelecer a direção, mas nunca pensam em dividi-la em prazos menores. A Intel fez um trabalho excepcional nesse aspecto. Quando perguntam por que fomos bem-sucedidos, esse é um dos motivos.[40]

Assim como Jobs, Grove compreendia a importância de manter, todo o tempo, duas ideias-chave na mente — o futuro e o presente. Para obter sucesso, os líderes de companhias precisam acompanhar as duas simultaneamente. Não se trata de escolher uma coisa ou outra — ou foca no horizonte distante ou no dia a dia. É preciso fazer ambas. Se encurtar o foco exclusivamente em desafios pelos próximos seis meses, não saberá para onde está indo; se focar apenas no longo prazo, talvez nunca chegue lá. Mas, se conseguir amarrar e unir ambos com firmeza por meio de uma série de planos ou ideias frequentemente atualizadas, você irá aumentar suas chances de navegar com sucesso pelo presente e pelo futuro adentro.

> A Microsoft teve grandes concorrentes no passado. É ótimo termos museus para documentar esse fato.[41]
>
> — Bill Gates [2004]

OLHE PARA O FUTURO: ANTECIPE OS MOVIMENTOS DOS CONCORRENTES

Quando se olha para o futuro, antecipar as necessidades dos consumidores é a parte divertida da tarefa, especialmente nas indústrias em que as tecnologias emergentes parecem estar a ponto de modificar o que está por vir. É fácil sonhar com um futuro no qual os produtos estão voando para fora das prateleiras, os consumidores estão fazendo filas de virar o quarteirão, e seus rivais estão chorando baixinho sobre copos de bebidas. Porém, esses sonhos rapidamente se tornarão pesadelos se você não conseguir antecipar os movimentos dos concorrentes. Essa foi uma lição que Gates, Grove e Jobs aprenderam muito cedo e jamais esqueceram.

Talvez a mais famosa frase de Andy Grove seja "Só os paranoicos sobrevivem", título de seu livro sobre administração escrito em 1996 que obteve grande sucesso. Grove começa o livro com o seguinte comentário:

> Costumam dizer que eu criei o lema "Só os paranoicos sobrevivem". Não tenho ideia de quando eu disse isso pela primeira vez, mas o fato é que, quando se trata de negócios, acredito no valor da paranoia. O sucesso do negócio contém as sementes da sua própria destruição. Quanto mais bem-sucedido você for, mais pessoas vão querer abocanhar o seu negócio, depois de novo e de novo e até não restar nada... Eu me preocupo com a concorrência. Eu me preocupo com outras pessoas estarem calculando o que deverão fazer melhor ou mais barato do que nós, e tomando o nosso lugar com os consumidores.[42]

A cada ano como CEO, Grove fazia uma reunião de dois ou três dias com os gerentes, chamada SLRP (Planejamento Estratégico de Longo Prazo, pronunciado "slurp" em inglês), na qual dava asas à sua paranoia. Em suas próprias palavras, Grove projetava esses encontros para responder uma pergunta fundamental: "O que devo fazer *hoje* para resolver — ou melhor, evitar — o problema de *amanhã*?"[43] Em cada SLRP, Grove falava por duas horas, ou mais, sobre a posição da Intel diante da concorrência. Em 1991, por exemplo, ele caracterizou a Intel como um castelo sitiado por todos os lados pelos concorrentes.[44]

OS CONCORRENTES ATACAM O "CASTELO" DA INTEL

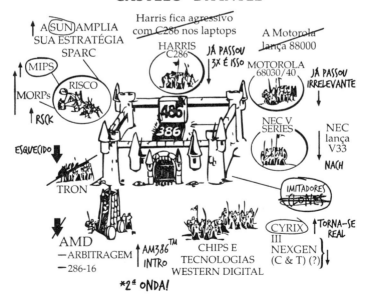

FONTE: Apresentação na SLRP de Andy Grove para a Intel, 1991, reproduzida com permissão.

Ele seguiu descrevendo onde os competidores em potencial estavam abrindo caminhos, onde novas empresas estavam oferecendo novas abordagens e o que isso significava para a Intel na época. A companhia desenvolveu esquemas para futuros produtos em paralelo com esse tipo de análise da concorrência. Quando a administração detectava buracos em potencial nas linhas de produtos, que um competidor como a AMD ou outros poderiam explorar, Grove exigia uma aceleração do esquema ou novos produtos que preenchessem esses buracos antes dos concorrentes.

Se houve um CEO tão paranoico como Grove, era Steve Jobs. Quando se tratava de planejamento de produção, Jobs podia ser o homem mais calado do mundo. Seu raciocínio era simples: concorrentes são imitadores. Dê-lhes um vislumbre da sua visão sobre produtos e eles não só irão copiá-los; irão roubá-los. (Como prova, foi exatamente o que ele fez depois de ver, pela primeira vez, a interface gráfica desenvolvida pelo Xerox PARC, em 1979.) Os produtos da Apple eram projetados em "absoluto sigilo", como um dos biógrafos de Jobs escreveu sobre o sistema operacional OS X, para impedir que competidores — em especial a Microsoft — passassem a mão neles.[45]

Bill Gates se preocupava menos com imitações, mas ficava igualmente preocupado com a competição e com o que o futuro poderia trazer. Em meados dos anos 1990, ele nos contou sobre alguns de seus temores: "Não sabemos como o modelo de negócios será no futuro — será que os provedores de conteúdo conseguirão nos deter? Na área da informação, talvez ninguém consiga ganhar dinheiro porque tudo se tornará uma commodity. Também me preocupo com a possibilidade de sairmos do nosso círculo de competência, à medida que avançamos."[46] Fora das vistas do público, ele estava sempre mandando e-mails alarmistas aos seus subordinados diretos, alertando que novos concorrentes estavam desafiando a hegemonia da Microsoft. Por exemplo, em 1996, Gates avisou a sua equipe que eles precisavam ser mais sistemáticos ao analisar a Netscape. O e-mail dizia:

> Um exercício muito útil para mim seria pegar nossos projetos e colocá-los ao lado dos atuais produtos da Netscape e do que sabemos sobre os planos deles para o futuro. Temos a maioria dessas informações, mas elas não costumam ser reunidas em um único lugar em alto nível no papel... Acho que precisamos prestar mais atenção se estamos sendo criativos.[47]

Um ano depois, Gates voltou a atenção para um novo possível inimigo: "A maior ameaça é sem dúvida nenhuma o fenômeno JAVA e o ISV [Vendedores de Software Independentes], que despertaram tanto entusiasmo, e o que cresceu em torno deles. Temos que chegar ao trabalho diariamente sabendo que NÃO solucionamos esse problema e que, de muitas maneiras, estamos ficando mais fracos a cada dia."[48]

Na época, a Microsoft era uma das companhias mais bem-sucedidas do mundo e Gates, uns dos homens mais ricos do planeta. Mesmo assim, como Grove e Jobs, ele não se sentia seguro ou complacente. Apesar de estarem no auge, todos eles temiam que os concorrentes fossem destruí-los da noite para o dia se não fossem suficientemente diligentes. Dessa forma, cultivavam o modo de pensar dos azarões, mesmo quando o resto do mundo os enxergava como gigantes da indústria. Eles forçavam suas equipes executivas e, inúmeras vezes, até os funcionários dos mais baixos escalões para anteciparem constantemente os próximos movimentos da concorrência.

RACIOCINE NO PRESENTE: CONSTRUA BARREIRAS CONTRA A ENTRADA, PRENDA OS CONSUMIDORES

O propósito de pensar sistematicamente em futuros movimentos dos competidores é o que sua companhia deve fazer hoje. Os bons estrategistas calculam quais serão as ações mais prováveis e como enfrentar esses movimentos. O mestre estrategista vai um passo além e calcula como mudar a natureza do jogo tipicamente alterando as opções e os resultados dos outros atores. Muitas vezes essas viradas de jogo significam construir barreiras contra a entrada e prender os consumidores antes de os concorrentes terem alguma chance de agir. Como explicado por Bruce Henderson, o fundador do Boston Consulting Group e um dos primeiros gurus da estratégia moderna, a meta é "induzir seus concorrentes a não investir nos produtos, mercados e serviços nos quais se pretende fazer os maiores investimentos. Essa é a regra fundamental da estratégia."[49]

A Intel fez uma abordagem clássica sobre o problema de construir barreiras contra a entrada. Sob a administração de Andy Grove, a companhia desenvolveu uma forte liderança na tecnologia do silício, avanços nos projetos e um crescente portfólio de patentes. No início da década de 1990, a Intel também tinha começado a construir uma preferência de marca, mas a competição continuava vindo tanto com os imitadores, como a AMD, quanto de arquiteturas alternativas, como o chip PowerPC da IBM. Em 1993, Grove decidiu saltar na frente dos concorrentes investindo pesadamente na capacidade de fabricação antes de uma demanda comprovada. Ele disse à sua equipe sênior de administração que para fazer o 486 a companhia gastara US$1 bilhão, mas que estava preparado para gastar US$5 bilhões em fábricas para produzir seu sucessor, o Pentium. Essa decisão causou um impacto profundo no panorama da competição. No início da década de 1990, "a taxa de entrada para ser um ator de importância no mercado global de semicondutores" já era "US$1 bilhão — pagos em adiantamento", nas palavras de Gordon Moore.[50]

Fonte: Apresentação de Andy Grove para SLRP da Intel, 1993, reproduzida com permissão.

O compromisso da Intel de fazer investimentos massivos foi a causa desse aumento dramático na taxa de entrada ao longo do tempo e, por isso, o número de concorrentes em potencial encolheu. A decisão de Grove de apostar na expansão de capital — dois ou mais anos à frente da demanda — criou um obstáculo que outras empresas não foram capazes de superar.

Da mesma forma, Bill Gates também concentrou sua atenção em criar barreiras para entradas desde o primeiro dia. Ao negociar o contrato original da Microsoft fornecendo o DOS para a IBM, ele lutou muito para manter o controle do direito de licenciar o OS para outras companhias. Em troca desse direito, estava disposto a dar para a IBM um ótimo negócio — uma taxa fixa baixa, sem a cobrança de royalties. Sua meta, conforme ele explicou em 1994, era controlar o acesso ao DOS, construir volume e manter os preços baixos, tornando bem difícil a vida de potenciais competidores:

> Nossa restrição da capacidade da IBM de competir conosco no licenciamento do MS-DOS para outros fabricantes de computadores foi o ponto-chave das nossas negociações. Queríamos ter certeza de que só nós poderíamos licenciar... Sabíamos que os bons produtos da IBM eram usualmente clonados, por isso não foi nenhum mistério adivinhar que eventualmente poderíamos licenciar o DOS para os outros... Consequentemente... apareceram pessoas lançando sistemas operacionais completamente novos, mas nós já tínhamos capturado o volume, por isso conseguimos manter o preço baixo e continuar vendendo.[51]

Usar o preço para prender consumidores era uma tática que Gates utilizava muitas e muitas vezes. Quando estava licenciando o DOS e o Windows para fabricantes de computadores, ele dava duas opções para os consumidores: pague um preço muito alto por sistema operacional instalado ou pague um royalty muito mais baixo para a Microsoft com base no número de computadores entregues — evidentemente porque seguir a pista das instalações de software era muito difícil. Quase todos optaram pelo preço calculado com base em hardware entregue, que forçava os fabricantes de computadores a pagar o dobro se quisessem entregar um sistema operacional do concorrente — uma vez para o DOS/Windows e uma vez pelo sistema operacional, que na verdade estava instalado, como o OS/2 da IBM, o DR DOS da Novell ou algum tipo do Unix. O Departamento da Justiça dos Estados Unidos baniu essa prática em 1994 porque ela fortalecia o domínio da Microsoft.[52]

O estabelecimento estratégico de preços também ajudou a Microsoft a ganhar e prender consumidores no mercado de produtividade do desktop, no qual demorou a entrar. Ao longo da década de 1980, o Microsoft Word e o Excel estavam muito longe dos líderes de mercado, como o Lotus 1-2-3 e o WordPerfect. Para alcançá-los, em 1990, a Microsoft juntou num pacote o Word, o Excel e o PowerPoint, criando o Office, que vendia em conjunto com um grande desconto. (Outros produtos, como o Outlook e o Access posteriormente foram acrescentados ao pacote). As vendas de aplicativos explodiram, indo de US$567 milhões em 1990 para quase US$4 bilhões em 1995.

Um simples exemplo demonstra o poder do pacote. Imagine um mundo onde só existem dois usuários: um repórter e um analista de finanças. O repórter está disposto a pagar o preço máximo — digamos, US$100 — por um grande programa de processamento de texto, mas pagará somente US$20 por uma planilha, que raramente usa. O analista financeiro, por outro lado, quer uma ótima planilha, pela qual está disposto a pagar US$100, mas pagará somente US$30 pelo processador de texto. Se você é a Lotus e domina o negócio de planilha, sua melhor estratégia de preço é cobrar US$100 para atrair o analista de finanças; se você é o WordPerfect e domina o setor de processamento de texto, seu preço ótimo também é US$100. Essa estratégia funcionava muito bem até que a Microsoft combinou um processador de texto e uma planilha semelhantes em um único produto por US$120. Esse é um negócio muito melhor para os dois consumidores em potencial do que comprar dois produtos separados dos concorrentes.[53] Como o custo marginal de software é perto de zero, trata-se também de uma estratégia de maximização do lucro. A Microsoft empregou essa abordagem repetidamente ao longo dos anos, muitas vezes juntando inclusive dois aplicativos-chave — como o Internet Explorer e o Windows — sem custo adicional.

Ao contrário da Microsoft, a Apple não se apoiava tanto nos preços como uma ferramenta capaz de virar o jogo. Seus produtos tipicamente eram de alta qualidade e os descontos eram poucos. Entretanto, Jobs não era menos preocupado do que Gates em construir barreiras contra os concorrentes e os imitadores. Ao longo da história da Apple, Jobs ficou conhecido por entrar com um vasto número de registros de patentes, muitas vezes em seu próprio nome, e processar qualquer pessoa que ele suspeitasse estar copiando os desenhos de projeto, inclusive parceiros (Microsoft), fornecedores (Samsung) e também consumidores.

Mais importante, a preocupação de Jobs em fornecer aos consumidores uma experiência totalmente integrada e fazer deles um amigo criava a tendência de prendê-los por anos a fio. Sua estratégia para música foi um caso de destaque. Conforme ele mesmo admitiu, Jobs demorou para acordar para o significado da música digital, porém mais do que compensou o atraso quando decidiu entrar no jogo. Em janeiro de 2001, a Apple lançou o iTunes, que dava aos usuários do Mac o poder de copiar músicas dos seus CDs, arranjá-las numa playlist e gravar CDs. Nove meses depois, a Apple lançou o iPod, que dominou o mercado de players portáteis de música por uma década.[54] Parte do sucesso da Apple foi devido a um melhor design de produto. Pela maioria dos relatos, o iTunes era uma plataforma superior para gerenciar músicas e o iPod, um player digital melhor do que as alternativas no mercado. No entanto, a grande responsável pela persistência do valor de mercado do iPod foi a íntima integração dos produtos da empresa.

Com o lançamento da iTunes Music Store em 2003, a Apple adotou uma tecnologia patenteada para os downloads de música. Como Jobs se recusava a licenciar o código e a tecnologia de proteção de cópias para outros vendedores de música ou fabricantes de aparelhos, a música baixada por meio do iTunes só tocaria em um iPod, e o iPod só podia tocar gravações genéricas de MP3 ou trilhas do iTunes. Os usuários que trocavam o iPod por um outro aparelho perdiam o acesso às suas listas de músicas. Dessa forma, quanto mais músicas baixavam através do iTunes, menos pensariam em deixar o universo Apple por outra plataforma — um claro exemplo de um simples "efeito de rede", como discutiremos no capítulo 3. Até a Apple abandonar esse sistema, em 2009, os consumidores estavam presos a ela, criando assim uma enorme barreira contra os rivais em potencial.

> Quando uma mudança no modo como algum elemento do negócio é conduzido ganha um tipo de magnitude maior do que normalmente se espera, as apostas são canceladas. Há vento, depois um tufão, há ondas e então um tsunami. Uma mudança multiplicada por dez. [55]
>
> — Andy Grove [1996]

OLHE PARA O FUTURO: ANTECIPE OS PONTOS DE INFLEXÃO ESTRATÉGICOS

Um dos problemas mais difíceis que o estrategista encontra é identificar e se preparar para modificações que poderiam alterar fundamentalmente a estrutura de sua indústria — o que Grove chamou de uma mudança multiplicada por dez. Elas são tanto as maiores oportunidades quanto as maiores ameaças que qualquer negócio pode enfrentar. Em algumas indústrias, elas acontecem a cada vinte, trinta ou cem anos; em outras, podem ocorrer a cada cinco ou dez. A partir de 2007, por exemplo, o smartphone e o tablet criaram furacões em todas as indústrias de comunicação e informática. Mais para o passado, o Apple II e o Macintosh produziram um efeito similar na indústria do computador pessoal, que em seguida sofreu outra transformação fundamental à medida que concorrentes focados horizontalmente, como a Microsoft e Intel, substituíram os monólitos verticalmente integrados. A falha em antecipar ou se adaptar de forma veloz a essa modificação multiplicada por dez significou a morte para a Digital Equipment Corporation e todas as companhias de microcomputadores, além de uma presença fortemente reduzida na indústria de PCs tanto para IBM quanto para Apple. Esta última amargou uma pequena parcela do mercado de PCs antes de se reestruturar como uma companhia blockbuster de eletrônica para o consumidor. Por outro lado, a Microsoft e a Intel transformaram essa modificação sísmica em uma oportunidade para construir duas das maiores franquias na história do mundo dos negócios.

Quer chamemos essas mudanças multiplicadas por dez de "inovações perturbadoras", para usar a terminologia de Clay Christensen, ou "pontos de inflexão estratégicos", nas palavras de Andy Grove, o papel do mestre estrategista é identificar e depois criar estratégias para administrar esses períodos de transformação. Reconhecer uma mudança multiplicada por dez depois que ela ocorrer pode ser o beijo da morte; reconhecê-la a tempo é um caso de percepção, tempo certo e preparo. Como Grove observa em *Só os paranoicos sobrevivem*, é preciso agir "quando nem tudo é conhecido, quando os dados ainda não estão evidentes. Mesmo os que acreditam numa abordagem científica da administração terão de confiar no instinto e no julgamento pessoal".[56] Fazer esse tipo de avaliação é extremamente difícil. Nesses momentos, a relação ruído-sinal é muito alta. No final, o mestre estrategista deve se apoiar no julgamento e na intuição adquiridos pela experiência.

Jobs, como discutimos antes neste capítulo, impulsionou quatro mudanças desse tipo em seu mandato: a interface gráfica no PC; a revolução do iPod e do iTunes na música digital; o iPhone e a App Store nos Smartphones; e a revolução do iPad nos tablets. Tanto Grove quanto Gates fizeram pelo menos duas modificações assim durante o tempo em que foram CEOs. A primeira foi a emergência da indústria de PC horizontal. A segunda foi a ascensão da internet como um fenômeno do consumidor. Em 1994, Sean Maloney, o assistente técnico de Andy Grove, o fez se sentar diante de um terminal de computador e o apresentou à internet. Mais tarde, Grove disse ao seu conselho de diretores que, na verdade, não tinha entendido nada, mas, de alguma maneira, soube que ela era importante. Enquanto se preparava para mover a Intel para um mundo centrado na internet em vez de ficar centrado no PC, ele organizou um tutorial de duas horas para os conselheiros da empresa, no qual todos os diretores ficaram sentados diante de computadores junto de um gerente da Intel especializado em tecnologia. Ele queria que o conselho entendesse que aquilo era um ponto de inflexão, que exigia uma mudança estratégica.

À medida que Grove pensava mais na internet, ele acabou se dando conta de que a fusão da comunicação com o computador criava tanto oportunidades quanto ameaças para a Intel. Em meados da década de 1990, ele começou a fazer palestras proclamando que a Intel estava fornecendo MIPS "gratuitos" — querendo se referir à computação extremamente barata — e que, num futuro próximo, a indústria das comunicações forneceria "bauds" gratuitos — como chamou uma transmissão de dados extremamente barata. Combinados, esses dois desenvolvimentos poderiam levar a uma explosão na demanda por poder de computação à medida que fossem surgindo novos aplicativos empolgantes.

Todavia, a internet também ameaçava tornar o PC uma mera commodity e, por associação, o pão com manteiga da Intel — a linha x86 de microprocessadores. Na época, havia muita conversa sobre os PCs serem substituídos por "clientes finos" ou "aplicativos de internet", ou seja, computadores simplificados, ligados à web. Quando líderes da indústria, como o CEO da Oracle, Larry Ellison, começaram a pregar o evangelho do "computador para rede" e a concorrente da Intel, AMD, começou a reduzir preços de maneira agressiva, os executivos seniores da Intel ficaram apreensivos de que os preços para PC e CPU desabassem. Na primavera de 1997, Grove disse à sua equipe que esse fenômeno, que chamou de "gravidade", era a maior ameaça que a Intel enfrentava. A gerência o censurou: "Não estava levando isso a sério."[57] Felizmente, porém, Grove tinha um plano para contrabalançar a gravidade, como discutiremos no capítulo 4.

Como Grove, Gates viu a internet como uma fonte de tremenda oportunidade bem como de potenciais ameaças. No início de 1995, ele fez da internet o foco da sua anual "Think

Week" — uma pausa de vários dias nos quais reservava algum tempo para se afastar da Microsoft com o intuito de ler e pesquisar o que estava acontecendo nas universidades e se atualizar sobre as tendências da tecnologia. O resultado dessa semana foi um memorando, escrito em maio daquele ano, intitulado "A grande onda da internet", que ele enviou para seu pessoal executivo e responsáveis diretos. Nesse documento, Gates deixou claro que o crescimento da internet estava levando a um ponto de inflexão estratégico e que a Microsoft precisava desesperadamente entrar na primeira fila dessa nova parada.

> Os avanços ocorridos na internet ao longo dos próximos vários anos determinarão o curso da nossa indústria por um longo tempo. Quero deixar claro que nosso foco na internet é crítico para cada uma das partes do nosso negócio. A internet é a mais importante e única evolução a surgir desde que o PC da IBM foi lançado, em 1981. Ela é até mais importante do que a chegada da interface gráfica (GUI)... Nossos produtos não serão as únicas coisas a mudar. O modo como distribuímos a informação e o software, bem como o modo como nos comunicamos e damos suporte para nossos consumidores, será modificado.[58]

Gates percebeu que os consumidores talvez não fossem precisar de um programa caro e complexo como o Microsoft Windows para acionar seus computadores se pudessem acessar aplicativos por meio de um navegador da web, em vez de armazená-los e fazê-los funcionar em seus PCs. Mas, se a Microsoft pudesse controlar o navegador e integrar a internet ao Windows e ao Office, ela poderia neutralizar a ameaça e a companhia ampliaria seu domínio do desktop para a internet.

Gates e Grove eram especialmente adeptos em reconhecer pontos de inflexão estratégicos, parte devido à sua profunda paranoia, que os fazia acreditar que seus negócios estavam sempre em risco. Eles somavam seu inabalável foco no futuro a um conhecimento profundo de história. Tinham absoluta certeza de que a vasta maioria das empresas de tecnologia ao longo dos últimos trinta anos tinha tido uma morte inglória. Companhias que iam desde a DEC até a Wang haviam desaparecido pela incapacidade de se adaptar a mudanças multiplicadas por dez, como o surgimento do computador pessoal. Como resultado, Gates e Grove raramente desprezavam os desafios da indústria e sempre achavam tempo em suas agendas frenéticas para estudar, sondar e explorar como poderiam reagir a cada nova ameaça.

Não se pode julgar o significado dos pontos de inflexão estratégicos pela qualidade da primeira versão. É preciso recorrer à sua experiência... Você precisa se disciplinar para pensar bem nas coisas e separar a qualidade das primeiras versões do potencial a longo prazo e do significado de um novo produto ou tecnologia.[59]

— Andy Grove [1996]

RACIOCINE NO PRESENTE: COMPROMETA-SE COM A MUDANÇA — E PERMANEÇA NO CURSO

Reconhecer os pontos de inflexão estratégicos é essencial para obter sucesso a longo prazo, mas é apenas o primeiro passo. O passo seguinte é desenvolver uma resposta — e o mais rápido possível. Quando se acredita que há um ponto de inflexão no horizonte, é preciso se comprometer a mudar *hoje mesmo*. A "boa e velha" estratégia não vai mais funcionar. Essa tarefa é especialmente desafiadora porque os pontos de inflexão, por sua própria natureza, envolvem uma grande incerteza. Essencialmente, é preciso agir agora para enfrentar futuras ameaças e oportunidades que outras pessoas talvez não vejam.

Devido à magnitude da mudança, os primeiros passos da sua companhia em uma nova trilha podem ser incertos e cambaleantes. Primeiras versões de produtos e serviços podem não dar em nada. Os críticos vão cair em cima de você e até seus parceiros talvez desconfiem se você sabe mesmo o que está fazendo. Porém, se você tiver fé em sua visão, é preciso se manter firme e tomar cuidado para não levar uma rasteira ao longo do caminho.

A liderança de Bill Gates na Microsoft exemplifica essa abordagem. As primeiras versões dos produtos da companhia não conquistaram muitos fãs. Mas quando Gates decidia que alguma coisa era prioridade estratégica, ele não deixava que críticas ou vendas ruins mudassem sua cabeça. Por exemplo, houve poucos compradores do Windows 1.0 quando ele foi lançado, em 1985, e o Windows 2.0, no início, não faturou muito mais. Mas Gates entendeu que a Microsoft logo faria parte do passado se não conseguisse produzir um sistema operacional com boa interface gráfica. Ele continuou a investir em peso no Windows e, em 1990, com a versão 3.0, finalmente acertou.

Gates mostrou a mesma persistência quando decidiu empurrar a Microsoft para o mercado de softwares para servidores no final da década de 1980. Ele se deu conta de que, à medida que as pessoas usassem cada vez mais os computadores para acessar dados e aplicativos armazenados em servidores remotos, essas máquinas se tornariam uma parte ainda maior do panorama da computação. Se os servidores acabassem se tornando mais importantes do que os PCs, outras empresas conseguiriam eclipsar a proeminência da Microsoft como líder na plataforma de software. A edição do Windows NT para servidores foi sua resposta a essa ameaça.

Russ Siegelman, que trabalhava diretamente com Gates, contou: "Quando cheguei lá, não estávamos no negócio de servidores... Mas Bill tinha esta noção: 'Olhe, vamos ter de ganhar no negócio do networking sendo uma companhia de aplicativos para servidores'."[60] Ele também estava disposto a investir pesadamente para fazer essa estratégia dar frutos. "Com toda a certeza, Bill estava disposto a fazer grandes investimentos financeiros para construir o Windows NT. [Não importava] quanto tempo levaria, quanto dinheiro seria gasto, quantos funcionários, nossos melhores funcionários, o fato é que iríamos ver o sucesso do NT." E foi o que aconteceu. Em 2014, o Windows NT estava em 65% dos servidores corporativos.

Da mesma maneira, quando Gates viu a grande onda da internet avançar para sua companhia — e com ela a ameaça de que a capacidade de construir aplicativos acessíveis pelos web browsers poderia fazer o Windows se tornar quase irrelevante —, ele investiu recursos massivos para construir seu próprio navegador. O Internet Explorer 1.0 e 1.2, ambos lançados em 1995, foram amplamente criticados por serem considerados inferiores ao Netscape da Navigator. Quando o IE 3.0 saiu, em 1996, a Microsoft finalmente tinha um navegador superior, e o melhorado IE 4.0, introduzido em 1997, selou o destino do Netscape.[61] Olhando para trás, Jon Shirley, o primeiro presidente da Microsoft e principal encarregado das operações, argumentou que a visão de longo prazo de Gates era a verdadeira vantagem da companhia. "Não é dinheiro, porque outros também têm." O que contou foi "a disposição de Bill em se manter firme com determinadas tecnologias por um longo tempo, sem se importar com o retorno em curto prazo", o que separou a Microsoft da multidão.[62]

Steve Jobs estava tão comprometido a acertar quanto eles. Em 2008, por exemplo, a Apple lançou o MobileMe, a primeira tentativa da companhia de fornecer computação em nuvem. A essa altura, a visão original de Jobs do PC como um hub digital havia evoluído, com a "nuvem" se tornando o hub e o PC, um aparelho comum. O MobileMe supostamente deveria dar vida a essa visão, permitindo aos usuários armazenar seus conteúdos — fotos, vídeos, agendas ou calendário — num dos servidores da companhia e acessá-los de qualquer aparelho. No entanto, o MobileMe era muito caro e não funcionava a contento. Walter Mossberg, um veterano colunista de tecnologia, concluiu: "Se a Apple conseguisse fazer o MobileMe funcionar corretamente, estaríamos diante de um serviço formidável. Mas agora ele está despedaçado demais."[63] Jobs ficou furioso com o fracasso do MobileMe e substituiu a maior parte da equipe que trabalhou no serviço, inclusive o gerente de projeto. No entanto, continuou comprometido com sua visão da nuvem como um hub digital e trabalhou mais três anos para acertar com o iCloud, em 2011.

Pode ser difícil manter o curso quando um ponto de inflexão estratégico está para surgir e você escolheu um novo caminho. Nesse momento da história de uma companhia, as apostas são excessivamente altas e o risco está por todas as partes. Mas é exatamente porque as apostas são tão altas que não se pode esperar por uma solução incerta ou pelo projeto do produto "perfeito" da equipe de engenharia. Quando a neblina desaparece e o futuro se torna suficientemente claro para todos enxergarem, será tarde demais para agir. Se você quiser liderar a mudança e se está convencido de que está na direção certa, é preciso agir agora, se comprometendo com sua visão e mantendo-se empenhando em melhorar novos produtos e serviços aos poucos, para que essa visão se torne realidade.

LIÇÕES DOS MESTRES

A cada dia aparece um novo incêndio para apagar. As exigências dos consumidores atuais e empregados podem ocupar todo o seu tempo. Mas, para ser um grande estrategista, é preciso se afastar dos fardos de hoje e dos problemas de ontem, reservando algum tempo para *olhar para o futuro* de sua companhia, seus consumidores, concorrentes e indústria. Em seguida, é necessário *raciocinar no presente*, pensando nas ações que precisa fazer hoje. Os CEOs e outros executivos seniores deveriam repetir esse exercício periodicamente — pelo menos a cada seis meses no mundo da tecnologia, no qual as mudanças são muito rápidas. Esse processo o obriga a andar numa linha tênue — tendo o cuidado de não avançar muito ou ficar atrasado demais. É, sem dúvida, um equilíbrio difícil, mas um que Gates, Grove e Jobs atingiram, embora nem sempre, mas na maior parte do tempo.

Nossos três CEOs desenvolveram visões distintas que estabeleceram limites e prioridades para suas empresas. Todos tiveram imaginação para antecipar as necessidades dos consumidores e, principalmente, disciplina e flexibilidade para rever suas ideias à medida que novas e melhores informações surgiram. Eles também procuraram combinar as necessidades dos consumidores com os recursos exigidos para satisfazê-los, apesar de às vezes essas combinações terem se mostrado especialmente difíceis.

Gates, Grove e Jobs foram astutos ao antecipar os movimentos dos concorrentes e depois deixá-los para trás. O registro das trilhas percorridas por eles deixa claro que a paranoia tem valor. Se você não for cuidadoso, os concorrentes copiarão ou roubarão suas ideias. Se não construir barreiras para impedir a entrada e formas de conseguir a fidelidade dos consumidores e parceiros, a concorrência pode eliminar essas primeiras vantagens num piscar de olhos. Portanto, os mestres estrategistas praticam a constante vigilância para evitar seguir os passos daqueles que foram grandes algum dia, como IBM, DEC e Netscape.

Por fim, Gates, Grove e Jobs foram excelentes em identificar os mais importantes pontos de inflexão em suas indústrias e logo formular reações que transformaram potenciais ameaças em oportunidades. Nem sempre eles foram os primeiros a enxergar todas as mudanças, mas em geral agiram bem cedo para responder com eficiência. Igualmente importante, tiveram a bravura para se manter no curso, apesar de terem fabricado produtos a princípio fracos e outras decepções. Uma mudança multiplicada por dez no ambiente pode exigir uma mudança de mesmas proporções na sua estratégia e recursos. Com alterações de tal magnitude, você dificilmente conseguirá a estratégia e os produtos certos na primeira tentativa. Quando um produto ordinário fracassa, é uma questão de bom senso eliminá-lo. Se o primeiro tiro da sua campanha para remodelar o futuro não atingir o alvo, talvez seja preciso uma reviravolta. O desafio é saber a diferença entre voltar atrás numa estratégia ou direção e apostar de forma imprudente o futuro da sua companhia — e essa é a regra estratégica que analisaremos no próximo capítulo.

2. Aposte alto, sem apostar a empresa

Estratégia não é para os fracos. Os grandes estrategistas fazem o que não é óbvio, o que é difícil e contraintuitivo para alterar o panorama competitivo a seu favor. Frequentemente isso significa fazer grandes apostas, seja em forma de enormes compromissos financeiros ou jogadas competitivas, como um ataque frontal contra os líderes do campo. A escala dessas jogadas talvez intimide colegas e parceiros, e inclusive a concorrência. No entanto, se executadas com perícia, elas resultam em recompensas igualmente enormes.

No início dos anos 1980, quando Bill Gates decidiu desenvolver o Windows e competir cara a cara com a IBM, ele colocou sua jovem companhia contra a usina de força que virtualmente inventara a indústria mundial dos computadores. Gates ganhou a aposta e a Microsoft seguiu em frente para se tornar a mais poderosa companhia de software do mundo. Em 1985, quando Andy Grove decidiu que a Intel modificaria suas políticas de licenciamento e se tornaria a "única fonte" para seu microprocessador de última geração, ele reescreveu as regras da indústria e, não por acaso, se comprometeu a gastar bilhões de dólares de capital. A jogada valeu a pena, pois transformou a Intel, que era uma pequena empresa, em um gigante na área. Em 2005, Steve Jobs arriscou o futuro da franquia Macintosh quando decidiu substituir o chip PowerPC do Mac pela tecnologia Intel, mas o sucesso dessa jogada deu nova vida ao Macintosh e depois à Apple.

Esses exemplos demonstram que grandes estrategistas precisam estar dispostos a fazer apostas corajosas, mas sem colocar suas empresas em risco de colapso. Gates adiou o rompimento com a IBM até que as outras linhas de negócio da Microsoft estivessem fortes o suficiente para manter a companhia em dia. Grove diminuiu o risco de sua maior aposta parcelando o investimento de capital ao longo do tempo. Jobs, por sua vez, astutamente acertou a hora de apostar para minimizar a exposição da sua organização ao risco.

O tema comum é ser ousado, mas não imprudente. O dicionário define *ousado* como aquele "que não tem ou não demonstra ter medo; bravo, corajoso".[1] Muitas empresas saem dos trilhos por causa de estrategistas dóceis que não estão dispostos ou são incapazes de fazer escolhas importantes. Os grandes líderes, ao contrário, estão preparados para tomar decisões ousadas e impulsionar, revigorar ou reinventar seus negócios. No caso de Gates, Grove e Jobs, essas decisões refletiram quatro princípios que os ajudaram a obter sucesso:

REGRA 2: APOSTE ALTO, SEM APOSTAR A EMPRESA

1. Aposte alto para mudar o jogo.
2. Não aposte a empresa.
3. Canibalize seu próprio negócio.
4. Corte suas perdas.

Percebemos que uma alta parcela de mercado era fundamental para o sucesso e, para atingi-la, tínhamos de estar dispostos a investir na capacidade de fabricação. Esse tipo de investimento envolve grandes apostas porque elas têm de ser feitas antes da real demanda.[2]

— Andy Grove [Início da década de 1990]

APOSTE ALTO PARA MUDAR O JOGO

Fazer grandes apostas é uma das tarefas mais complicadas da estratégia. O instinto natural de muitos gerentes e empreendedores é planejar, analisar, planejar mais e depois avançar aos poucos pelo caminho escolhido. Estrategistas menores normalmente se esquivam, atrasam, deferem e se recusam a se comprometer. Outros assumem posições imprudentes que prometem grandes recompensas se forem bem-sucedidas, mas, ao longo do tempo, arriscam levar a organização à falência. Os grandes estrategistas devem evitar essas duas armadilhas. Precisam estar dispostos a "ir atrás do grande prêmio" e ter a coragem e a convicção de seguirem seus planos.

Aposte alto em novas tecnologias

Dos três CEOS, Steve Jobs, por temperamento, era o mais aberto a fazer grandes apostas. Alguns dos seus movimentos a princípio parecem quase quixotescos. Sua atitude típica era prevalecer no final por meio de uma combinação de "puro poder de sustentação, persistência, crença constante em alguma coisa, teimosia inabalável em fazer as coisas e otimismo contínuo", como disse um antigo membro da companhia.[3] Um exemplo foi a decisão de Jobs de abandonar seu produto mais bem-sucedido, o Apple II, quando descobriu a interface gráfica (GUI), em dezembro de 1979. Assim que a viu, segundo ele, soube imediatamente que a GUI era a chave para facilitar o uso de computadores e torná-los, realmente acessíveis para o mercado de massa. Enquanto os engenheiros da Xerox PARC demonstravam sua tecnologia, Jobs exclamou: "Por que vocês não estão fazendo nada com isso? Isso é o máximo! É revolucionário!"[4] Posteriormente, ele disse: "Foi como se um véu se levantasse dos meus olhos. Pude ver qual seria o futuro da informática."[5]

Jobs voltou para a Apple e forçou a companhia a apostar na GUI como o futuro da computação pessoal. Inicialmente ele investiu no Lisa, à época em seus primeiros estágios de desenvolvimento, como o computador que traria a revolução GUI ao mundo. A Apple originalmente havia projetado o Lisa com uma interface tradicionalmente baseada em texto e em linhas de comando, mas Jobs rapidamente insistiu que ele deveria ter uma interface gráfica e um mouse. Ele teria dito: "O Lisa se tornará algo tão importante que faremos um rombo no universo."[6] Se alguma coisa sofreu um rombo por causa do Lisa — que custou cerca de US$50 milhões para ser desenvolvido — foram as finanças da Apple. Lançado em 1983 com o preço de US$9.995, o projeto não conseguiu encontrar um mercado e parou de ser fabricado dois anos depois. Mas, a essa altura, Jobs não estava mais associado ao Lisa. Depois de ser demitido do projeto, ele se juntara à equipe que construía o Macintosh, que estreou em 1984. Apesar de um início difícil, o Macintosh acabou tornando realidade o sonho de Jobs de revolucionar a informática. Nem pela primeira vez nem pela última, ele tinha apostado alto e vencido.

Quando Jobs deixou a Apple, em 1985, passou a década seguinte usando sua fortuna pessoal no desenvolvimento da NeXT, uma empresa que nunca teve vendas significativas, e da Pixar, que acabou tendo um sucesso retumbante. Essas experiências pouco fizeram para diminuir o apetite de Jobs pelo risco. Depois de voltar à Apple, em 1997, ele fez outra aposta alta no Macintosh ao concordar em usar o chip Intel.

No final da década de 1990, a Apple já estava em dificuldade há vários anos. Lançamentos de produtos fracassados, estratégias de preços inconsistentes e tumulto interno tinham desestabilizado a companhia, que tivera três CEOs em quatro anos e havia dispensado 9% da sua força de trabalho durante esse mesmo período. De 1992 a 1996, o valor de mercado da companhia caíra quase 50% e em 1996 as perdas operacionais totalizaram cerca de US$1,4 bilhão. Pior ainda, a parcela da Apple no mercado de computadores pessoais caiu de quase 14% em 1993 para cerca de 6% em 1996.[7] Os preços muito altos e as lutas para manter o estoque ajudaram a causar o declínio. O mais importante, porém, era que o Macintosh estava perdendo o fôlego. Seus computadores estavam se tornando cada vez menos competitivos com as máquinas "Wintel" — PCs acionados pelo Microsoft Windows e que usavam os microprocessadores da Intel.[8]

O sistema operacional do Mac estava envelhecendo, e seu microprocessador, o PowerPC da IBM, não foi capaz de se igualar aos chips da Intel no simples desempenho ou, no caso dos laptops, na duração da bateria.

A estratégia de Jobs de relançar o Mac construindo sua próxima máquina em torno do microprocessador da Intel foi uma enorme aposta. Os problemas do PowerPC já estavam evidentes há um bom tempo. Os chips da Intel poderiam melhorar o desempenho do Mac e, talvez algo essencial para muitos usuários, permitir o uso tanto do Windows quanto do Mac nas suas máquinas Apple. No entanto, adotar um novo microprocessador não era apenas trocar um chip por outro. A empresa não somente teve de reescrever seu sistema operacional para se adequar ao chip da Intel — um processo que Jobs começara em segredo assim que voltara à Apple com a primeira versão do OS X —, mas os desenvolvedores do Mac, inclusive os que trabalhavam na companhia, tiveram de reescrever seus softwares de aplicativos para se aproveitar do desempenho oferecido pelo novo processador. No total, o custo de refazer os projetos de hardware e software custaria perto de US$1 bilhão numa época em que o montante de gastos da companhia com pesquisa e desenvolvimento era de pouco menos que US$500 milhões e os lucros eram de apenas US$276 milhões.[9]

A Apple já havia negociado uma transição desse tipo com sucesso, migrando dos microprocessadores Motorola 68000 series para o chip PowerPC em 1994 e 1995, mas trocar de arquitetura era sempre um negócio arriscado. Mesmo que a transição tecnológica ocorresse de maneira tranquila, a Apple poderia sofrer um golpe de curto prazo se os consumidores em potencial, não querendo comprar um Mac obsoleto, suspendessem as compras até os novos computadores acionados pela Intel estarem disponíveis. (Depois que Jobs anunciou a troca, em junho de 2005, uma pesquisa da *Macworld* descobriu que o anúncio fez um terço dos potenciais compradores reduzirem seu interesse em comprar um MAC nos 12 meses seguintes.)[10] A longo prazo, a Apple enfrentava o perigo de consumidores saltarem para uma nova plataforma, assim que percebessem que seu velho software precisaria ser substituído.[11] Como alertou um analista: "Não sei se a parcela de mercado da Apple consegue sobreviver a mais uma troca de arquitetura. Todas as vezes que fazem isso eles perdem mais consumidores e [desenvolvedores]."[12]

Jobs apreciava esse tipo de risco, mas também compreendia que a Apple estava lamentavelmente ficando para trás dos seus concorrentes Wintel em tecnologia e participação de mercado. Para ter qualquer possibilidade de sucesso, a Apple precisava romper com sua plataforma existente e tentar dar um salto que ultrapassasse os concorrentes. Fred Anderson, o CFO, chamou essa situação de "queimar as pontes". Quando a Apple decidiu fazer a troca pelo processador da Intel, "não haveria volta", ele lembra.[13] A abordagem de Jobs provavelmente custou aos executivos mais do que uma pequena crise de azia, porém mais uma vez sua disposição para apostar alto rendeu uma boa recompensa. Introduzido em 2006 e baseado no sistema Intel, o laptop MacBook acabou sendo o mais vendido Macintosh na história da companhia.[14] No final das contas, a Macintosh dobrou sua parcela de mercado nos cinco anos seguintes.[15]

Jobs às vezes era quase arrogante ao abordar o risco, como demonstra sua decisão de entrar na distribuição no varejo. O varejo estava "fora do seu grupo de habilidades", segundo Ron Johnson, o encarregado de lançar a Apple

Store. Ainda assim, a falta de experiência nessa área não teve impacto na sua determinação de apostar em lojas exclusivas da marca, vendendo somente produtos Apple. Ainda segundo Johnson, Jobs afirmou: "Se a gente acredita em alguma ideia como a coisa certa, tem que fazê-la funcionar. A gente não testa. Fazer testes é para pessoas sem convicção."[16] E convicção era algo que nunca faltava em Jobs. Segundo Jon Rubinstein, chefe da engenharia de hardware na NeXT e depois na Apple, "Steve corria riscos que eu jamais correria... O cara tinha colhões — nem sempre decidia a coisa certa, mas não deixava de tomar decisões."[17]

Se as primeiras lojas fracassassem, o impacto financeiro teria sido pequeno, mas a queda nas relações públicas teria sido substancial. Os precedentes não eram encorajadores. Na época, as Gateway Computer's Country Stores estavam fracassando miseravelmente. Mesmo assim, Jobs prosseguiu com seus planos de varejo. A primeira loja da Apple abriu em Tysons Corner, na Virgínia, em 2001. As previsões de muitos analistas na ocasião diziam que as lojas iriam fechar, mas, dez anos depois, elas tinham mais vendas por metro quadrado do que qualquer outro varejista nos Estados Unidos. Mais uma vez, a aposta de Jobs valeu a pena.

Aposte alto em liderança de mercado

Como Jobs, Bill Gates fez uma série de grandes apostas ao longo de seu mandato como CEO da Microsoft. Entre elas estão as primeiras decisões de fornecer um sistema operacional para o PC da IBM, apesar de a companhia inicialmente ter focado em linguagens de programação, como: produzir aplicativos para o Macintosh, quando a maior parte da indústria pensava que se tratava de um brinquedo; manter um comprometimento de uma década inteira em construir o Windows, a despeito das oposições da IBM; forçar o grupo de aplicativos "contra a sua vontade" para bancar o Windows antes que qualquer pessoa soubesse se ele iria funcionar; e, por fim, conduzir a internet para cada canto do negócio da Microsoft depois de 1995.[18]

No entanto, a maior aposta de Gates talvez tenha sido sua decisão, em 1990, de romper a parceria com a IBM, o que acabou dando à Microsoft uma grande oportunidade. Desde o lançamento do PC da IBM, em 1981, a Microsoft e a IBM tinham trabalhado em conjunto para expandir o mercado de computadores pessoais e fazer a tecnologia do PC avançar. Em 1985, elas assinaram um acordo de desenvolvimento em parceria para criar um sistema operacional de nova geração lançado dois anos depois como OS/2. Gates se sentia tão ligado à IBM que propôs que ela comprasse 30% da Microsoft em 1986.[19] Mais tarde, Gates comentou: "Foi um verdadeiro ponto de virada quando a IBM recusou a oferta. Ficamos pensando... Por que eles não concordaram?"[20] Mesmo assim, as duas companhias permaneceram parceiras, lançando em 1988 uma interface gráfica para o OS/2 que apresentaram como a "plataforma do futuro" para o PC.

Ao longo desse período, o maior temor de Gates era o rompimento da relação da Microsoft com a IBM. Segundo Paul Maritz, chefe da equipe de sistemas operacionais nessa época: "Costumávamos fazer retiros com os executivos, em que listávamos as piores hipóteses e a primeira era sempre o divórcio da IBM."[21] Russ Siegelman, mais tarde chefe da Microsoft Network (MSN), explicou: "O sucesso inicial da Microsoft estava tão fundamentado na IBM e o relacionamento de dependência era tão profundo que havia o medo de que um rompimento fizesse a IBM querer matar a Microsoft."²² Depois acrescentou: "A IBM tinha garras em todas as grandes companhias e poderia acabar com tudo se quisesse declarar uma guerra."²³ Para a Microsoft, essa perspectiva era assustadora. A IBM foi o gorila de 400 quilos da indústria de computação por mais de três décadas. Tinha estabelecido os padrões para cada geração de computadores, de mainframes a minicomputadores e PCs. Em 1990, a IBM tinha US$69 bilhões de receita e US$6 bilhões de lucro. Em contraste, a Microsoft era um peixinho miúdo, com receita de US$1 bilhão e menos de US$300 milhões em lucros.

No entanto, a Microsoft desenvolvia aos poucos os produtos que lhe permitiriam sobreviver a um rompimento. Trabalhando independentemente da IBM, a companhia lançou sua primeira versão do Windows, que conseguiu colocar uma interface gráfica no DOS em 1985. A Microsoft também se tornou a principal desenvolvedora de aplicativos para o Macintosh. A princípio, Gates conduziu com cautela esses projetos, temendo uma reação adversa por parte da IBM, mas a situação mudou na primavera de 1990, quando a Microsoft lançou o Windows 3.0, a primeira versão do Windows a ganhar amplos elogios. No final do ano, a Microsoft tinha vendido 2 milhões de cópias do Windows 3.0 e diferentes desenvolvedores haviam produzido centenas de programas para o novo OS. Com base nesse sucesso, Gates e sua equipe decidiram acabar com a tática de se esquivar, concentrando a atenção no Windows e abandonando o OS/2. Gates e Steve Ballmer continuaram publicamente apoiando o OS/2 até janeiro de 1991.²⁴ Mas, nos bastidores, Gates tentava negociar um acordo com a IBM que ampliaria a parceria. A IBM, porém, exigiu para o Windows os mesmos termos que tinham sido estabelecidos para o DOS — uma licença perpétua, de baixo custo e livre de royalties. Diante disso, contou Maritz: "Gates disse 'não'. Ele estava disposto a correr o risco da pior hipótese para a companhia e colocar toda sua força no Windows."[25]

A colaboração entre as duas companhias, que nunca fora fácil, acabou se diluindo ao longo dos dois anos seguintes e terminou formalmente em junho de 1992, com a IBM assumindo a plena responsabilidade pelo OS/2. O divórcio que há muito assustava a Microsoft finalmente havia acontecido, mas sem os resultados temidos. O Windows 3.0 estabeleceu o domínio da Microsoft no desktop, uma posição consolidada pelo lançamento do Windows 3.1, em 1992, e em seguida o Windows 95, em 1995. Por quase duas décadas o Windows reteve mais de 90% do mercado de sistemas operacionais para PC, gerando aproximadamente metade dos lucros da Microsoft. Embora a IBM empurrasse de forma agressiva o OS/2 no início dos anos 1990, Lou Gerstner, o novo CEO da companhia, acabou decidindo se afastar dos PCs. O OS/2 só conquistou um pequeno nicho de usuários e a IBM parou de vendê-lo em 2005.

Aposte alto na estrutura de uma indústria em mutação

Superar o líder da indústria não era tarefa simples, mas a maior aposta de Andy Grove talvez tenha sido ainda mais audaciosa do que o desafio que Bill Gates representou para a IBM. Em meados da década de 1980, ele apostou que a Intel poderia forçar uma mudança na estrutura de semicondutores e impulsionar uma mudança também na área dos PCs. Até então, cada companhia de computadores e eletrônica havia insistido em ter múltiplos fornecedores para os componentes essenciais de modo a garantir preços competitivos e um fornecimento confiável. Isso significava que as companhias de semicondutores tinham de licenciar seus projetos para empresas concorrentes. Como explicou o antigo CEO da Intel, Gordon Moore, "precisávamos ter múltiplas fontes de CPUs para sermos bem-sucedidos, então trabalhávamos com a Advanced Micro Devices, Fujitsu, Siemens e outras".[26] A Intel licenciou uma dúzia de companhias para produzir o microprocessador 8088, que acionava o PC da IBM original. Como resultado, ela ficava com apenas 30% da receita gerada pelos microprocessadores com base no seu próprio projeto. Para a geração seguinte, do 80286, introduzido em 1982, a Intel reduziu para quatro o número de licenciados. Apesar de a AMD ser a única licenciada para produzir em volume, a Intel ainda tinha de dividir uma porção significativa das receitas com seus competidores. "Estávamos perdendo muito lucro e não obtendo nada em retorno", queixou-se Moore.[27]

Os licenciados da Intel, por outro lado, estavam tendo um bom negócio. Segundo o então conselheiro geral, Tom Dunlap, em troca da licença, a Intel exigia que uma companhia fornecesse a combinação de "algum valor tangível (dinheiro e/ou produtos, por exemplo) e o valor intangível de se tornar uma segunda fonte".[28] A administração da empresa acreditava que o valor intangível de ser uma segunda fonte era parte significativa da compensação pela primeira geração de microprocessadores para o PC da IBM porque todos os consumidores queriam uma segunda fonte, o que significava que elas tinham uma grande expansão no mercado total. Portanto, exigia-se que os licenciados fornecessem à Intel muito pouco em valores tangíveis. No entanto, quando surgiu a arquitetura de plataforma, o valor da segunda fonte para o 80186 e para o 80286 diminuiu de maneira impressionante.

Quando chegou a hora de lançar a produção do 80386, no qual a Intel gastou quatro anos e US$200 milhões no seu desenvolvimento, o pessoal do executivo debateu acaloradamente se uma segunda fonte era de fato necessária. Ainda de acordo com Dunlap, por fim, Grove decidiu que uma segunda fonte era "de mínimo valor intangível e que a Intel exigiria um pleno valor tangível antes de licenciar o 386".[29] Em outras palavras, os licenciados teriam de pagar royalties muito maiores do que no passado. Como seria de esperar, os possíveis licenciados rejeitaram os novos termos. Como Grove mais tarde escreveria: "Nossos concorrentes estavam relutantes em pagar pela tecnologia que antes costumávamos dar praticamente de graça."[30]

Portanto, Grove e sua equipe de gerenciamento decidiram que era o momento de seguirem sozinhos. Em vez de voltar para a AMD, "dissemos à IBM que não seríamos segunda fonte com a AMD", explicou Moore. "Em vez disso, construiremos outra planta no Novo México. Pensamos em produzir sozinhos, mesmo se não conseguirmos atender a demanda do mercado. Foi a primeira vez que nos tornamos os únicos produtores de CPU."[31] No entanto, a IBM não estava interessada no 386, levantando sérias dúvidas sobre a demanda como um todo. Segundo Grove, em 1985, "o 386 estava a um ano da produção em volume e a IBM já o colocara como um produto de nicho, comprometendo-se a comprar apenas 7 mil no ano seguinte".[32] Além disso, a IBM tinha planos internos de desenvolver seu próprio microprocessador. Em uma entrevista concedida alguns anos depois, um executivo sênior da IBM confidenciou que a empresa tinha a esperança de usar sua própria CPU (mais tarde chamado de PowerPC) para eliminar a Intel da equação.[33]

Mesmo assim, a Intel avançava. Como a IBM não estava comprando, ela se voltou para a Compaq Computer, a principal fabricante de clones do PC da IBM, oferecendo-se para testar o 80386 numa nova linha de computadores pessoais. Na época, querer progredir sem a IBM foi uma decisão ousada ou até mesmo, na opinião de muitos, uma loucura. Sem o apoio do líder de mercado era difícil prever uma demanda pelo novo chip, e a Intel precisou investir na produção antes mesmo de uma demanda ser comprovada. Lembrando-se dessa época, Grove comentou que, se o 386 tivesse fracassado, "a Intel teria sido menos capaz de moldar a indústria".[34] O sonho de Grove de uma estrutura industrial horizontal talvez nunca se tornasse real, pelo menos não com a Intel desempenhando o papel de protagonista. Além disso, a capacidade não utilizada poderia ter desencadeado um enorme golpe nos lucros. Muitos executivos teriam achado tentador ficar agarrado às estratégias conservadoras do passado, mas, como disse Frank Gill, responsável pelas vendas da Intel na época, "Andy Grove tinha a coragem de um leão".[35]

Essa coragem teve recompensas. O DeskPro 386, da Compaq, que debutou em 1986 e exibiu o novo chip 386, foi o primeiro PC projetado por uma companhia que não fosse a IBM, o que fez a plataforma avançar tecnologicamente. A IBM jogou a toalha e sete meses depois apresentou seu próprio PC com base no 386, mas, àquela altura, a Compaq já alcançara a liderança no mercado. Depois de uma longa batalha legal, a AMD por fim lançou um clone do chip 386 em 1991. Enquanto isso, a Intel colheu os benefícios financeiros de mais de cinco anos como a única fornecedora do microprocessador líder de mercado.

Apesar de ter tido uma caminhada lenta e difícil com o Intel 80386, a aposta em uma estratégia única foi uma decisão marcante para Grove e a Intel. Muitos anos depois, o CEO refletiu sobre esse movimento, que identificou como um importante ponto de inflexão na história da empresa. Ele havia lutado por anos para calcular como poderia escapar de uma terrível estrutura industrial. "Decidimos que uma dúzia [segundas fontes para o 8086] era demais, e quatro [com o 286] não funcionavam. Tentamos altos royalties e outras companhias riram de nós, pensando que estivéssemos fora do negócio, a ponto de quebrar." No final, a Intel se estabeleceu com uma estratégia de única fonte em reação a uma série de oportunidades e interações táticas, em vez de como resultado de um planejamento em alto nível. Mesmo assim, Grove, ao refletir sobre o passado, classificou a decisão como "monumental".[36]

Posteriormente, ele meditou: "Existe pelo menos um ponto na história de uma companhia quando é preciso mudar drasticamente para galgar um novo patamar. Se você perder esse momento, começará a declinar."[37] A aposta de usar o 386 como única fonte foi esse momento para Grove e a Intel. Para Gates e a Microsoft, foi a decisão de avançar firmemente com o Windows e romper com a IBM por causa do OS/2. Para Jobs e a Apple, foi uma série de movimentos para criar o Macintosh e mantê-lo vivo por meio de sucessivas evoluções na arquitetura (o Motorola 68000 para o PowerPC e depois para um microprocessador Intel), até que a empresa pudesse sair da indústria de computadores pessoais e focar novamente na eletrônica para consumidores.

> Dylan e Picasso estavam sempre se arriscando a fracassar. Esse negócio da Apple é por aí para mim. Claro que não quero fracassar... Se tento dar o meu melhor e fracasso, bem, eu dei o meu melhor.[38]
>
> — Steve Jobs [1998]

NÃO APOSTE A EMPRESA

Grandes apostas são provavelmente os movimentos estratégicos mais importantes que qualquer CEO ou empreendedor pode fazer. Mas, nem toda grande aposta é recompensada. Até mesmo os melhores estrategistas cometem erros porque o futuro nunca acontece exatamente como se espera. Portanto, ao fazer uma grande aposta, você precisa manter o potencial prejuízo dentro de uma margem aceitável. Gates, Grove e Jobs (este no seu segundo mandato na Apple) aceitaram o risco em uma escala que muitos CEOs não conseguiriam engolir, mas sem apostar a companhia em um único movimento. Em vez disso, escolheram bem o momento e segmentaram suas apostas mais altas para diminuir o risco que enfrentavam em qualquer ocasião.

Até mesmo Steve Jobs, que às vezes parecia transformar sua ousadia em arte, em certa altura aprendeu que apostar a companhia é uma má ideia. Via de regra, ele não acreditava em esconder suas apostas. Como contou Jon Rubinstein: "Nunca existia um plano B. Steve só tinha um plano e nós iríamos executar esse plano sem contestar."[39] Até Jobs ser demitido, em 1985, por causa de sua grande aposta no Macintosh, ele parecia ignorar completamente o risco. Por exemplo, ele ignorou o resto do negócio da Apple enquanto construía o Mac, assaltando impiedosamente as equipes do Apple II e do Lisa para conseguir recursos e pessoal. Andy Hertzfeld, um engenheiro que trabalhou nos primórdios da Apple, lembrou-se de uma conversa com Jobs em 1981 sobre seu interesse em trabalhar no Mac. Quando Hertzfeld pediu uma licença de alguns dias para terminar seu projeto em curso — uma nova versão do sistema operacional para o Apple II —, Jobs retrucou: "Você só está perdendo tempo com esse negócio! Quem se importa com o Apple II? Isso estará morto daqui a alguns anos. Seu sistema operacional estará obsoleto antes de você terminar. O Macintosh é o futuro da Apple e você vai começar a trabalhar nele agora mesmo!" Jobs inclinou-se, arrancou o cabo do Apple II de Hertzfeld da tomada, fazendo-o perder o código que estava escrevendo. Ordenou que o engenheiro o seguisse, pegou o computador, enfiou-o no porta-malas do seu carro, e levou Hertzfeld para o novo escritório onde estava a equipe do Mac.[40]

Ironicamente, no entanto, foi o sucesso do Apple II que tornou possível a aposta de Jobs no Macintosh sem arriscar a empresa. Por volta do final de 1982, a Apple tinha vendido 600 mil computadores Apple II — a maior base instalada da indústria dos PCs.[41] Embora os recursos da engenharia estivessem sendo cada vez mais desviados para o Mac (para o desgosto do cofundador da companhia, Steve Wozniak), a empresa continuou a lançar novas versões do Apple II, inclusive o IIe, em janeiro de 1983. Um pouco antes do surgimento do Mac, em 1984, o Apple IIe estava vendendo quase 75 mil unidades por mês, dando à companhia uma base instalada de 2 milhões de PCs.[42]

O relacionamento entre o Apple II e o Mac não passou despercebido no interior da companhia. Certa noite ouviu-se uma gritaria dentro de um pub perto do campus da Apple. Conforme lembrou um observador: "Os caras do Mac gritavam: 'Nós somos o futuro!'. Os caras do Apple II respondiam: 'Nós somos o dinheiro!'"[43] Os dois grupos estavam certos. O constante fluxo de receita do Apple II possibilitou a companhia a continuar investindo pesadamente no Macintosh, apesar das decepcionantes vendas iniciais. Embora tenha sido lançado com o maior estardalhaço da história da informática, o Mac encontrou poucos compradores por causa de sua lenta performance e carência de software compatível. Sem o sucesso contínuo do Apple II, a companhia talvez nem tivesse sobrevivido. As vendas cumulativas do Mac só atingiram a marca de 500 mil em setembro de 1985 e não ultrapassaram 1 milhão até março de 1987.[44] Ainda até 1985, a linha do Apple II continuava responsável por 70% das receitas da companhia, vendendo mais que o Mac na maior parte do ano de 1987 — o que deu à Apple dinheiro e tempo necessários para ajustar o Macintosh e seduzir desenvolvedores para produzir aplicativos.[45]

Acerte a hora das apostas

Com o Macintosh, Jobs inadvertidamente evitou apostar a companhia. Todavia, pareceu ter aprendido uma lição crucial com o episódio de 15 anos antes, quando teve de escolher entre migrar para os chips da Intel ou se manter firme com o PowerPC. A Intel estivera tentando persuadir a Apple a adotar sua tecnologia desde que Jobs voltara à cena, mas inicialmente ele não aceitou a oferta. No final da década de 1990, a Apple estava tão dependente da receita do Macintosh que qualquer interrupção na sua venda poderia ser a perdição da empresa. A venda do Mac e de softwares representavam mais de 80% de sua receita. Além disso, por mais que a Intel quisesse conquistar a Apple, não estava oferecendo termos atraentes. Rubinstein descreveu como "horrível" a situação de fazer negócio com a Intel naquela época.[46]

Por volta de junho de 2005, quando Jobs anunciou durante uma conferência de desenvolvedores que a Apple passaria a usar processadores Intel, a situação tinha mudado drasticamente. As vendas do iPod, lançado em 2001, começaram a decolar a partir de 2004, reduzindo muito a dependência da comercialização do Macintosh no futuro. Nos seis meses anteriores à decisão de migrar para a Intel, a Apple vendera quase 10 milhões de iPods.[47] Isso não apenas proporcionou um conforto financeiro para a Apple como também ajudou Jobs a negociar com a Intel a partir de uma posição de força.

Como um analista de indústrias comentou naquela época: "Com a venda dos iPods explodindo e as do Mac subindo às alturas, seria difícil imaginar uma hora melhor para a Apple dar esse passo arriscado."[48] No último trimestre de 2005, a companhia vendeu 14 milhões de iPods, três vezes o volume do mesmo período no ano anterior, e sua receita cresceu 63% ano após ano.[49] O sucesso do iPod protegeu a companhia contra uma possível queda nas vendas do Mac. Enquanto a Apple completava a transição para a tecnologia Intel em 2006, o iPod continuava a inflar seu crescimento. A essa altura, menos de 40% da receita da companhia vinha do Macintosh; grande parte do restante vinha do negócio de música da Apple.[50]

Diversifique o risco

Enquanto a vulnerabilidade financeira forçava Steve Jobs a adiar sua aposta na tecnologia Intel até o momento certo, a Microsoft gozava o luxo de um forte fluxo de caixa a partir de meados da década de 1980. Como resultado, Bill Gates podia fazer grandes apostas sem enfrentar a ameaça da falência. Mesmo assim, ele reduziu os riscos que a companhia enfrentava — e aumentou sua capacidade de fazer altas apostas — ampliando e diversificando o modelo de negócios da Microsoft.

No início da história da empresa, Gates reduziu a dependência da companhia do negócio de sistemas operacionais ao desenvolver softwares como o Word e o Excel, que resultaram em uma outra entrada de receita. Além disso, ele disponibilizou os programas não somente para o Windows e OS/2 como também para as plataformas dos concorrentes, inclusive para o Macintosh da Apple. Como Jon Shirley admitiu, Gates não captou de imediato as vantagens da sua estratégia, mas, assim que se deu conta, agiu com decisão para implementá-la. "Bill perdeu o negócio de aplicativos para o PC da IBM original, mas a interrupção criada pelo Macintosh deu à Microsoft a oportunidade de ocupar esse espaço."[51]

Ao produzir aplicativos — em especial para outras plataformas —, Gates garantiu que, mesmo que o Windows fracassasse e a OS/2 ou a Apple prevalecesse, a Microsoft ainda teria um negócio saudável. Essa estratégia também manteve abertas as opções da companhia enquanto o Windows ia vagarosamente conquistando sua parcela no mercado. Embora Gates acreditasse que o Windows mais cedo ou mais tarde poderia derrotar a OS/2, ele nunca teve certeza do tempo que isso poderia levar para acontecer. Numa palestra na Boston Computer Society, em 1993, ao refletir sobre a decisão de construir o Windows, ele admitiu: "A Microsoft apostou a companhia nas interfaces gráficas... Mas levou muito mais tempo do que eu esperava para elas se tornarem parte da tendência dominante."[52] Portanto, enquanto esperava, ele tentou evitar um rompimento total com a IBM. Como Shirley mais tarde revelou, Gates até deixou a porta aberta para "uma estratégia comum de migração". Estava preparado para fazer todos os aplicativos da Microsoft funcionarem no OS/2 se a IBM conseguisse um grande sucesso com ele.[53]

Espalhe as apostas ao longo do tempo

Gates tinha pouco controle sobre quanto tempo sua aposta no Windows levaria para ser bem-sucedida. Por outro lado, Andy Grove deliberadamente controlou o tempo de sua aposta na estratégia de única fonte como meio de abrandar o risco. Ao longo de todo o processo, o comprometimento da Intel em fornecer microprocessadores para o mundo inteiro exigiria dezenas de bilhões de dólares em gastos de capital. A princípio, no entanto, a companhia investiu apenas uma fração dessa soma. Enquanto a Intel se preparava para fabricar o 386, Grove fez a companhia construir uma única fábrica. Durante os dois anos que ela levou para ser terminada, os gastos de capital da Intel nunca subiram acima das médias históricas. Na década anterior ao 386, a empresa gastou regularmente de 15% a 20% da receita em gastos de capital. Nos quatro anos após a introdução do novo chip, o gasto de capital foi de 13% a 16% da receita. A mesma restrição regeu a abordagem da Intel sobre a produção e as vendas do 386. Por volta de 1988, o chip gerou menos da metade da receita da Intel. Em 1989, quatro anos depois do começo da sua fabricação, a venda do chip 286 ainda superava a do 386 em quase dois para um.[54] Em 1992, quando Grove decidiu acelerar a fabricação e aumentar muito o gasto de capital, os riscos envolvidos na resolução de fonte única já estavam muito distantes da companhia.

Naturalmente, nem todas as apostas de Grove foram vencedoras. Um exemplo marcante foi o projeto Itanium, no início da década de 1990, uma *joint venture* com a Hewlett-Packard para criar um novo microprocessador de "64 bits". Como veremos no capítulo 3, o produto saiu com muitos anos de atraso e as vendas jamais alcançaram as expectativas. No entanto, o Itanium jamais consumiu recursos suficientes para colocar a Intel ou suas principais linhas de produtos em risco.

Um relato de advertência: a aposta da Nokia no Windows

A malfadada aposta da Nokia no Windows ilustra com precisão o perigo de apostar a companhia. Em 1999, a Nokia era a companhia mais valiosa da Europa, com uma capitalização de mercado de €200 bilhões (cerca de US$250 bilhões). Ao longo da década seguinte, a Nokia dominava a indústria global de telefones celulares. Em 2010, três anos após a introdução do iPhone, ainda controlava 37% do mercado de smartphones, mas uma década de más decisões estava começando a afetar a companhia. A Nokia fracassara ao fazer do seu sistema operacional, o Symbian, um concorrente viável do iOS da Apple ou do Android do Google. A companhia também havia abandonado os Estados Unidos antes que o país emergisse como o principal mercado do mundo em smartphones. Com a queda nas vendas e no preço das ações, o CEO Stephen Elop admitiu abertamente em fevereiro de 2011: "Ficamos para trás, perdemos as grandes tendências e também tempo."[55] Três dias depois ele anunciou que a Nokia estava apostando seu futuro no antigo empregador, a Microsoft. Em vez de se juntar à moda do Android ou se esquivar desenvolvendo telefones para plataformas múltiplas, Elop apostou que poderia diferenciar a Nokia comprometendo sua companhia com o Windows. Passados dez meses, ficou claro que Elop tomara uma decisão desastrosa: as vendas dos telefones Symbian despencaram e os com modelos Windows não decolaram, conquistando menos de 4% do mercado em 2013. As vendas caíram, as perdas aumentaram e o valor de mercado da Nokia reduziu em quase 90% do que era na época do anúncio de Elop, para cerca de €4 bilhões (US$5,2 bilhões). Desesperado, Elop vendeu o principal negócio da companhia para a Microsoft por €5,4 bilhões (US$7 bilhões) em setembro de 2013.

> Uma das regras de negócio de Jobs era nunca ter medo de se canibalizar. Segundo ele: "Se você não se canibalizar, outros irão canibalizar você."[56]
>
> — Walter Isaacson [2011]

CANIBALIZE SEU PRÓPRIO NEGÓCIO

Fazer grandes apostas frequentemente exige a disposição de "comer" parte do seu próprio negócio. Esse princípio pode parecer óbvio, mas é muito difícil de colocar em prática. Os obstáculos são tanto internos quanto externos. A canibalização pode significar a troca de um sucesso conhecido por um futuro desconhecido; trocar vendas altamente lucrativas por margens desconhecidas; e até trocar dólares por tostões, em especial no mundo da alta tecnologia, no qual a substituição de produtos é muito rápida. Para piorar o problema, a canibalização cria vencedores e perdedores dentro da organização. Se o grupo que desenvolveu um novo produto abalou a venda de outro mais antigo desenvolvido por outra equipe, sua estrela irá subir enquanto a outra cai.

Diante desses desafios, muitos gerentes encontram desculpas para evitar a canibalização, mas os grandes estrategistas, ao contrário, às vezes até abraçam e procuram acelerar o processo. Na Intel, por exemplo, tornar seus próprios produtos obsoletos foi um princípio subjacente da estratégia da companhia. Andy Grove disse inúmeras vezes ao seu conselho de diretores ao longo da década de 1990 que, diante da escolha de oferecer receitas para seu concorrente ou você mesmo capturá-las, a resposta é óbvia. Chris Peters, um antigo desenvolvedor sênior da Microsoft, também falou a respeito: "Bill sempre compreendeu e internalizou que você deve... radicalmente mudar as coisas e ter planos de fato grandes... Um exemplo clássico é o caso do DOS, que estava indo muito bem. Nós podíamos ter dito: 'Vamos lançar novas versões do DOS. Por que fazer o Windows?'"[57] Contudo, isso teria deixado a porta aberta para a IBM ou a Apple superar o DOS. Em vez de assumir o risco, a Microsoft decidiu criar ela mesma um assassino de DOS.

Seja seu próprio substituto

Steve Jobs às vezes levava essa abordagem ao extremo. Donna Dubinsky, que trabalhou na Apple a princípio e posteriormente foi CEO da Palm, lembrou-se da atitude "tudo ou nada" no lançamento de uma nova impressora a jatos de tinta na década de 1980. Numa reunião de planejamento, Dubinsky recomendou reduzir o preço da antiga impressora de margarida e vender as duas simultaneamente para que os consumidores pudessem escolher entre um produto antigo e mais barato ou um moderno e mais caro. Isso permitiria à Apple limpar o estoque obsoleto a um custo modesto. Mas Jobs nem esperou Donna terminar. Ele determinou que a Apple deveria jogar o estoque antigo no lixo, interromper a apresentação e vender somente o produto mais novo.[58]

De maneira similar, em 2005, Jobs insistiu em matar o iPod Mini antes de lançar o seu sucessor, o Nano. Apesar de a demanda pelo Mini permanecer enorme, Jobs queria passar para o novo aparelho antes que ele fosse testado pelo mercado. Em vez de continuar vendendo o Mini e deixar o produto de nova geração ganhar o mercado de maneira gradual, Jobs exigiu que o Mini fosse morto imediatamente. Jon Rubinstein se lembrou: "Tínhamos de entregar o Nano para o Natal, uma programação de alto risco. Steve me instruiu a acabar com o Mini com seis meses de antecedência. Se eu não tivesse me organizado, estaríamos fora do negócio do iPod porque teríamos perdido o Natal."[59] Por sorte, Rubinstein cumpriu o prazo, o que considerou "um milagre", e as vendas do Nano explodiram, provando que a intuição de Jobs estivera certa. "Isso acontecia todo o tempo", contou Rubinstein. "Steve apostava todas as fichas — ele empurrava o monte todo para o meio da mesa e dizia: 'Vai em frente.'"[60]

Aposta seguia aposta. Logo o próprio iPod seria um candidato para a canibalização. Apesar de as vendas estarem nas alturas em 2005, Jobs alertou o conselho da Apple: "O aparelho que pode comer nosso almoço é o telefone celular... Todos carregam um celular, portanto [incluir tocadores de música nos celulares] poderia tornar o iPod desnecessário."[61] Convencido de que um smartphone poderia fazer o iPod se tornar obsoleto, ele fazia questão de que a Apple fosse a companhia a construir esse smartphone.

Jobs virou a Apple de ponta-cabeça para lançar o iPhone. Como o Mac na década de 1980 e o iPod em 2001, o celular se tornou o produto de alta prioridade e a casa da elite da Apple. Correndo para atender uma programação ambiciosa, a equipe do iPhone atacou outras equipes internas à caça de talentos, especialmente os desenvolvedores do software do Mac — o que acabou atrasando a última versão do Mac OS.[62]

Quando Jobs apresentou o iPhone, em janeiro de 2007, ele o fez como uma combinação de iPod, telefone celular e aparelho de comunicação com a internet. De fato, ele o chamou de "um iPod de tela grande com controle de toque" e "o melhor iPod que já fizemos".[63] Devido a esse furor, havia pouca probabilidade de as pessoas comprarem tanto um iPhone quanto um iPod completo (a não ser que tivessem mais músicas gravadas do que o aparelho conseguia armazenar). Em vez disso, elas talvez comprassem o iPod Shuffle ou o Nano, menores e mais baratos, junto com o iPhone. Para amortecer o golpe financeiro decorrente da perda das vendas do iPod, a Apple embutiu o preço de um iPod no iPhone. Quando Jobs anunciou os preços do iPhone, explicou que ele combinava o preço do mais popular iPod (US$199) com o preço de um iPhone padrão (US$299 na sua estimativa), resultando em US$499 para o iPhone básico e um pouco mais para os modelos com maior capacidade de memória. (Os analistas e consumidores imediatamente se queixaram de que o preço estava muito alto e o compararam de maneira desfavorável ao dos outros smartphones. A Apple resolveu se dobrar às críticas e reduziu o preço do modelo 8GB de US$599 para US$399 poucos meses após o lançamento e ao mesmo tempo eliminou o modelo 4GB, mais barato.)

O iPhone teve um sucesso estrondoso num período de 18 meses e, no processo, acabou comendo as vendas do iPod e a produção deste se estabilizou num patamar depois que a Apple lançou o iPhone, em junho de 2007. Entre o último trimestre de 2007 e o mesmo período de 2008, as vendas do iPod cresceram somente 3%. No final de 2012, as vendas trimestrais do iPod tinham caído para US$820 milhões no terceiro trimestre de 2012, ficando abaixo de US$1 bilhão pela primeira vez desde 2005, enquanto as vendas do iPhone durante o mesmo trimestre ultrapassaram US$17 bilhões.[64]

Três anos depois do lançamento do iPhone, foi a vez do iPad gerar preocupações quanto à canibalização. Apesar de as primeiras opiniões terem sido mornas, o iPad foi um enorme sucesso, até mesmo para os padrões da Apple. As vendas atingiram 1 milhão de unidades no primeiro mês e 15 milhões em março de 2011, nove meses após o lançamento.[65] A essa altura, ficou claro que o iPad estava comendo as vendas do Mac. Em julho de 2011, o COO da Apple, Tim Cook, disse a analistas: "Alguns consumidores escolheram comprar um iPad em vez de um Mac." Pelo lado positivo, ele continuou: "Mas ainda mais consumidores decidiram comprar um iPad em vez de um Windows PC. Existem muito mais Windows PC para canibalizar do que Macs."[66] De abril até junho de 2011, as vendas dos laptops Mac estavam basicamente estacionadas em 2,8 milhões de unidades, enquanto a Apple vendia mais de 9 milhões de iPads. Em dólares, as vendas do iPad ultrapassaram as vendas de desktops e laptops combinadas.[67] Mais uma vez, a grande aposta de Jobs na canibalização deu resultado.

Controle o ritmo da canibalização

Para a Apple, as preocupações com a canibalização tipicamente surgiam quando a companhia introduzia novos produtos, mas, para a Intel, a canibalização era um modo de vida. A companhia foi fundada com base na ideia de que ela não apenas era inevitável, como também tinha de avançar em alta velocidade. A Lei de Moore previa que o desempenho do semicondutor dobraria aproximadamente a cada dois anos. Isso significava que cada nova geração de produtos tinha uma data de obsolescência embutida. E, mesmo antes de essa data chegar, a concorrência feroz causaria quedas abruptas no preço.

O segredo para sobreviver e prosperar nesse ambiente está em aprender a impulsionar e gerenciar a canibalização em vez de deixar seu ritmo ser determinado pelo acaso. Como comentou Paul Otellini, assistente técnico de Grove no início da década de 1990 e mais tarde CEO da Intel, em uma entrevista concedida no ano 2000, "acreditamos fortemente que o melhor modelo de negócio para nós é um grande segmento do mercado porque, dessa forma, é possível gerenciar as transições. E a essência do modelo da Intel é a canibalização da nossa própria linha de produtos."[68] Na sua apresentação da SLRP de 1993, Grove ilustrou essa filosofia com uma imagem que mostrava cada novo microprocessador engolindo seu predecessor.

CANIBALIZE SEU PRÓPRIO NEGÓCIO

FONTE: Apresentação de Andy Grove para SLRP da Intel, 1993, reproduzida com permissão. (O P5 logo teria seu nome trocado para Pentium).

No entanto, mesmo em uma companhia construída sobre o princípio da canibalização, as estratégias usadas para gerenciar o processo poderiam gerar controvérsia. Foi esse o caso com um dos movimentos mais inovadores — a decisão de criar uma marca para o microprocessador. Antes de meados da década de 1980 não havia isso. Mas, num esforço para deixar de lado o chip 286 e promover o 386, Grove e seu assistente técnico na época, Dennis Carter, lançaram a campanha "Red X". A Intel publicou anúncios de página inteira nos jornais de circulação nacional que mostravam "286" coberto por um X vermelho pintado com spray. Cada anúncio era seguido por um outro, também em página inteira, exaltando o 386SX, com a frase: "Tenha agora um desempenho 386SX pelo preço de um 286." A meta era fazer os consumidores exigirem computadores com o novo chip 386, que a maioria dos fabricantes de PC estava lançando devagar.

O sucesso do "Red X" ampliou os esforços para promover os chips 486 e Pentium e, mais ainda, para reforçar a criação de uma marca para a própria companhia, com a campanha "Intel Inside". Como Grove a descreveu:

> Foi a maior campanha que a indústria já tinha visto — de fato, ela ocupa um dos primeiros lugares na lista das maiores campanhas de merchandising para o consumidor. A meta era sugerir para o usuário que o microprocessador... é o computador... Em 1994, nossas pesquisas mostravam que nosso logo havia se tornado um dos mais reconhecidos pelo consumidor, junto com nomes como Coca-Cola e Nike.[69]

O Intel Inside estava longe de ser popular dentro da empresa. Apesar de a canibalização em si causar poucas preocupações, o uso de uma marca era visto com profundo ceticismo por muitos gerentes e membros do conselho de diretores. Os "chefes de chip" da companhia eram em sua maioria engenheiros e cientistas que acreditavam que uma engenharia superior e grandes produtos fariam sucesso. Grove se lembrou da primeira vez que reservou uma verba — US$50 milhões — no orçamento de Carter, mas o presidente da Intel, Gordon Moore, e Craig Butler, mais tarde CEO da companhia, cortaram a verba enquanto Grove estava de férias.[70] (Furioso, ele restaurou os fundos.) Mesmo enquanto a campanha de marca estava ganhando força, no início da década de 1990, o principal gerente financeiro continuava argumentando que a propaganda jamais traria resultados e que aquilo era um incrível desperdício de dinheiro: um semicondutor era um semicondutor e os lucros seriam decorrentes do melhor produto ao custo mais baixo.[71]

Igualmente importante, muitos dos clientes da Intel — companhias de computadores como IBM e Compaq — se opunham à campanha. Por que, perguntavam, um fornecedor deveria dizer aos seus consumidores qual PC escolher? A IBM, por exemplo, queria continuar vendendo suas máquinas 286. A última coisa que queria ouvir era a Intel dizendo aos compradores de PC para fazerem um upgrade para um computador com base no 386. Até a Compaq, que havia se beneficiado com a campanha do 386, foi contra o Intel Inside. Numa conferência da indústria em 1994, o CEO Eckhard Pfeiffer proclamou, indignado: "Eu queria deixar claros três pontos para a Intel: não imponha produtos e preços sobre nós, não seja nossa concorrente e não use o Intel Inside."[72] Apesar de tudo, Grove continuava a acreditar firmemente na campanha de marca — mesmo que seu foco estivesse num componente que a maioria dos consumidores jamais conseguiria ver — que levaria os compradores a exigir um PC com Intel Inside. E ele estava certo.

> Quando os princípios básicos do negócio estão passando por uma profunda e constante mudança, [a administração existente] deve adotar a objetividade intelectual de uma pessoa de fora... que não tenha ligações emocionais com o passado.[73]
>
> — Andy Grove [1996]

CORTE SUAS PERDAS

Até agora focamos na importância da coragem para fazer grandes apostas e da sabedoria para calibrá-las de acordo com a capacidade da companhia de suportar riscos. Mas e se alguma coisa der errado? E se novas informações ou desenvolvimentos emergirem para estragar seus planos? Mesmo os melhores estrategistas não têm o dom de prever o futuro. Todos eles apostaram errado e Gates, Grove e Jobs não foram exceções à regra. Cada um deles fez jogadas ruins em uma ou outra ocasião e tropeçaram de tal maneira que poderia ter enfraquecido suas companhias. No entanto, quando se viram em um beco sem saída, os três tiveram a disciplina e a flexibilidade de admitir seus erros e agir para cortar suas perdas. Como seus colegas comentavam, Gates, Grove e Jobs eram "intelectualmente honestos".[74] Admitir erros não era fácil para nenhum deles, mas a capacidade de fazê-lo e mudar de rumo foi uma das características que os distinguiram da maioria dos CEOs.

Admita os erros

Andy Grove enfrentou um grande desastre durante seu mandato como CEO. Um pouco antes do Dia de Ação de Graças, em 1994, um professor de matemática descobriu um erro no novo processador Pentium da Intel. Uma pequena falha de projeto produzia um erro redundante quando um número muito grande era dividido por um outro número muito grande. Os engenheiros calcularam que esse erro ocorreria aproximadamente a cada 9 bilhões de cálculos. O usuário médio de planilha sofreria esse erro uma vez a cada 27 mil anos. Os executivos da Intel acreditavam que o erro era tão minúsculo, tão improvável e tão obscuro que não se tratava de um problema urgente. A Intel poderia substituir a placa-mãe para usuários de computadores envolvidos em tarefas críticas, como programar o lançamento de um ônibus espacial, mas, por outro lado, a companhia poderia consertar a falha na versão seguinte do Pentium.

Todavia, debates na internet viram a questão de uma maneira diferente. Um erro era um erro, e a Intel deveria eliminá-lo de vez para todos que haviam comprado um computador com processador Pentium. Quando o debate evoluiu primeiro para a CNN e depois para todos os principais jornais dos Estados Unidos e daí para a mídia mundial, esse obscuro erro se tornou uma *cause célèbre* e um crescente desastre nas relações públicas. Numa reunião telefônica com o conselho da Intel, Grove reiterou sua posição pública: nenhum aparelho eletrônico de cálculo era perfeito, portanto a Intel devia ficar firme. Porém, a essa altura a IBM agravou o ataque à Intel anunciando que ela interromperia a entrega de computadores com Pentium, o que "caiu como uma bomba" em cima de nós, de acordo com Grove.[75] Um dos maiores consumidores da Intel estava se recusando a vender seu mais novo produto. Se outros consumidores se juntassem a ela, a companhia teria um prejuízo irremediável.

Na posição de membro do conselho, David Yoffie tentou ligar para Grove logo depois do anúncio da IBM, mas o assistente de Grove disse que ele não estava disponível, nem para receber nem para dar telefonemas. David ficou perplexo. No meio de uma grave crise, o CEO se recusava a falar com seu conselho? Enquanto o caos aumentava, Grove se retirava para um bunker virtual, não querendo falar com ninguém. Porém, cinco dias depois do anúncio da IBM, Dennis Carter, agora o chefe do setor de marketing, chamou Grove para uma conversa cara a cara. Disse que ele estava destruindo a marca e toda a boa vontade do consumidor que a Intel construíra nos cinco anos anteriores. Não importava mais quem estava certo e quem não estava. Exausto, Grove cedeu. Três dias depois e seis semanas após o início da crise, a Intel publicou um anúncio de página inteira nos principais jornais do país pedindo desculpas pelo modo como lidara com a falha no processador e oferecendo uma nova placa-mãe para cada comprador do Pentium.[76]

O recall de US$475 milhões foi um dos melhores investimentos de Grove. Sua *mea culpa* pública renovou a confiança do consumidor nos produtos Intel. Quase imediatamente a demanda pelo Pentium explodiu. Numa reviravolta irônica, a crise tornou conhecido o nome "Pentium", de maneira muito parecida com a tempestade de protestos que recebeu o lançamento da "New Coke". Ajudada ainda mais pela introdução do Windows 95 oito meses depois, a Intel teve um dos melhores anos de sua história. A receita cresceu 40% nos 12 meses depois da solução da crise, e os lucros saltaram para 56%.

Elimine os custos ruins

Talvez o maior erro cometido por Bill Gates na Microsoft tenha sido sua falha em reconhecer o significado da internet em 1993 ou 1994. Por volta de 1995, quando ele reconheceu que a internet era uma força impossível de ser contida, empresas como a Netscape já haviam capturado a imaginação do mundo e conseguido uma grande vantagem no mercado de software para a internet. Nesse ínterim, a Microsoft investira enormes somas em seu negócio on-line, a Microsoft Network (MSN) e outros serviços integrados, como o MSNBC, uma *joint venture* com a NBC. Antes de o MSN ser lançado, em agosto de 1995, Gates disse ao chefe do projeto, Russ Siegelman: "Minha preocupação número um não é um retorno financeiro de curto prazo, mas a possibilidade de a Microsoft levar um murro na cara."[77] O então vice-presidente executivo, Steve Ballmer, esperava que a companhia tivesse US$1 bilhão em perdas no MSN e *joint ventures* relacionadas ao longo dos três anos seguintes.[78]

O MSN oferecia aos assinantes um acesso discado a uma rede particular, fornecendo informações, entretenimento e serviço de compras próprios, bem como e-mail, grupos de debate, serviço de chat e semelhantes. O MSN garantia acesso à internet, mas o serviço não estava construído sobre os protocolos da internet. A infraestrutura que dava suporte para a rede era um antigo padrão de comunicações conhecido como x.25. A Microsoft tinha gastado sem dó nos negócios com companhias telecom em todo o mundo para oferecer o MSN na sua rede discada, x.25. Porém, a verdadeira chave da sua estratégia estava no marketing. Ao juntar o MSN com o Windows 95, a Microsoft poderia alcançar gratuitamente milhões de consumidores em potencial.

Infelizmente, quando o MSN estreou, ele já estava defasado. Os proprietários de serviços on-line estavam em alta. A CompuServe e outras redes tinham florescido no final da década de 1980 e início de 1990, quando a internet era um serviço meio capenga, não muito atraente ou fácil de usar. Elas ofereciam fácil acesso a um conteúdo organizado e serviços de comunicação numa época em que poucos consumidores queriam explorar a internet sozinhos. Entretanto, com a invenção do navegador gráfico em 1993 e a proliferação de conteúdo on-line grátis, o uso da internet decolou. Em 1995, cerca de 15 milhões de pessoas passaram a ter acesso à rede e esse número deveria dobrar a cada ano.[79] Em vez de pagar por uma conta premium para conteúdo on-line de proprietários, muitos desses usuários preferiram comprar um acesso à internet muito mais barato e encontrar sozinhos seus caminhos na web.

A Microsoft havia apostado alto e errado. Admitir um erro dessa magnitude não é fácil. Mas, a favor de Bill Gates, é preciso dizer que, no outono de 1995 ele reconheceu que defender o MSN era uma estratégia errada. O caminho correto a tomar seria se afastar dos custos perdidos embutidos no MSN e abraçar a internet, na qual a concorrência agora estava focada, correndo para dominar o mercado de navegador da web. Portanto, depois de gastar US$25 milhões para construir uma infraestrutura de acesso por telefone, Siegelman contou: "Nós o matamos. Bill jamais disse algo como 'vamos manter o MSN funcionando porque fizemos um grande investimento'. Foi algo como 'diga à British Telecom que não vamos mais usar a rede deles'. Fim da história."[80] A Microsoft também se livrou de toda a tecnologia que projetara para fazer do MSN algo especial, como ferramentas de criação de conteúdo multimídia avançado. Gates até sacrificou a última vantagem competitiva do MSN — a distribuição exclusiva com o Windows — para acelerar a vitória na guerra dos navegadores. Em 1996, em troca pelo acordo com o AOL para promover o Internet Explorer quase exclusivamente, a Microsoft concedeu à AOL um lugar cobiçado no desktop Windows. Combinados, esses movimentos logo deram resultado. O Internet Explorer, que possuía apenas 3% do mercado de navegadores em 1995 contra 80% do Netscape Navigator, tornou-se líder de mercado por volta do final de 1998.[81]

Bill Gates não deixou a Microsoft ser sufocada pelas forças avassaladoras da internet. Em vez disso, ele mudou de direção e levou-a a um grande sucesso. Da mesma forma, Steve Jobs, apesar de ser conhecido pela teimosia, soube que era hora de ceder a uma força superior assim que desenvolvedores começaram a "quebrar" o iPhone para que ele pudesse usar softwares não aprovados pela Apple.

A visão inicial de Jobs para o iPhone era que a Apple produziria todos os aplicativos. Na época, o senso comum afirmava que aplicativos de uma terceira fonte poderiam introduzir vírus na rede ou causar instabilidade do aparelho e na experiência do usuário, o que, para a maioria dos consumidores, era inaceitável. Apesar de Art Levinson, membro do conselho da Apple, e o vice-presidente sênior, Phil Schiller, insistirem com Jobs para abrir a plataforma, ele continuava irredutível. No lançamento do iPhone em 2007, Jobs declarou: "Vocês não desejam que o celular seja uma plataforma aberta. Vocês precisam que ele funcione quando necessário. A Cingular [At&T] não quer ver sua rede na Costa Oeste cair por causa de uma falha em um aplicativo qualquer."[82] Sendo coerente com a filosofia de Jobs de enfatizar produtos e não plataformas, tópico que discutiremos no capítulo 3, o iPhone inicialmente saiu com poucos aplicativos, incluindo mensagens de texto, navegador, relógio, e-mail e Google Maps. No entanto, os desenvolvedores logo começaram a modificar o software da Apple para permitir o uso de aplicativos não autorizados pela companhia. Curvando-se ao inevitável, em junho de 2007 Jobs anunciou que desenvolvedores de outras companhias teriam permissão para criar aplicativos para o iPhone. A App Store foi inaugurada um ano depois com cerca de 550 companhias de fornecedores aprovadas pela Apple; três anos depois, 200 milhões de usuários tinham baixado mais de 15 bilhões de cópias dos aplicativos disponíveis.[83]

Se Jobs tivesse insistido na decisão de não permitir aplicativos de terceiros, o iPhone poderia ter sido condenado a ocupar um pequeno nicho de mercado. Se o Android e outros sistemas operacionais, como o Windows ou o BlackBerry, tivessem assumido a liderança em aplicativos, Jobs teria perdido a oportunidade de redefinir a indústria do smartphone. Em vez disso, à medida que os smartphones se tornavam um objeto comum, 1 milhão de aplicativos específicos para o iPhone continuavam a separar a Apple da concorrência. Ao dar meia-volta para admitir o modelo de plataforma aberta, Jobs acabou aceitando que o que antes via como uma fonte de fraqueza havia se tornado uma das maiores forças do iPhone.

LIÇÕES DOS MESTRES

Apostas grandes e ousadas são fáceis de discutir na teoria e ainda mais fáceis de justificar em retrospectiva, mas extremamente difíceis de executar em tempo real. Tomar decisões que mudam completamente a dinâmica de um jogo exige uma alta tolerância tanto para o risco quanto para a incerteza, além da capacidade de agir mesmo quando você sabe que talvez esteja errado. Gates, Grove e Jobs possuíam esses atributos aos montes, como podem atestar os que trabalhavam com eles. Renée James, que subiu da posição de assistente técnica de Grove para se tornar presidente da Intel, contou: "Ele costumava dizer: 'Posso estar errado, mas nunca fico confuso.' Ele assumia posições que muita gente não tinha coragem de assumir."[84] Avie Tevanian falou em termos semelhantes sobre Jobs: "A maioria das pessoas diria: 'Xi, eu não sei. É meio arriscado.' Com Steve era: 'Vamos em frente. Isto vai ser enorme.'"[85]

Essa qualidade de decisão foi um fator essencial na capacidade dos três CEOs de canibalizar seus próprios negócios, como muitas grandes apostas exigem. Resolver virar seu próprio negócio de ponta-cabeça pode ser uma escolha de dar nó no estômago, mas, se executada com perícia, é uma estratégia — ou mesmo uma filosofia — que pode render recompensas valiosas. Uma grande parte do que manteve a Microsoft, a Intel e a Apple no topo foi: o compromisso de Gates para vencer em novas arenas, mesmo que isso significasse prejudicar a entrada de receita existente; a força de Grove para matar a geração anterior dos processadores da sua companhia; e o foco de Jobs no produto seguinte, sem ligar para as consequências.

Igualmente importante, enquanto faziam algumas das mais altas apostas que sua indústria jamais havia visto, Gates, Grove e Jobs encontraram maneiras de evitar a ameaça de falência caso tivessem errado a hora de apostar, além de diversificar riscos ou distribuir as apostas ao longo do tempo. Apostar alto não tem nada a ver com apostar a empresa, porque, mesmo para o maior dos estrategistas, sempre existe a possibilidade de que alguma coisa — às vezes tudo — saia errado. Se e quando isso acontecer, pode ser difícil se recuperar. Com grande frequência o fracasso leva à paralisia ou a uma teimosa recusa em admitir erros do passado. Todavia, Gates, Grove e Jobs entenderam a importância de reduzir suas perdas e seguir em frente. Grandes críticos dos que os cercavam, os três não foram menos rigorosos quando se tratava de seu próprio desempenho. Essa honestidade intelectual foi um ingrediente essencial para o sucesso deles.

3. Construa plataformas e ecossistemas — não apenas produtos

A estratégia opera em vários níveis. Começa com a definição da proposta de valor diferenciado da sua companhia, posição no mercado e vantagem competitiva. Isso é pensamento estratégico básico, a lição número um. Mas para se tornar um verdadeiro mestre da estratégia, os administradores precisam pensar de maneira muito mais expansiva. Construir uma vantagem competitiva capaz de durar anos a fio geralmente significa exercer uma influência sobre o mundo além das fronteiras de uma única empresa. Os grandes estrategistas, em especial nos mercados de tecnologia, não tentam apenas construir grandes produtos ou mesmo grandes companhias. Sua meta costuma ser construir *plataformas* capazes de reunir um amplo *ecossistema* de parceiros envolvidos com produtos complementares e inovação nos serviços, bem como em marketing, vendas, serviço e distribuição relacionados.

Ouvimos a palavra "plataforma" quase todos os dias, em diferentes contextos. Pegamos um trem um trem numa plataforma. Um político recruta partidários com base numa plataforma estabelecida por seus ideais ou compromissos de campanha. As companhias constroem famílias de produtos relacionados em torno de plataformas — componentes que diferentes equipes de engenheiros podem usar sem ter de reinventar a infraestrutura básica. Mais recentemente, ouvimos falar sobre programadores escrevendo aplicativos ou "apps" para plataformas de software, como o Microsoft Windows, Google Android e Apple iOS.

As plataformas reúnem indivíduos ou grupos por um propósito em comum, geralmente com acesso a algum recurso compartilhado. Essa definição também se aplica às plataformas que Bill Gates, Andy Grove e Steve Jobs defendiam. A Microsoft, a Intel e a Apple estabeleceram *plataformas industriais* que uniram usuários e companhias na criação de produtos e serviços complementares. Tais complementos podem tornar uma plataforma mais útil e valiosa — às vezes extraordinariamente valiosa. Todavia, Gates, Grove e Jobs chegaram à sua compreensão das plataformas industriais em diferentes épocas e com diferentes ênfases. Suas variadas abordagens refletem o espectro das prioridades, nuances e equilíbrios que abrangem a distância entre pensamento em "plataforma" e pensamento em "produto".

Por exemplo, em 1980, quando os executivos da IBM foram à Microsoft procurar um sistema operacional para seu novo computador pessoal, Bill Gates imediatamente pensou "plataforma primeiro, produto depois". Ele reteve o direito de vender o DOS e depois o Windows para outras companhias e, desta forma, usou o sistema operacional como um alicerce para várias companhias de hardware construírem seus computadores pessoais e também para a própria

Microsoft e outras empresas de software criarem aplicativos complementares. Contrastando com essa ideia, Andy Grove levou mais dez anos até entender completamente a importância de uma plataforma industrial e o papel do principal produto da Intel — o microprocessador. Quanto a Steve Jobs, seu pensamento parece ter sido sempre "produto primeiro, plataforma depois", começando com o Apple II em 1978 e o Mac em 1984, até o iPhone em 2007. Sabemos que Jobs tinha conhecimento do poder das plataformas da indústria. Ele de fato cultivava companhias de software externas e outras empresas para ajudá-lo. Também passou muitos anos combatendo a posição dominante da Microsoft na computação, mesmo que a Apple tivesse, na opinião geral dos observadores, um produto muito superior com o Macintosh. Mas ele também acreditava que cultivar parceiros no ecossistema era menos importante do que manter um controle rígido sobre o design do produto e a experiência do usuário. Apesar de os produtos da Apple dependerem cada vez mais de software e serviços fornecidos por outras companhias, inclusive a Microsoft, Jobs nunca acreditou plenamente no pensamento de plataforma. Como resultado, a Microsoft com o ecossistema DOS-Windows e mais tarde o Google com o ecossistema Android foram capazes de ultrapassar a Apple em computadores pessoais e depois em smartphones, bem como erodir a liderança da Apple no mercado de tablets.

Neste capítulo, examinamos como Gates, Grove e Jobs confrontaram as tensões inerentes à criação de plataformas de indústria em vez de se fixar na construção de um único produto. Focamos no modo como eles executaram negociações e o que fizeram para promover suas plataformas e construir parcerias na indústria. Apesar de cada CEO ter uma abordagem peculiar sobre estratégia de plataforma, os quatro princípios a seguir resumem o desafio que todos tiveram de enfrentar:

REGRA 3: CONSTRUA PLATAFORMAS E ECOSSISTEMAS — NÃO APENAS PRODUTOS

1. Pense plataformas, não somente produtos.
2. Pense ecossistemas, não somente plataformas.
3. Crie alguns dos seus próprios complementos.
4. Evolua e invente novas plataformas para evitar a obsolescência.

DINÂMICA DA PLATAFORMA DE INDÚSTRIA

No livro publicado em 2002, *Platform Leadership*, bem como em inúmeros artigos, Michael Cusumano e Annabelle Gawer argumentaram que as plataformas de indústria podem se tornar muito mais valiosas e duradouras do que produtos únicos ou de plataformas de empresas devido ao poder de inovações complementares e efeitos de network (também conhecidos como externalidades de network).[1] Nos mercados de plataforma esses conceitos caminham juntos. Por exemplo, um simples efeito de network existe quando o valor de um produto cresce com o número de pessoas que o usam — pense no telefone como um mecanismo de comunicações ou o Facebook como uma rede social. Um usuário não é muito útil; dois são mais úteis, e assim por diante. Agora pense como essas plataformas podem se tornar mais atraentes e valiosas se outras companhias criarem centenas, milhares e até mesmo milhões de produtos e serviços complementares. Dependendo do tipo de plataforma, essas inovações externas podem variar desde aparelhos como as máquinas de fax, que fazem o sistema de telefonia ser mais útil, a aplicativos (software) que ajudam os usuários do Facebook a compartilhar fotos e músicas ou jogar com os amigos. À medida que o número de complementos aumenta, a plataforma se torna cada vez mais útil, o que atrai mais usuários. Mais usuários, por sua vez, atraem mais produtores de inovações complementares ou outros atores do mercado, como agências de publicidade e diferentes provedores de serviços. Em casos extremos, sabe-se que as indústrias com poderosos efeitos de network podem "se inclinar", entregando o grosso do mercado para uma única empresa no que é frequentemente chamado de fenômeno "vencedor leva tudo".[2]

Apesar de falarmos nesse assunto como algo muito novo, administrar plataformas de indústria, inovações complementares e efeitos de network é, na realidade, um fenômeno antigo. As grandes companhias ferroviárias do século XIX na América e na Europa tiveram de lidar com efeitos de rede, literal e figurativamente, quando construíram sistemas de trilhos e tentaram convencer outras companhias a adotar uma medida-padrão nas bitolas. Uma rede ferroviária que ia, digamos, de Nova York para a Filadélfia se tornava muito mais valiosa quando podia se conectar com outras redes de trem. Aconteceu o mesmo com as companhias telefônicas. Os sistemas locais tinham um valor limitado. Redes nacionalmente e depois globalmente conectadas se tornaram muito mais valiosas e úteis, sem mencionar o aumento dos lucros. As companhias de eletricidade também tiveram que lidar com o conceito de plataforma e seus efeitos de rede. No final do século XIX e início do século XX, a General Electric precisou criar uma série de padrões e conseguir acordos com diversas empresas e prefeituras para estabelecer sua tecnologia de corrente alternada (AC) como uma plataforma nacional que levasse energia para lares e escritórios. Da mesma forma, as Páginas Amarelas, os shopping centers e os cartões de crédito juntaram compradores e vendedores muito antes de termos ferramentas de busca e sites de comércio eletrônico para nos ajudar com compras.

O escritor John Donne nos deixou uma frase famosa: "Nenhum homem é uma ilha em si mesmo, cada homem é um pedaço do continente, uma parte do todo."[3] O mesmo pode ser dito sobre as companhias e, como esses exemplos demonstraram, isso acontece há muito tempo. No entanto, à medida que produtos e serviços foram se tornando cada vez mais complexos e interconectados, a importância de gerenciar o mundo além das fronteiras empresariais é cada vez maior. Para seu crédito, Gates, Grove e Jobs perceberam em diferentes épocas e níveis que cultivar parceiros externos seria melhor do que tentar cuidar sozinho de todo o potencial de inovação — certamente uma tarefa impossível. As plataformas de indústria e ecossistemas que emergiram dessa estratégia colocaram em movimento efeitos network e comunidades globais inovadoras. O pensamento em plataforma e em ecossistema não somente ajudou a Microsoft, a Intel e a Apple a dominar sua concorrência e gerar retornos financeiros espetaculares; as inovações que essas organizações patrocinaram modificaram para sempre o modo como todos nós vivemos, trabalhamos e nos comunicamos.

> Procuramos oportunidades nos aspectos externos do network, no qual compartilhar de um mesmo padrão seja vantajoso para a maioria dos consumidores... A

chave do nosso negócio é construir novidades, nos ligando às grandes torrentes de receita que dependerão de nossa expertise em software.[4]

— Bill Gates [1994]

PENSE PLATAFORMAS, NÃO APENAS PRODUTOS

Bill Gates foi bastante criticado por não ser um verdadeiro visionário. De fato, a Microsoft geralmente foi mais uma seguidora veloz do que uma inventora de produtos revolucionários. Ainda assim, quando se tratou de entender a importância do computador pessoal e dos produtos de software, bem como o papel das plataformas de indústria, inovações complementares e efeitos de network, ele estava claramente bem à frente da multidão. O conceito de uma plataforma de indústria só se tornou comum, mesmo no mundo da alta tecnologia, depois do boom da internet, no final da década de 1990. Entretanto, Gates revelou sua compreensão de plataformas e efeitos de network não somente na entrevista de 1994 citada há pouco, mas também pela estratégia que empregou no caso do DOS, mais de uma década antes.

Ponha a plataforma à frente do produto

A história de como a Microsoft veio a fornecer o DOS para a IBM é bem conhecida. Executivos da IBM visitaram Gates em julho de 1980 procurando um sistema operacional para seu novo PC. Como não tinha esse produto, Gates, com certa tristeza, sugeriu que eles fossem falar com Gary Kildall,

CEO da Digital Research. Quando Kildall decidiu recusar o negócio, a IBM voltou a procurar Gates. Depois de debater internamente, ele resolveu atender a IBM. Procurou uma pequena companhia de Seattle e pagou US$75 mil por um sistema operacional rudimentar, que ele e seus engenheiros adequaram para a IBM. Então a Microsoft continuou avançando e dominou o negócio de plataforma de software para PC nos trinta e poucos anos seguintes.[5]

Muitos analistas argumentaram que a Microsoft teve sorte. A decisão da IBM de abordar e depois voltar para Gates foi, de fato, um golpe de sorte. Porém, ele teve a clareza de enxergar a oportunidade e agarrá-la quando a IBM voltou a procurá-lo. Além do mais, teve a visão de tratar o negócio com a IBM não somente como "uma vitória de um projeto", mas como uma oportunidade para construir uma plataforma de indústria. Em curto prazo, Gates poderia ter maximizado suas receitas e lucros vendendo o DOS por uma grande soma de dinheiro ou pedindo que a IBM pagasse royalties em cada cópia do DOS colocada num PC. No entanto, ele estava pensando muito mais amplamente. Gates sabia que uma indústria de "clones" de máquinas compatíveis tinha surgido em torno do mainframe da IBM e acreditava que isso também poderia acontecer com o computador pessoal da companhia. Se ele preservasse a capacidade de vender o DOS para os fabricantes de clones de PC, a Microsoft seria proprietária não apenas de um componente de um produto da IBM, mas também de um elemento essencial para a fundação de uma indústria totalmente nova. Com esse propósito em mente, Gates — praticamente sozinho — fez a IBM concordar com os seguintes termos contratuais:[6]

1. A Microsoft receberia um pequeno pagamento da IBM (cerca de US$50 mil) para deixar o DOS pronto para o mercado de massa, além de fornecer algumas linguagens de programação e pequenos aplicativos que a IBM colocaria em seu PC.
2. A Microsoft retinha o direito de licenciar o DOS para outras companhias — que se tornariam os fabricantes dos clones de PC. Esse direito foi crucial para a expansão do negócio além da IBM.
3. A IBM não pagaria royalties para usar o DOS, cuja marca ela mudou para PC-DOS ao incluir no pacote IBM PCs.

Os executivos da IBM provavelmente acharam que estavam diante de um bom negócio. A companhia sempre havia ganhado a maior parte do dinheiro com a venda de hardware e ganharia muito mais se o sistema operacional do seu PC fosse livre de royalties. Além disso, os executivos da IBM esperavam que outras companhias entrassem no mercado para o DOS. Eles tinham incluído um chip especial que permitia que o sistema operacional se comunicasse com os componentes do hardware. Sem esse chip IBM, um PC não funcionaria. Todavia, em 1982, a Microsoft ajudou a Compaq e posteriormente outras empresas a reverter essa engenharia do chip, construir PCs e carregar as máquinas com o DOS.[7] Esses PCs "compatíveis com a IBM" funcionando com uma versão genérica do sistema operacional logo tornariam o DOS e mais tarde o Windows na *principal* plataforma de software para computador pessoal.

A compatibilidade vence o desempenho

Como a Microsoft, a Intel desempenhou um papel central na história do primeiro PC da IBM, que era construído em torno do microprocessador 8088 da Intel. Entretanto, nessa época, os executivos da organização não reconheceram que poderiam usar o negócio com a IBM para construir uma plataforma de indústria própria. De maneira muito diferente de Bill Gates, o CEO da Intel, Gordon Moore, e o então presidente, Andy Grove, encararam o contrato com a IBM como uma venda importante, mas não extraordinária. Moore comentou, em 1999: "Qualquer venda de projeto para a IBM era um grande negócio, mas, com certeza, eu não reconheci que isso era mais importante do que outras coisas. E, para falar a verdade, creio que ninguém percebeu."[8]

Na época, Moore e Grove estavam concentrados em desenvolver *produtos* inovadores. Desde a fundação da Intel, em 1968, suas inovações tinham variado desde os primeiros chips de memória (DRAM, SRAM e EPROM) até os primeiros microprocessadores e microcontroladores. Para ajudar os consumidores a entender como usar os chips Intel nos seus produtos, a companhia também desenvolveu software e hardware complementares. Porém, a meta da Intel continuava sendo a venda de produtos para manter suas fábricas operando em plena capacidade. Moore e Grove *ainda* não estavam pensando em ativar um ecossistema de terceiros em torno dos seus microprocessadores que levaria a um crescimento muito mais explosivo na demanda pelo computador pessoal do que a Intel ou seus consumidores diretos poderiam gerar sozinhos.

Dez anos se passaram desde o negócio com a IBM até Grove perceber que a Intel poderia se tornar uma usina de força global certificando-se de que seus produtos continuariam sendo uma parte essencial da plataforma de PC. O ponto de virada aconteceu em 1990, quando Grove se viu diante de uma importante e fundamental decisão sobre o futuro central da Intel, a família do microprocessador x86. Desde 1980, o 8088 tinha sido sucedido pelos chips 286, 386 e 486. Cada um deles era mais potente do que o antecessor. Porém, como compartilhavam da mesma arquitetura, eles também eram "compatíveis com o passado", ou seja, cada novo chip ainda podia acionar o software apoiado pela geração anterior, inclusive o DOS, o Windows e todos os aplicativos escritos para os dois sistemas operacionais. Mesmo assim, por volta do final da década de 1980, a arquitetura x86 estava sob ataque. Seu projeto dependia de uma abordagem conhecida como "complex instruction-set computing", ou CISC. Uma década antes, a IBM havia desenvolvido uma abordagem para concorrer com ela, chamada "reduced instruction-set computing", ou RISC. Os chips RISC tinham fama de ser mais rápidos e baratos de projetar e fabricar.

Dentro da Intel, uma equipe renegada havia projetado um processador RISC, chamado de i860, que especialistas consideraram um dos melhores da categoria. A Intel anunciou a disponibilidade do chip i860 em 1989, e novos consumidores começaram a bater em sua porta. Mas Andy Grove estava genuinamente dividido sobre o que deveria fazer, como revelou numa longa conversa particular com David Yoffie, em 1990. A maior parte dos técnicos da companhia, seus melhores consumidores e muitos dos seus parceiros queriam que a Intel abraçasse o RISC. Mas o x86 estava começando a decolar, e adotar o RISC exigiria dividir os recursos entre "dois cavalos de corrida". Na época, Grove explicou seu dilema numa aula na Stanford Business School:

"Eu tenho três opções. Posso dizer aos desenvolvedores de software que nos apoiamos fortemente no x86 e que ele durará para sempre. Ou posso dizer a eles que o RISC é importante e a Intel quer ser a principal companhia a produzi-lo. E também posso dizer que apoiaremos tanto o CISC quanto o RISC e deixaremos o mercado escolher."[9]

Muitos CEOs teriam escolhido a terceira opção — deixar o mercado decidir. Outros poderiam ter defendido a segunda — a "melhor" tecnologia. Porém, depois de mais de um ano de debate interno, Grove decidiu ficar com o x86 e, em essência, abandonar o RISC. Alguns funcionários da companhia argumentaram que a Intel poderia tapar o buraco técnico entre os dois ao longo do tempo, incorporando alguns aspectos do RISC nos projetos x86 (o que de fato foi feito, como discutiremos no capítulo 4). No entanto, e igualmente importante, Grove teve que considerar o valor de manter a compatibilidade com gerações anteriores dos chips Intel. Se a companhia colocasse todos os recursos no RISC, o mercado poderia pender para essa direção ou se dividir entre os dois. Muitos desenvolvedores de software ficariam perdidos porque seus programas não funcionariam nos novos PCs baseados no RISC e milhões de usuários se encontrariam na mesma situação. Dennis Carter, então chefe do marketing, quase ficou "histérico" diante da perspectiva de a Intel abandonar seus consumidores dessa maneira, especialmente porque a companhia começara a investir pesadamente na sua marca, com a campanha "Red X", que promovia o chip 386.[10] Craig Kinnie, que chefiava o laboratório de pesquisa de arquitetura, e Pat Gelsinger, o jovem gerente de projeto do 80486, também rejeitaram a estratégia do RISC, argumentando que os benefícios técnicos do seu chip estavam sendo grosseiramente exagerados.

Como Gelsinger mais tarde falou: "Eu e Kinnie estávamos convencidos de que a compatibilidade era a jogada certa."[11]

Quando Frank Gill, chefe do negócio de sistema da Intel nos anos 1990, refletiu sobre esse debate, concluiu que rejeitar o RISC era possivelmente a decisão mais corajosa que Grove jamais tomara. Apesar de um coro de especialistas afirmar que o RISC era o futuro, Gill contou: "Andy, por conta própria, disse não, não vamos fazer isso. Ele não é um arquiteto de computador. Ele não é um engenheiro de software, mas instintivamente sabia qual seria o melhor caminho para nós. Ele teve a coragem de ir contra todos."[12] Olhando para trás, Grove não salienta a coragem de que precisou para tomar a decisão, mas como ela parecia óbvia em retrospecto: "Como eu pude ter considerado a ideia de me afastar da nossa tecnologia tradicional que na época era tão fenomenal e que ainda estava ganhando força?"[13] Pensando nessa situação, Grove falou que, se tivesse adotado o RISC, teria prejudicado a Intel porque ela deixaria de ter o espetacular desempenho de que gozou na década de 1990.

Evitando a armadilha de correr atrás da nova grande tecnologia, Grove forneceu um voto decisivo em favor de uma plataforma em vez de uma estratégia de produto. Esse movimento mostrou que ele finalmente havia entendido que a compatibilidade tanto para trás quanto para a frente era uma parte essencial do que definia uma plataforma e a tornava de grande valor para toda a indústria. No futuro, preservar a compatibilidade e tentar fazer "o bolo crescer" pensando em um ecossistema de PC mais amplo seriam o alicerce de sua estratégia e modelo de negócio da Intel.

Busque o mercado de massa

Andy Grove precisou de uma década a mais do que Bill Gates para concluir que sua companhia deveria focar em construir plataformas de indústria e não somente em produtos individuais. Steve Jobs levou mais de vinte anos para chegar a uma percepção similar. Isso não deveria ser surpreendente, pois ele era um clássico "dono de produto". Jobs acreditava que o melhor modo de conquistar consumidores era construindo grandes produtos, e, para isso, ele julgava necessário manter um completo controle sobre o design e o desempenho do que produzia. Ele se orgulhava da autossuficiência da Apple: "Somos a única companhia que é dona do bolo todo — o hardware, o software e o sistema operacional." Ele também afirmava: "Podemos assumir completa responsabilidade pela experiência do usuário. Podemos fazer coisas que os outros não conseguem."[14] Abrir mão de parte do seu controle resultaria em produtos inferiores, como argumentava:

> Se você tem uma paixão enorme em fazer grandes produtos, ela o impele para se tornar integrado, para ligar seu hardware, seu software e a administração do conteúdo. Você quer alçar novos voos, então tem que fazer isso sozinho. Se permitir a abertura dos seus produtos para outro hardware ou software, terá de desistir de parte da sua visão.[15]

Por ironia, o sucesso dos produtos da Apple sempre dependeu da disponibilidade de softwares desenvolvidos por terceiros. As vendas do Apple II só decolaram com o surgimento de um "killer app" — o VisiCalc, a primeira planilha eletrônica feita pela Software Arts. O Macintosh poderia ter desaparecido do mercado (como o Betamax VCR, da Sony) se a Microsoft, Adobe e outras companhias não tivessem fornecido programas essenciais para processamento de texto, planilhas e editoração eletrônica.[16] Mesmo assim, a Apple pouco fez para promover o Macintosh como uma ampla plataforma de indústria. Quando era dirigida por Jobs, ele se recusava a licenciar o sistema operacional para outros fabricantes de hardware e manteve os preços muito altos, aproximadamente o dobro de um PC. Preços altos se traduziram em menos vendas do Mac, significando que cada vez menos desenvolvedores investiam em produzir aplicativos para ele. Esse processo levou à diminuição da parcela da Apple no mercado de computadores pessoais até chegar a dígitos simples na década de 1990, enquanto a venda dos PCs baseados no software do Windows e no hardware da Intel disparava. O Macintosh só conseguiu sobreviver porque reteve um pequeno nicho de usuários leais, principalmente em escolas e na editoração eletrônica.

Jobs aplicou a mesma mentalidade "produto em vez de plataforma" no seu segundo ato, nos computadores NeXT. David Yoffie descobriu isso num jantar com Jobs e Andy Grove no início da década de 1990. Mais ou menos na metade da refeição, Jobs fez uma pergunta: "Vou começar a vender meu sistema operacional separadamente. Qual, na opinião de vocês, seria o preço justo?" David pensou por um minuto e falou que o DOS estava sendo vendido para companhias de informática por cerca de US$15 e o Windows por um complemento de US$15. Por isso, o NeXT deveria ficar na faixa de US$25 e US$35 se ele quisesse conseguir uma adoção ampla para se tornar uma importante plataforma. Jobs achou que isso era uma loucura. Acreditava que o sistema operacional da NeXT era tão melhor que o Windows que ele deveria cobrar US$500 ou mesmo US$700 pela licença. David, é claro, perdeu a discussão, mas alguns anos depois — quando Jobs vendeu a companhia para a Apple — o NeXT estava virtualmente morto.

A esta altura, Jobs havia amadurecido como pensador estratégico. Nada ilustrou essa transformação de maneira mais dramática do que sua eventual aquiescência — mesmo que tivesse sido "com chutes e berros" — na decisão de encontrar uma estratégia de plataforma para o novo produto da Apple, o iPod. Introduzido em 2001, o primeiro iPod ganhou elogios pelo design elegante, memória ampla e facilidade de uso. Mesmo assim, as vendas permaneceram pequenas porque o iTunes, o software usado para baixar, converter, organizar e transferir arquivos para um iPod, só funcionava nos computadores Macintosh. A decisão de ignorar o verdadeiro mercado de massa — os 95% de usuários de PC que tinham máquinas Windows — foi puramente de Jobs. Ele acreditava que o iPod era um produto tão grande que forçaria os usuários de Windows a se tornarem usuários do Macintosh. Ele também queria que o iPod fosse parte de um "hub digital" da Apple ligado à plataforma e ao ecossistema Macintosh, de modo que a empresa continuasse a controlar todos os aspectos da experiência do usuário. No início, Jobs afirmou que a estratégia estava funcionando. Nos primeiros meses depois do lançamento do iPod, ele insistiu que "manter o iPod só para o Mac... estava impulsionando as vendas do Mac muito mais do que pensávamos".[17] Porém, outros executivos da companhia eram menos radicais. Apesar de a Apple vender 125 mil iPods durante a temporada de férias de 2001, as vendas caíram abaixo de 60 mil unidades em cada um dos trimestres seguintes.[18]

A contínua recusa de Jobs de tornar o iPod compatível com o PC Windows o fez brigar com todos os seus executivos seniores. Fred Anderson, antigo CFO da Apple, lembrou que a liderança sênior queria "abrir o iPod para o mundo", mas Jobs recusava terminantemente.[19] Em certo momento, contam, Jobs declarou que os usuários do Windows só ganhariam iPods "sobre meu cadáver".[20] Como o executivo sênior de engenharia, Jon Rubinstein nos explicou: "Steve não queria fazer coisas para o PC — o PC era o inimigo... Ele disse: 'Não, não vamos fazer isso. Esta é a estratégia do hub digital.'" Entretanto, com o passar do tempo, os executivos começaram a enervar Jobs. Depois de mais uma discussão acalorada, ele soltou um palavrão aos gerentes reunidos e berrou: "Façam o que quiserem, mas vocês são os responsáveis!" E saiu batendo a porta.[21]

Levando as palavras de Jobs a sério, os engenheiros da Apple entregaram um iPod compatível com o Windows em setembro de 2002, quase um ano depois do lançamento do aparelho original. As vendas iniciais foram fracas, principalmente devido ao uso de um programa de terceiros, chamado MusicMatch, bastante inferior ao iTunes. Jobs também esperava manter o iTunes, se não o iPod, apenas para os usuários Macintosh, mas a derrapada do iPod no Windows finalmente o fez adotar a estratégia da plataforma. Ele reconheceu que, se a Apple insistisse em fornecer apenas uma versão de segunda classe do iPod para o mundo Windows, ele jamais decolaria de verdade. E mais: mesmo o melhor iPod não tinha força para impulsionar a parcela do mercado do Macintosh além dos 5%, em que havia estacionado por anos. Os consumidores do Windows PC não pretendiam desistir das suas máquinas e comprar Macs só para aproveitarem plenamente o iPod. Mas, se comprassem iPods para acompanhar seus PCs do

Windows, a Apple seria a proprietária de uma nova plataforma global para música e outras mídias digitais.

Voltando-se à realidade, Jobs aprovou um projeto para desenvolver o iTunes para o Windows, que ele descreveu, com sua habitual modéstia, como "o melhor aplicativo que já foi produzido para o Windows".[22] Com o lançamento do iTunes para o Windows, a sorte da Apple mudou para sempre. Ao tornar acessível um enorme mercado, as vendas do iPod explodiram. Por volta de junho de 2003, a Apple tinha vendido 1 milhão de iPods nos 18 meses após o lançamento, um número respeitável, mas ainda um negócio de nicho. Entre junho de 2003 e o final de 2005, as vendas marcavam 12 milhões de iPods.[23] Ao fim de 2007, a companhia havia vendido cerca de 100 milhões de iPods, numa época em que a base instalada no Macintosh continuava a ser aproximadamente um quarto desse número.[24]

Jobs (e a Apple?) nunca se comprometeu totalmente com o pensamento em plataforma

A decisão de ir atrás dos usuários de Windows foi a responsável pelo crescimento explosivo da Apple entre 2004 e 2011. Mesmo assim, Steve Jobs nunca aceitou totalmente a estratégia de plataforma de indústria. Seus instintos continuaram a insistir em produtos em vez de plataformas. Naturalmente, essa abordagem tinha sua própria lógica. Ele forçava sua equipe a projetar aparelhos que eram otimizados para novos mercados. Se sacrificar a compatibilidade com as plataformas da Apple já existentes produzia melhores resultados, isso era uma vantagem aceitável para Jobs. Design e desempenho superiores continuaram a ser os marcos da linha de produtos da Apple.

Embora a estratégia de Jobs tenha transformado o iPhone e o iPad em produtos espetaculares que geraram muita receita e lucros, eles não foram tão bem-sucedidos como amplas plataformas de indústria. Uma plataforma de mercado de massa precisa ser relativamente barata e de fácil acesso para conseguir atrair um número cada vez maior de usuários e complementadores, que juntos geram os efeitos de network tão importantes. Além disso, a maioria das mais bem-sucedidas plataformas de indústria são relativamente "abertas" ou "modulares", o que facilita para que os fornecedores de produtos e serviços complementares acrescentem suas próprias inovações.[25] Em termos de preço, abertura e modularidade, o iPhone e o iPad ficaram bem abaixo quando comparados a celulares e tablets com base no sistema operacional Android, do Google, lançado em 2007. Talvez mais importante, o software Android estava aberto como fonte e gratuito para licenciamento. A Apple se recusava a licenciar o iOS a *qualquer* preço.

O sucesso da App Store, construída sobre o que poderíamos chamar de estratégia de plataforma "fechada, mas não fechada" (em oposição à estratégia "aberta, mas não aberta" da Microsoft, que discutiremos a seguir), ajudou a transformar o iPhone e o iPad em plataformas muito além do que o Macintosh jamais conseguira. Contudo, Jobs manteve um rígido controle sobre o ecossistema da Apple. Aplicativos para iPhone e iPad só podiam ser comprados na App Store e os desenvolvedores tinham de seguir rígidas diretrizes, além de pagar uma comissão de 30% para a Apple. Art Levinson, membro do conselho de diretores da Apple, descreveu a App Store como uma "solução absolutamente mágica que gerou um pote de dinheiro. Ela nos deu os benefícios da abertura enquanto retinha um controle de ponta a ponta."[26]

O crescimento explosivo inicial foi de fato mágico, mas tais controles rígidos foram uma bênção duvidosa para os desenvolvedores — e também para a Apple.

A relutância de Jobs em abraçar tanto uma plataforma mais ampla quanto uma estratégia de ecossistema limitou a parcela do mercado de longo prazo da Apple nos novos mercados. À medida que o sistema operacional Android do Google melhorava em funcionalidade, os fabricantes do mundo inteiro imitavam e melhoravam os revolucionários designs de produtos da Apple. Desenvolvedores seguiram o rastro e começaram a produzir aplicativos cada vez mais populares para o Android, livres das restrições que a Apple costumava impor. Como era de se esperar, as batalhas de plataformas entre os smartphones e os tablets começaram a ficar parecidos com as guerras Macintosh-PC (ou batalhas Betamax-VHS) de anos atrás. Depois de inicialmente ter atingido uma posição dominante em ambos os mercados, a Apple teve de lutar para manter sua parcela entre os mercados de adolescentes mais novos para os smartphones. Nos tablets, o iPad perdeu cerca de 65 pontos da parcela de mercado nos dois anos após a morte de Jobs, em 2011. Em 2014, o Android tinha capturado quase 80% do mercado mundial de smartphones e mais de 60% do de tablets. A Samsung substituiu a Apple como líder mundial na fabricação de smartphones.

Estamos vendo o mesmo tipo de estratégia "produto em vez de plataforma" com o produto altamente antecipado da Apple, o iWatch. Esse dispositivo "wearable" é uma nova plataforma de computação e comunicação em potencial. As companhias de software poderão desenvolver aplicativos para permitir que o aparelho verifique a saúde do usuário e níveis de atividade, além de realizar outras funções atualmente disponíveis em smartphones e tablets, com a facilidade de apenas olhar para o pulso. No entanto, como aconteceu com o iTunes e o iPod originais, que só funcionavam com um computador Macintosh, a Apple projetou o iWatch somente para um iPhone. A não ser que a administração modifique seu curso no futuro, a base dos usuários será sempre limitada pela parcela do mercado do iPhone. Uma verdadeira estratégia de plataforma de indústria, por outro lado, faria o iWatch ser compatível com a principal plataforma da indústria, o Google Android, e partir para a maioria dos usuários de smartphone.

> A Microsoft é a companhia que trabalhou com mais desenvolvedores de software independentes do que qualquer outra... Por que ganhamos dos outros sistemas operacionais? Porque trabalhamos com companhias de software independentes para que desenvolvam aplicativos.[27]
>
> — Bill Gates [1991]

PENSE ECOSSISTEMAS, NÃO APENAS PLATAFORMAS

David Johnson, que chefiou o laboratório de arquitetura da Intel no final da década de 1990, descreveu a frágil posição de uma companhia de plataforma: "Na Intel, estamos presos às inovações de outros para tornar nossa inovação valiosa. Se fizermos inovações no processador e a Microsoft ou outras empresas de software independentes não fizerem uma inovação correspondente, a nossa não terá valor."[28] Em outras palavras, a prosperidade no negócio de plataforma depende não apenas da força dos próprios produtos, mas das inovações de outras empresas, incluindo às vezes amargos rivais. Até Steve Jobs, que odiava depender dos outros, teve de aceitar, com relutância, essa verdade. Na Macworld de agosto de 1997, ele explicou: "A Apple vive em um ecossistema. Ela precisa da ajuda de outros parceiros e precisa ajudar outros parceiros. O fato é que relacionamentos destrutivos não ajudam ninguém nesta indústria."[29] Na época, Jobs estava justificando sua decisão de abandonar as ações legais da Apple contra a Microsoft por copiar a interface Macintosh e por aceitar um importante investimento do seu arquirrival, Bill Gates.

Para a Intel e a Microsoft, o problema estratégico era simples: se a Intel vendesse um ótimo microprocessador e a Microsoft vendesse um ótimo sistema operacional para um computador de má qualidade, poucas pessoas iriam comprá-lo. Sem a configuração de memória correta, largura de faixa e os essenciais drivers de software e aplicativos, a experiência do usuário seria terrível. A Apple vendia sistemas completos, mas enfrentava um quebra-cabeças similar. Mesmo se os engenheiros projetassem excelentes computadores, sem grandes periféricos (por exemplo, impressoras e drivers de software), ótimos aplicativos criados por terceiros e uma cadeia de suprimentos de bom funcionamento para componentes e montagem, a Apple não poderia oferecer ao consumidor uma solução completa e uma experiência muito boa para o usuário.

A resposta a este problema estratégico era igualmente direta, pelo menos em princípio: Gates, Grove e Jobs aceitavam como parte de sua missão facilitar a inovação e a cooperação por todos os ecossistemas. No entanto, cada líder usou uma abordagem distinta nessas tarefas, refletindo acerca das diferentes prioridades e da gama de opções disponíveis para os que seguem uma estratégia de plataforma. Plataforma *versus* produto não é apenas branco *versus* preto; existem muitos tons de cinza.

Espere o bolo crescer

A Intel, por exemplo, tinha um longo histórico de educar os participantes da indústria sobre seus produtos mais modernos. Já no final da década de 1970, notamos que a Intel criava ferramentas de software e hardware para facilitar que companhias como a Microsoft e a IBM adotassem seus microprocessadores. No entanto, os esforços da companhia basicamente paravam aí. Como Grove reconheceu numa entrevista em 2003, os executivos da Intel na década de 1970 e início de 1980 eram "cabeças fracas", que não entendiam de fato a importância das plataformas industriais e parceiros em software de ecossistemas, como a Microsoft.[30] O próprio Grove estava empacado na estratégia de "modelo de produto", em vez de avançar para o "modelo plataforma".

Todavia, no final da década de 1980, depois de a Intel ter lançado o modelo de microprocessador 386, Grove estava começando a entender que sua companhia precisava se envolver mais ativamente com outras empresas que eram cruciais para o sucesso da Intel a longo prazo. O ímpeto por trás dessa mudança foi sua percepção de que o PC era uma tecnologia com falhas. No lado do hardware, padrões conflitantes, funcionalidade limitada e "sistemas gargalo" no aspecto técnico, em suas palavras, faziam com que fosse difícil para os programadores desenvolver aplicativos atraentes. A insuficiência relativa de softwares atraentes, por sua vez, limitava a demanda por novos PCs, o que limitava a capacidade da Intel de vender microprocessadores.

A nova estratégia de Grove era melhorar o PC como sistema. Em vez de apenas fornecer chips para os fabricantes, a Intel assumiria a responsabilidade direta de resolver muitos dos problemas do PC com hardware e trabalhar mais intimamente com parceiros do ecossistema, em especial no software. Como primeiro passo, Grove indicou Craig Kinnie em 1991 para chefiar o novo laboratório de arquitetura e fazer da Intel "a arquiteta para a indústria aberta de computadores".[31] Ele incumbiu Kinnie e sua equipe de encontrarem maneiras para superar as deficiências técnicas do PC que dificultavam a instalação de novos aplicativos. Como sinal de comprometimento com esse esforço, Grove deu poderes a Kinnie para expandir o laboratório, que cresceu para quinhentos engenheiros (principalmente programadores de software), sob seu sucessor, David Johnson, em 2001.[32]

O primeiro grande esforço do laboratório foi a iniciativa Interconexão de Componentes Periféricos (PCI). Para melhorar a capacidade do PC de suportar gráficos, ajudá-lo a se conectar facilmente com impressoras e outros periféricos e resolver questões relacionadas a desempenho, os engenheiros de Kinnie projetaram uma nova arquitetura "ônibus" e um conjunto de chips para trabalharem ao lado do microprocessador Intel. Um "ônibus" é um sistema de hardware e software que transfere informações entre os componentes dentro de um computador. Um conjunto especial então realizava a comunicação entre o microprocessador e o restante do computador. A Intel, tradicionalmente, não se envolvia em nenhuma dessas áreas. Grove se lembrou de uma entrevista em 1998: "A noção de que um produtor de silício pudesse definir uma arquitetura ônibus de um computador era algo muito estranho. Mas ninguém estava fazendo isso... Portanto, no início dos anos 1990, começamos um esforço importante para desenvolver nossos próprios conjuntos e a arquitetura ônibus... Foi um movimento muito controverso."[33] Grandes companhias de computadores, como a Compaq, ficaram especialmente irritadas diante da iniciativa PCI da Intel, que viam como uma invasão no seu galinheiro. No entanto, segundo Grove, os fabricantes menores de computadores, que não tinham os recursos para projetar seus próprios chipsets, deram boas-vindas à novidade. "Para as fábricas menores, era ótimo porque lhes dava a oportunidade de competir por uma audiência maior em pé de igualdade [com os grandes fabricantes]."[34]

A iniciativa PCI foi só o começo. Depois do lançamento do primeiro ônibus PCI em 1992, os engenheiros da Intel se dedicaram a identificar outros gargalos técnicos no sistema PC. Ao longo dos vários anos seguintes, esses esforços levaram ao ônibus serial universal (USB), à porta gráfica acelerada e novas tecnologias como a internet por telefone. Os consumidores modernos não valorizam essas capacidades e as acham muito naturais, mas talvez não existissem computadores pessoais acionando o Windows sem os esforços da Intel. A tecnologia do USB da Intel foi um avanço especialmente importante.[35] Antes dela, conectar qualquer periférico ao PC era um pesadelo porque cada fabricante tinha diferentes padrões e plugues. (A Apple, ao contrário, tinha um padrão só seu.)

A filosofia de Grove, como descrita para nós por sua antiga assistente técnica, Renée James, era simples: "Se você faz a coisa toda crescer e ficamos com nossa parte justa, então toda a indústria cresce."[36] Isso levou à decisão de Grove de fazer a maioria das inovações relativamente "abertas" e geralmente gratuitas. A Intel as patenteou, mas não cobrou royalties pela maioria das tecnologias relacionadas às plataformas essenciais que produzia. A Intel também fez acordos de licenciamento cruzado para disseminar suas inovações por toda a indústria. A meta de Grove era conseguir o máximo de companhias trabalhando em conjunto para melhorar a funcionalidade do PC e, portanto, atrair mais inovações complementares e mais usuários. Tendo mais ou menos 80% do mercado de microprocessadores para PC, a Intel se beneficiaria de maneira desproporcional se esses esforços fizessem o "bolo crescer". De fato, o ecossistema Wintel cresceu de maneira significativa, pelo menos até os smartphones e tablets começarem a engolir as vendas dos PCs. Quando as entregas de PC foram diminuindo ao longo dos anos 2000, a Intel eventualmente reorganizou o laboratório e levou a pesquisa e o desenvolvimento para mais perto dos seus próprios produtos e iniciativas de plataformas não PC.

Steve Jobs também compreendeu a importância de fazer o bolo crescer, mas criou uma tática diferente para lidar com os parceiros de ecossistema: queria resolver seus problemas e depois cobrar pelo privilégio de usar as plataformas rigidamente controladas da Apple e suas elegantes soluções técnicas. Os parceiros de ecossistema de Jobs variavam desde selos de música e produtores de conteúdo de vídeo até fabricantes secundários e editoras de livros. Em cada caso, era Jobs que ditava os preços (sempre alto para a Apple, mas baixo para os complementadores), comissões (em geral, 30% para a Apple), marcas e promoções, e depois dizia aos "parceiros" para pegar ou largar.

Naturalmente, Jobs tinha uma grande vantagem: nos anos 2000, a Apple lançou três produtos revolucionários: o iPod, o iPhone e o iPad, que rapidamente evoluíram para plataformas de indústria com crescimento veloz. Isso significava que quase todos que estavam no ecossistema queriam trabalhar com a Apple. Além disso, Jobs estava resolvendo problemas difíceis. Por exemplo, o sistema de gerenciamento digital da companhia oferecia a primeira solução viável para pirataria de músicas, que estava destruindo a indústria antes da introdução do iTunes. Além disso, enquanto Jobs exigia um preço muito baixo, sem pacotes, dos seus parceiros, ele era um dos poucos participantes do ecossistema de música que podia fornecer receitas significativas. De maneira similar, as editoras descobriram que a Apple oferecia uma das únicas alternativas viáveis para a Amazon. Com a introdução do iPad, Jobs lhes dava a oportunidade de quebrar a hegemonia da Amazon na indústria (a um alto preço), como veremos no capítulo 4.

A App Store da Apple era uma solução igualmente importante para a distribuição de software. Todas as outras empresas de alto nível na plataforma de indústria passaram a copiar essa ideia. Em vez de precisar ir a dezenas ou centenas de websites para encontrar um aplicativo de software — que poderia ou não funcionar em um aparelho específico —, os consumidores resolviam o problema com uma visita à App Store, que centralizava e simplificava todo o processo. A Apple ficava com 30% da receita, mas em troca ajudava a fazer o bolo crescer para todos, divulgando os aplicativos, usando um sistema de preços e pagamento, e fornecendo também um canal de distribuição confiável para os consumidores.

Aberto, mas não aberto

A Microsoft, como a Intel e a Apple, dependia fortemente de complementadores. Se os parceiros de ecossistemas não projetassem novos hardwares em torno do DOS e Windows, ou não desenvolvessem novos programas capazes de funcionar no sistema operacional da Microsoft, os clientes teriam poucos motivos para comprar novos computadores ou fazer o upgrade de seus sistemas operacionais, e a demanda por Windows estagnaria. Reconhecendo esse relacionamento, Gates adotou uma estratégia que, na superfície, era parecida com a de Grove. Ambos investiram em novas tecnologias para fazer o PC avançar e ampliar o mercado. No entanto, a abordagem de Gates caiu realmente entre as estratégias que Grove e Jobs perseguiam. A Intel praticamente dava de graça sua tecnologia, enquanto a Apple a mantinha como um produto caro e exclusivo. Gates, por outro lado, oferecia apenas "abertura" para fornecer incentivo para outras companhias trabalharem com a Microsoft, mas mantendo muitos aspectos da sua tecnologia como "não abertos" e particulares. Gates claramente entendia o que estava fazendo, mesmo nos primeiros anos. No entanto, era crucial para a Microsoft convencer outras companhias de software e hardware a investir na nova versão do DOS e depois no Windows. Começando com a primeira versão do DOS, em 1981, a Microsoft encorajava esse tipo de investimento ao dar gratuitamente seus kits de desenvolvimento para software, que forneciam informações suficientes e uma amostra de código para que fabricantes construíssem PCs e desenvolvedores de software produzissem aplicativos. Como a Intel, a Microsoft também introduziu novidades que beneficiaram a indústria como um todo, como as tecnologias que facilitavam o networking ou aumentavam a velocidade do processo de desenvolvimento do software facilitando o reuso de grandes pedaços de código.[37] Esses esforços ajudaram a impulsionar a proliferação de milhões de programas para o Windows no final da década de 1990.

Por outro lado, Gates jamais quis que a Microsoft fosse completamente aberta, o que tornaria mais fácil para os consumidores a trocarem por outras tecnologias. Afinal, no mercado de aplicativos, a Microsoft concorria diretamente com muitas companhias de software que ela própria tentava ajudar. Gates e sua equipe tinham uma vantagem natural nessa competição porque sabiam para onde o mapa do sistema de operações estava dirigido. Em meados da década de 1980, a companhia já estava muito à frente no que dizia respeito a reescrever os programas Excel e Word para o Windows — uma vantagem que se ampliou quando alguns concorrentes se recusaram a ter de lidar com a nova plataforma. Em especial, Jim Manzi, o CEO da Lotus, declarou que não passaria apressadamente do Lotus 1-2-3 para o Windows, porque a Microsoft era o inimigo.[38] Foi, sem dúvida, um erro desastroso e sua empresa terminou sendo adquirida pela IBM em 1995.

Às vezes, o lado "não aberto" da estratégia da Microsoft fazia a companhia assumir um comportamento ilegal. No final dos anos 1990, o Departamento de Justiça dos Estados Unidos acusou a Microsoft de dar vantagens especiais para os desenvolvedores de aplicativos da própria companhia — uma acusação que ganhou plausibilidade com a admissão de Gates, em uma entrevista concedida em 1995, de que não havia uma "Muralha da China" entre os sistemas operacionais da Microsoft e os grupos de aplicativos.[39] Os concorrentes, incluindo IBM, Lotus, WordPerfect e Netscape, declararam que só receberam informações sobre novas versões do Windows muito depois da chegada dos grupos de aplicativos da Microsoft. Quando a empresa de Gates concordou em negociar no processo antitruste promovido pelo governo em 2001, o tribunal indicou peritos técnicos para limitar ações de monopólio ilegal no futuro. Mesmo assim, acusações similares continuaram a emergir, gerando processos judiciais e punições, especialmente na Europa.[40] Apesar desses reveses legais, a Microsoft se beneficiou enormemente com a estratégia de plataforma "aberta, mas não aberta". Em contraste com Andy Grove, que investiu pesadamente para fazer o bolo crescer para todos, e Steve Jobs, que lutou para preservar a exclusividade e controle da Apple, Gates conseguiu ter o melhor dos dois mundos por um longo tempo. Ele manteve a Microsoft "aberta" o suficiente para atrair milhares de complementadores e solidificar sua posição como uma plataforma de indústria, mas, ao mesmo tempo "não aberta" o bastante para preservar uma vantagem sobre desenvolvedores de aplicativos rivais.

> Tensões existem... Alguém que está fazendo uma videoconferência quer manter um decodificador particular do produto de videoconferência. As pessoas responsáveis pelos microprocessadores querem oferecê-los gratuitamente. [Nós o damos] e o mundo confia em nós... Mas eles confiam em nós porque não criamos um negócio adicional bem-sucedido.[41]
>
> — Andy Grove [1998]

CRIE ALGUNS DOS SEUS PRÓPRIOS COMPLEMENTOS

Poucas companhias de plataforma bem-sucedidas dependem totalmente dos seus parceiros de ecossistema para inovações complementares. Nem sempre terceiros são capazes de produzir novos produtos ou serviços dentro do prazo acertado. Essa dinâmica cria o clássico problema "o ovo e a galinha": sem complementos essenciais, os consumidores não comprarão uma nova plataforma; e sem a promessa de um alto volume de vendas, terceiros talvez não queiram investir nos complementos. A estratégia em um negócio de plataforma, portanto, às vezes pode exigir que se criem complementos próprios para manter o mercado em andamento. Porém, quando líderes de plataforma decidem atuar em ambos os lados do mercado — plataformas *e* complementos —, eles correm o risco de criar conflitos importantes com seus parceiros, violando sua confiança e diminuindo seu interesse de investir num negócio sobre o qual têm pouco controle. Se os complementadores sentirem que o dono de sua plataforma-alvo está se tornando seu concorrente primário, poderão mudar para outro ecossistema ou até mesmo tentar criar uma nova plataforma.

Gates, Grove e Jobs acabaram por compreender que criar uma plataforma de indústria e um ecossistema vibrante nem sempre era suficiente para ficar à frente da concorrência e continuar crescendo. Em algumas ocasiões tiveram de produzir seus próprios complementos para estimular a demanda por novas versões de suas plataformas. Essa decisão não apenas cuidou do problema "o ovo e a galinha", como também incentivou os parceiros de ecossistemas a agirem com mais rapidez no seu próprio desenvolvimento de produtos. Como resultado, os três CEOs decidiram atuar nos dois lados do mercado, mas de diferentes maneiras. Gates, Grove e Jobs, cada um do seu jeito, descobriram como manter parcerias em ecossistemas enquanto muitas vezes competiam com essas mesmas empresas.

Ataque o problema "o ovo e a galinha"

Das três companhias, foi a Intel que enfrentou o maior dilema com relação à plataforma, em meados da década de 1990. A companhia estava fazendo enormes investimentos em capital para construir microprocessadores novos e mais poderosos, que não podiam simplesmente ser inseridos em PCs existentes. As empresas de computadores precisariam projetar e construir novas placas-mãe que estariam prontas para serem lançadas quando os chips da Intel estivessem prontos para ser entregues. Todas as peças tinham de ser reunidas na hora certa. Se ocorresse algum atraso, mesmo que por poucos meses, a Intel ficaria com uma capacidade ociosa em fabricação, muito dispendiosa, e seu desempenho financeiro sofreria grandes danos. Esse problema se tornou especialmente grave quando o Pentium entrou no mercado, em 1994, precipitando a maior expansão de produção na história da Intel até então.

A resposta de Grove foi ajustar o tempo de mercado para novos PCs, fabricando eles mesmos algumas placas-mãe. Entrar no negócio de placas-mãe, que tinha margens de lucro muito estreitas, não era uma meta importante. Na verdade, Grove queria atacar o problema "o ovo e a galinha" para a Intel. Ele nos contou em 2013 que seu instinto era abarcar 80% do mercado de placas-mãe, o que teria significado abrir um novo negócio. No entanto, ele foi "convencido" a desejar uma porcentagem menor pelo pessoal do financeiro. Quando o Pentium entrou no mercado, a Intel ofereceu uma estratégia "Burger King", contou Frank Gill, na época executivo de Grove nesse negócio: "Dizíamos aos consumidores: 'Faça o que quiser.' Escolha um chip. Escolha um chip mais chipsets (componentes de placas-mãe). Escolha uma placa ou escolha um sistema de baixo volume (um PC sem marca)."[42]

Essa abordagem resolveu um problema complicado para as companhias menores, como Dell, Packard Bell e Gateway. Eles não tinham a expertise necessária para projetar a placa-mãe para o novo Pentium, de alto desempenho. Alguns anos antes, os fabricantes de computadores tinham reclamado dos esforços da Intel para ir além do projeto e da construção de microprocessadores. Mas, em 1993, como Grove disse à sua equipe de liderança sênior, a atitude de todos os fabricantes, exceto os muito grandes, tinha mudado para: "Se não for a Intel, quem mais vai fazer?" Como resultado, a Intel entregou quase 50% dos chips Pentium com placas-mãe Intel, acelerando o tempo de mercado do novo produto e gerando lucros extraordinários tanto para a Intel quanto para seus principais consumidores de PC.[43]

Traga os centros de grandes lucros para sua casa

Enquanto Grove fazia a Intel produzir complementos para resolver seu problema "o ovo e a galinha", Gates passou a enxergar o mercado de complementos para o sistema operacional da Microsoft — principalmente software de aplicativos — como um enorme centro de lucros. Mike Maples, então vice-presidente executivo da Microsoft, deixou clara a posição da companhia numa reunião com repórteres em 1991: "Se alguém pensa que não estamos atrás da Lotus, atrás da WordPerfect e atrás da Borland, está bobeando. Minha meta é conseguir uma parcela justa do mercado de softwares para aplicativos, que significa 100% pra mim."[44]

Gates acreditava que a Microsoft deveria dominar os maiores segmentos do mercado de aplicativos; os outros desenvolvedores podiam ficar com o resto. E ele conseguiu atingir sua meta. Apesar de o Excel ter inicialmente ficado atrás do Lotus 1-2-3 e de as primeiras versões do Word serem muito menos populares do que o WordPerfect, a Microsoft capturou até 95% do mercado de aplicativos depois de juntar Word, Excel e PowerPoint para criar o Office em 1990.[45] Eventualmente, os programas se tornaram o maior e mais lucrativo negócio. No ano fiscal de 2013, quando a Microsoft ainda revelava seus resultados por produtos, o pacote Office foi o responsável por 30% das vendas da companhia e 45% dos lucros operacionais, em comparação a 23% das vendas e 33% dos lucros operacionais para o Windows desktop.[46] Mas nem todos os empreendimentos com programas da Microsoft foram bem-sucedidos. Por exemplo, o produto de finanças pessoais, Microsoft Money, não conseguiu nem mesmo espaço no mercado para fazer frente ao software de contabilidade da Intuit, o Quicken. A Intuit tinha construído uma base instalada e conseguia ficar um passo à frente da Microsoft em características e funções. De maneira similar, nos aplicativos de administração de empresas, multimídia e conteúdo da internet, a Microsoft frequentemente ficava bem atrás de concorrentes mais específicos.

Ao contrário de Grove, Gates não hesitava em construir seus próprios produtos complementares, embora compreendesse a importância de cultivar parceiros no ecossistema. Quando via vendas significativas, potencial de lucros ou valor estratégico, ele investia agressivamente. A Microsoft era capaz de fazer essa abordagem porque o Windows se tornara tão dominante como plataforma de software que outros desenvolvedores tinham de aceitá-lo, mesmo quando a Microsoft lançava produtos de aplicativos que miravam diretamente os deles.

Construa complementos essenciais para a experiência do consumidor

Como a Microsoft, a Apple estava profundamente envolvida em criar aplicativos complementares. Diferente de Gates, contudo, Jobs era motivado sobretudo pelo desejo de controlar a experiência dos consumidores e apenas indiretamente pelas vendas e lucros crescentes. Ao longo do tempo, Jobs aprendeu a confiar mais em terceiros em áreas como fabricação, desenvolvimento de aplicativos e de conteúdo. Porém, quando acreditava que um complemento era essencial para a experiência do consumidor, ele insistia em trazê-lo para casa.

O iTunes talvez tenha sido o maior exemplo da abordagem de Jobs. Outras companhias que construíam reprodutores de música digitais, como a SanDisk, nunca desenvolveram seu próprio software de gerenciamento de música. Em vez disso, apoiavam-se em aplicativos de terceiros, entre eles a RealNetworks, a Music Match e a Microsoft. Jobs acreditava, no entanto, que o iTunes era um complemento essencial para o iPod e também uma plataforma de distribuição de conteúdo. Se não funcionassem bem, o iPod fracassaria. Por causa disso, era algo que a Apple tinha de fazer sozinha e com competência.

Além disso, Jobs acreditava fortemente que a Apple deveria criar aplicativos essenciais que exibissem os aspectos distintivos do seu design. Com o Macintosh, por exemplo, Jobs insistia que a Apple deveria fazer pacotes de programas únicos, como o MacWrite e o MacPaint, que faziam o computador ser imediatamente útil e obviamente diferente do PC da IBM. Em seu segundo mandato na Apple, ele voltou ao tema, ordenando que os engenheiros da Apple desenvolvessem o iLife — um conjunto de aplicativos que só funcionava no Macintosh. Esses programas exibiam a facilidade de uso e os recursos de multimídia da Apple.

De maneira semelhante, quando a Apple produziu o iPhone, Jobs incluiu alguns complementos críticos, como um aplicativo de previsão do tempo, para incrementar a experiência do usuário. E, quando o iPad saiu, em 2010, Jobs não esperou que terceiros fornecessem um software básico de produtividade. A App Store vendeu processadores de texto, planilhas e slides feitos na própria companhia — por apenas US$10 cada, uma fração dos US$100 ou mais que a Microsoft cobrava pelo Word ou Excel em PCs.

Essa insistência em baixos preços para complementos — ou até o oferecimento gratuito — era uma parte essencial da versão de Jobs para estratégia de plataforma. Ele entendia que os mercados de plataforma tinham diferentes "lados" e que podia escolher com qual ganhar dinheiro. Jobs resolveu ganhar dinheiro no hardware e usar complementos baratos e fáceis de encontrar, que ajudariam a impulsionar a demanda por seus computadores e aparelhos. Essa estratégia funcionou muito bem por vários anos, apesar de a manutenção de altos preços pelos produtos ter limitado a participação da Apple no mercado, que foi ficando mais difícil à medida que os concorrentes começaram a copiar o design do hardware (e software) da companhia.

> Nossa visão para os últimos vinte anos pode ser resumida de modo sucinto. Vimos que as melhorias exponenciais nas capacidades dos computadores fariam grandes softwares se tornarem valiosos. Nossa reação foi construir uma organização que fornecesse os melhores produtos de software. Nos vinte anos

seguintes as melhorias no poder dos computadores serão substituídas pelas exponenciais melhorias nas redes de comunicação... A internet é uma grande onda. Ela muda as regras. É uma incrível oportunidade e também um incrível desafio.[47]

— Bill Gates [1995]

EVOLUA E INVENTE NOVAS PLATAFORMAS PARA EVITAR A OBSOLESCÊNCIA

Apesar de produtos de sucesso irem e virem, as plataformas de indústria, ao ganharem uma parcela de mercado significativa, são difíceis de desalojar. Elas devem muito dessa persistência a investimentos por consumidores que "as travam". Por exemplo, uma grande organização que investiu milhões de dólares em licenças de software e treinamento raramente — nunca — decidirá da noite para o dia trocar PCs do Windows por Macs. Para manter esse efeito de trava à medida que a plataforma evolui, as companhias habitualmente introduzem uma compatibilidade para trás — garantindo, digamos, que as versões mais antigas do Word e Excel ou os produtos de database continuem funcionando em novas versões do Windows. Essa conexão íntima com o passado, porém, cria um "dilema do inovador" para estrategistas de plataformas: como preservar o que é importante para os clientes e complementadores sem se tornar obsoleto.[48]

Gates, Grove e Jobs se preocupavam com o quanto e com qual rapidez deviam evoluir suas plataformas. Se fossem rápido demais, romperiam os relacionamentos com consumidores e complementadores existentes. Se fossem devagar demais, poderiam acabar superados pelos concorrentes. Mesmo mantendo uma ligação com o passado, também tinham de focar no futuro. Como disse Jobs, citando Wayne Gretzky, um importante jogador de hóquei, seu trabalho era "patinar para onde o disco está indo, e não para onde ele esteve".[49]

Amplie os recursos e os aspectos da plataforma

Para a Intel, o desafio de evoluir a plataforma não significava apenas fazer chips mais rápidos ou acrescentar mais memória. Era preciso vencer os gargalos do sistema e construir novas características no microprocessador que ajudariam os programadores de software a desenvolverem mais e melhores aplicativos. A meta final era permitir que os consumidores ganhassem mais valor com seus PCs — e não comprar Macs, estações de trabalho RISC ou dispositivos baratos para internet. Sob a administração de Grove, uma das mais bem-sucedidas dessas iniciativas foi o desenvolvimento do conjunto de instruções MMX, introduzido em 1997 com o chip Pentium. A Intel projetou o MMX para melhorar a capacidade do microprocessador de suportar conteúdo multimídia, inclusive áudio e vídeo. A IBM não havia projetado o PC original para reproduzir jogos gráficos, músicas ou videoclipes. Adicionando 57 novas instruções ao microprocessador, a Intel permitia que os desenvolvedores escrevessem aplicativos multimídia com muito mais rapidez e melhor qualidade.[50]

A Intel gastou dezenas de milhões de dólares para desenvolver e testar o MMX. Além disso, Grove alocou aproximadamente US$100 milhões para subscrever novos softwares que aproveitavam o conjunto de instruções e outros US$150 milhões para colocar no mercado o Pentium com MMX, como um novíssimo microprocessador que incentivaria consumidores e empresas a comprar novos PCs. Esses investimentos logo deram resultado: as vendas de processadores Pentium com MMX explodiram, fazendo dele a mais bem-sucedida extensão da plataforma da Intel na década de 1990. A Intel precisou de mais uma década para encontrar uma extensão de plataforma de igual sucesso — o Centrino, introduzido em 2003, que permitiu aos PCs aproveitarem o Wi-Fi.

Naturalmente, nem todos os esforços da Intel de evoluir a plataforma obtiveram êxito. Um fracasso notável foi a iniciativa de Grove de modificar a arquitetura básica dos microprocessadores. Começando com o 80386, as CPUs eram "32 bits", enquanto os processadores com o mais alto desempenho na época tinham se tornado "64 bits". Um sistema de 32 bits podia processar menos dados e menos memória, além de ser, de modo geral, mais lento do que um sistema de 64 bits. Reconhecendo essa fraqueza na linha de produção, no início dos anos 1990, Grove se convenceu de que precisava de uma CPU de 64 bits. A Hewlett-Packard prometeu entregar alguns dos componentes críticos, por isso as duas companhias juntaram forças para criar um novo microprocessador, o Itanium. A Intel e a HP esperavam que o novo chip saltasse à frente dos concorrentes no mercado de servidores, que usavam sobretudo microprocessadores RISC.

O futuro não se desenrolou como planejado. O Itanium só chegou ao mercado no final de 2001, com três anos de atraso, prejudicado pelo alto custo, pelo pequeno volume de produção e pelo fraco desempenho. Pat Gelsinger, que a certa altura foi gerente do projeto, confessou que o verdadeiro problema era "uma estratégia ruim" e explicou: "Os benefícios técnicos do

Itanium foram apresentados com exagero e a força de uma parceria com a HP também foi superestimada. Não avaliamos corretamente a força de um ecossistema arquitetônico e os custos de uma conversão na arquitetura."[51] Grove sabia que o projeto estava indo mal, mas, como admitiu mais tarde, não entendia todos os detalhes técnicos e seus gerentes não estavam dispostos a cancelar o projeto por conta própria. No fim, a Intel conseguiu estabelecer uma posição dominante em servidores e data centers, com sua linha de processadores x86 Xeon, que conquistou cerca de 90% do mercado em todo o mundo. O Itanium, como o colunista John Dvorak escreveu em 2009, entrou para a história da indústria da computação como "um dos grandes fiascos dos últimos cinquenta anos".[52]

Grove e a Intel assumiram a responsabilidade primária pelo fracasso do Itanium, mas, em outro caso bem conhecido, a culpa recaiu à porta de um parceiro. A Intel introduziu o NSP (Processamento Nativo de Sinal), em meados da década de 1990, como tentativa de melhorar o processamento de multimídia e gráficos no PC. A principal inovação era que o NSP permitia que os desenvolvedores de aplicativos passassem por cima da camada Windows e dessem instruções diretamente ao microprocessador. Como uma técnica de programação, o NSP aumentava a velocidade em aplicações gráficas. No entanto, a Microsoft interpretou a tecnologia como uma invasão do seu território e se recusou a colocá-lo no Windows 95. Bill Gates deixou bem claro sua posição na "parceria Wintel", declarando: "Somos nós a companhia de software e não teremos qualquer tipo de relacionamento com a Intel em software."[53] Por fim, a Intel cedeu: "Não avaliamos adequadamente o modelo de negócios da Microsoft na época", admitiu: "Introduzir uma iniciativa de software com base no Windows que a Microsoft se recusa a suportar... Bem, a vida é curta demais para isso."[54]

Gates não se opunha à mudança, mas queria que ela acontecesse nos seus termos. Por todo o seu mandato, a Microsoft investiu pesadamente em melhorar o desempenho e funcionalidade dos seus sistemas operacionais. Na década de 1980, em resposta à concorrência com o Macintosh, seus engenheiros conseguiram aumentar o conhecimento do Mac GUI para criar a camada Windows sobre o DOS. Essa evolução em escopo e recursos foi um sucesso inigualável. O movimento na direção do Windows manteve a compatibilidade com o passado, mas ampliou a plataforma para novas direções, que diminuíram a principal ameaça do Macintosh. O Windows causou um notável crescimento do mercado tanto para a própria Microsoft quanto para a Intel, porque consumidores menos sofisticados acharam que a interface gráfica era muito mais fácil de usar do que o DOS, mesmo que o Windows ainda fosse menos intuitivo no uso do que o Macintosh.

Gates também se certificou de que a Microsoft adaptaria com sucesso o Windows para incorporar a funcionalidade da internet. Para garantir, ele acompanhava visionários como Marc Andreessen, do Netscape, e Jeff Bezos, da Amazon, para reconhecer a importância da internet. Ele estava um ano e pouco atrasado em relação a alguns dos seus próprios engenheiros. Mas, quando escreveu o memorando da internet, em maio de 1995, confiando nas análises dos engenheiros mais jovens da Microsoft, ele ainda estava em tempo de reagir de maneira eficaz. A Microsoft partiu para dominar o mercado de navegador da web, reunindo o Internet Explorer com o Windows e anulando acordos de distribuição com competidores, como a AOL. Em suma, embora

Gates estivesse atrasado, não estava atrasado demais e agiu sem hesitação — às vezes até desobedecendo regulamentos antitruste na sua pressa. Lembrando do passado, Gates falou em 1999: "Na época em que tornamos pública nossa estratégia para internet, em 1995, fomos com toda força à frente. Como eu disse várias vezes depois, se nós fracassássemos no negócio, não seria porque não focamos na internet, mas porque estaríamos focados *demais* na internet."[55]

Reconheça a necessidade de novas plataformas

Tanto Gates quanto Grove se atrasaram, em especial se compararmos a Jobs, quando se tratou de agarrar a oportunidade oferecida pelo rápido crescimento das novas plataformas externas ao PC. Os dois reconheceram a potencial explosão de dispositivos para a internet e aparelhos portáteis para o consumidor. Grove, por exemplo, comprou uma licença de microprocessador ARM da DEC, em 1998, e colocou a Intel no caminho das CPUs de baixa potência para aparelhos smart. Gates, no final de 1997, enviou este memorando para sua equipe executiva:

> Depois da minha última viagem ao Japão me deparei com um grande interesse em dispositivos não PC. Com ótimo progresso em telas, áudio digital, vídeo digital, voz, escrita e internet, há um ENORME risco de não sermos chamados para fornecer Sistemas Operacionais para esses aparelhos... O alto preço do Windows para máquinas de US$500 faz com que esses dispositivos não PC se tornem mais atraentes. Preciso de algum pedaço do Windows CE que seja superbarato... Temos que encontrar uma solução inteligente.[56]

Todavia, percepção não é o mesmo que comprometimento. A Intel nunca se entusiasmou com o ARM e o vendeu depois de Grove se aposentar como presidente, em 2006. Na Microsoft, os engenheiros tentaram ajustar uma versão do Windows ("Windows CE") para aparelhos menores em vez de construir um novo sistema operacional a partir do zero. Na época, talvez Gates estivesse distraído por causa das batalhas judiciais da companhia. De qualquer maneira, ele falhou em captar os recursos para agir efetivamente na sua percepção de que novas plataformas estavam no horizonte. Segundo Paul Maritz, que chefiava a divisão Windows na década de 1990, não se pode dizer que Gates e os outros não perceberam novas plataformas emergindo. Eles perceberam, mas era difícil desistir do PC e das vendas do Windows e do Office enquanto elas estavam gerando tanto dinheiro. Os executivos da Microsoft viam as transições chegando "pela lente de um PC" e pensavam que lidar com os novos aparelhos era menos urgente do que cuidar dos negócios em andamento. Apenas em um caso a Microsoft encontrou "coragem de fazer algo que não era centrado em PC" — a plataforma de jogos Xbox, que começou a ser desenvolvida no final da década de 1990 e lançada em 2001.[57] Como a Intel, a Microsoft acabou perdendo o momento ou chegando atrasada em muitas das mais importantes novas plataformas introduzidas na década seguinte, sobretudo os tocadores de mídia digital, smartphones e tablets, bem como serviços de software e computação em nuvem.

Durante esse mesmo período, foi a Apple que se movimentou com mais rapidez para introduzir novas plataformas. Pode parecer irônico, devido à orientação "produtos em primeiro lugar" de Jobs. Mas, de fato, o sucesso das novas plataformas da Apple estava relacionado à fraqueza das suas antigas. Jobs e outros executivos acharam que seria mais fácil inovar radicalmente porque tinham muito menos a perder rompendo com o passado. Durante os anos 1990 e início dos 2000, o Macintosh ocupava um distante segundo lugar em computadores, tendo somente de 3% a 5% do mercado global. Como resultado, a Apple podia entrar agressivamente em novas categorias de produto com muito menos preocupação com a compatibilidade da plataforma, a canibalização ou o impacto em seu número relativamente baixo de parceiros de ecossistemas e consumidores.

Também foi mais fácil para Jobs defender novas plataformas porque ele nunca havia demonstrado muito interesse em manter a compatibilidade com o passado. Seu antigo chefe de software, Avie Tevanian, até descreveu Jobs como tendo uma filosofia "sem botes salva-vidas". Ele explicou: "Botes salva-vidas fazem as pessoas ficarem preguiçosas e dependentes. Se você quer que os desenvolvedores façam algo novo, não os deixe usar algo velho."[58] Essa filosofia se tornou evidente com o primeiro rompimento com o passado de Jobs — a introdução do Macintosh, em janeiro de 1984. Ele não acionava nenhum dos aplicativos Apple II quando foi lançado. Foi só em novembro de 1985 que a empresa lançou um programa de emulação permitindo que os Macs utilizassem alguns aplicativos não patenteados do Apple II.[59]

Com as subsequentes mudanças na plataforma, a Apple continuou se esforçando mais e mais para facilitar a transição dos consumidores, mas eles empalideceram em comparação ao compromisso total de compatibilidade para trás e para frente demonstrado pela Microsoft e pela Intel. Em março de 2001, ao lançar o OS X para substituir o envelhecido sistema operacional do Macintosh, a Apple disponibilizou um programa de emulação para se sobrepor ao OS X e imitar o clássico Mac OS. Isso possibilitou aos consumidores continuarem com seu velho software para Mac, mas com uma velocidade mais lenta devido à camada extra de programação que estava envolvida.[60] De maneira semelhante, em 2006, quando Jobs encerrou a parceria de vinte anos com a IBM e a Motorola para migrar para um chip Intel, a Apple juntou um software de emulação nos novos Macs para os usuários poderem continuar com os softwares antigos. Todavia, os que fizeram um upgrade para novas máquinas ainda tinham de aprender uma nova interface, e os desenvolvedores mais uma vez tiveram que aprender um novo ambiente de programação, como haviam feito apenas cinco anos antes no lançamento do OS X.

Quando o iPod e o iPhone estavam em desenvolvimento, os engenheiros da Apple queriam basear o iOS numa versão móvel do Linux, que poderia ter entrado no ecossistema existente de programadores de fonte aberta. Porém, Jobs rejeitou essa abordagem porque seu sonho era ter "um único sistema operacional para tudo", segundo Jon Rubinstein.[61] E pior, ele "odiava fonte aberta". Como Rubinstein explicou: "Jobs estava muito preocupado com o IP, achando que alguém poderia vir atrás de nós e teríamos que abrir mão da nossa tecnologia." Consequentemente, os engenheiros da Apple criaram o iOS tirando as múltiplas tarefas e outras características do Mac OS X. Essas decisões a princípio limitaram a funcionalidade do iOS e fizeram o novo sistema operacional ser incompatível com os aplicativos Macintosh. Ao longo do tempo, a Apple foi cautelosa e vagarosamente expandiu a funcionalidade do iOS e se movimentou para unificar com o Mac OS algumas características do software núcleo do iOS e da interface do usuário.

Atualmente a Apple e a Microsoft permanecem seguindo as regras que Jobs e Gates estabeleceram. A Apple continua com seu compromisso de projetar grandes produtos e experiências ao consumidor, e romperá com o passado quando necessário. A Microsoft permanece centrada na plataforma Windows e continua a depender do seu desktop e seus servidores, contando também com os produtos Windows (principalmente o Office) para a maioria de suas receitas e lucros. Operando sob essas restrições, as duas companhias hoje estão brincando de esconde-esconde na plataforma móvel mundial, agora dominada pelo Android do Google. Não constrangido pelo legado, o Google e seus parceiros de Android estão sendo bem-sucedidos no jogo da plataforma que Gates e Grove iniciaram nas décadas de 1980 e 1990.

LIÇÕES DOS MESTRES

Os mercados de plataforma são indústrias caracterizadas por uma tecnologia básica e por efeitos de network impulsionados por números cada vez mais crescentes de produtos e serviços complementares. Nesses mercados, quer estejamos falando sobre gravadores de vídeo, computadores pessoais ou smartphones, a história sugere que a melhor plataforma — e não o melhor ou primeiro produto — é quem vence em longo prazo. Durante suas carreiras, Bill Gates e Andy Grove criaram o que hoje se tornou o clássico roteiro para esses mercados. Primeiro: pense em plataformas antes de pensar em produtos ao tomar decisões importantes sobre design, desempenho e preço. Segundo: incentive o crescimento de um forte ecossistema complementar, promovendo seu sucesso e facilitando o acesso à sua plataforma. Terceiro: ataque o problema "o ovo e a galinha" e impulsione a demanda por novas plataformas criando alguns de seus próprios complementos. Por fim: não fique parado por muito tempo ou tampouco se contente em vender uma velha tecnologia, mesmo que os consumidores continuem a comprá-la. Evolua a plataforma no mínimo incorporando novas ideias e características, especialmente aquelas vindas de concorrentes que ameaçam sua posição.

Esse último caso envolve o dilema do inovador para os líderes de plataforma. Plataformas de indústria bem-sucedidas como DOS/Windows ou o microprocessador da linha x86 da Intel geram enormes e recorrentes fluxos de receita — o que Bill Gates, em 1994, chamou de "anuidades" resultantes de "externalidades de network". Quanto maior sucesso tiver uma plataforma, mais difícil se torna arriscar as receitas e lucros que ela gera, fazer modificações importantes ou passar para algo totalmente novo. Enquanto isso, os consumidores e também empresas complementares investem nas plataformas existentes, juntos gerando esses poderosos efeitos de network que trazem utilidade crescente, valor e retenção do consumidor. Ainda assim, todos sabem que mais cedo ou mais tarde surgirá uma ratoeira. Com a estratégia certa, novos líderes de plataforma podem captar fragmentos do mercado existente ou deslocar a velha guarda, às vezes no que parece ser um piscar de olhos. Foi o que a Nokia e o BlackBerry vivenciaram quando o iPhone atropelou suas plataformas de telefonia celular, que antes eram dominantes. Também é o que a Apple começou a experimentar quando o Google desistiu do software Android e construiu seu próprio ecossistema de parceiros.

Embora as companhias líderes tenham a propensão de se agarrar às suas plataformas por tempo demais, também existe um paradoxo nessa atitude: quanto menos sucesso uma plataforma possui em termos de uma ampla adoção pela indústria, maiores são os incentivos para a companhia inovar e tentar algo novo. Como vimos com o iPod, o iPhone e o iPad, às vezes é muito mais recompensador em termos financeiros uma companhia romper com o passado e criar novas plataformas para novos mercados, nos quais terão outra possibilidade de vencer.

De maneira geral, aprendemos com Gates, Grove e Jobs que a estratégia de plataforma é de fato sobre entender escolhas e equilíbrios, seja dando maior ênfase a produtos únicos ou a parcerias que poderão fazer o bolo crescer para todos e, potencialmente, conduzir a uma posição de mercado mais dominante e duradoura para o líder da plataforma e seus parceiros. Ao escolher entre as opções, a pergunta-chave é *quando fazer o quê*. A longo prazo, para mercados definidos por complementares e efeito de network, estabelecer a melhor plataforma — a mais aberta e acessível ao maior número de usuários e complementadores — seria o melhor modo de competir. Em outras ocasiões, como quando transtornos tecnológicos estão no horizonte, ou se uma companhia de fato tem um projeto que é um grande avanço capaz de definir uma categoria, talvez seja melhor colocar "o produto acima da plataforma", pelo menos em curto prazo. Nesses casos, as companhias precisam estar com o novo produto totalmente certo. De qualquer forma, é válido fazer o projeto do produto e o modelo de negócios suficientemente flexíveis para suportar uma estratégia de plataforma de indústria, caso surja alguma oportunidade de expandir e se movimentar nessa direção.

4. Explore a influência e o poder — pratique judô e sumô

Pensar estrategicamente é a parte divertida dos negócios. Os grandes estrategistas desenvolvem pensamentos importantes sobre o propósito de suas empresas, visões a longo prazo para suas companhias, altas apostas sobre o que pretendem fazer e produtos e ecossistemas que pretendem construir. Porém, não é suficiente ter grandes pensamentos. Para se tornar um grande estrategista você precisa transformar visões e ideias de alto nível em táticas, ações e organizações que alcançarão o consumidor e derrotarão a concorrência. Neste capítulo exploramos a ligação tática entre pensar estrategicamente e produzir verdadeiros resultados. No seguinte conversamos sobre como construir organizações que encarnam as características competitivas do líder.

Arthur Rock, um dos mais famosos e precoces investidores de risco do Vale do Silício tanto da Intel quanto da Apple, uma vez escreveu: "Estratégia é fácil, mas a tática — as decisões do dia a dia, do mês a mês, exigidas para se administrar um negócio, são duras."¹ Alguns CEOs podem ser tentados a delegar esse trabalho árduo para subordinados, mas Bill Gates, Andy Grove e Steve Jobs não se incluem neste grupo. Os três sempre estiveram intimamente envolvidos nas decisões táticas do dia a dia e também em estratégias a longo prazo. Gates adorava se aprofundar no código de software e desafiar seus engenheiros com questões de algoritmos, pelo menos até o início da década de 1990. Grove gostava de sentir a pulsação semanal dos números das vendas e campanhas de marketing, bem como acompanhar de perto o impacto financeiro das decisões sobre capacidade de fabricação. Jobs, por sua vez, era famoso por se meter nas minúcias do projeto e do marketing do produto.

Ao mesmo tempo, os três eram conhecidos pelo estilo truculento, mas, por trás das fachadas de geek, engenheiro ou esteta, Gates, Grove e Jobs eram concorrentes ferozes, que procuravam vencer quase a qualquer custo. Eles mostravam pouca hesitação quando defrontavam concorrentes dispostos a cortar preços, sócios inconvenientes ou manutenção de clientes erráticos. Fizeram com que pequenos negócios crescessem e se tornassem grandes e poderosas companhias, e com sua perícia brandiram seu poder de mercado para se manter no topo. Como resultado, muitas vezes eram rotulados pela imprensa, e às vezes por órgãos reguladores, como grosseiros ou pior.

No entanto, os três CEOs eram estrategistas mais sutis do que suas imagens públicas sugerem. Apesar de serem famosos pelas manobras que se apoiavam no tamanho e poder de suas empresas — como "compre ou enterre a concorrência" nas palavras de Jack Welch² —, eles frequentemente empregavam táticas que premiavam a esperteza e não a força. Ao longo dos seus mandatos, Gates, Grove e Jobs usaram um extenso repertório de movimentos, selecionando e escolhendo, conforme a situação que se apresentava. Algumas dessas escolhas podem parecer surpreendentes, como o "estratagema do cachorrinho", que descrevemos a seguir. Às vezes, líderes de grandes e bem-sucedidas companhias fingem ignorar essas táticas ou as classificam como pequenas manobras que utilizavam enquanto estavam subindo — e que agora deixaram para trás. No entanto, Gates, Grove e Jobs demonstraram uma flexibilidade incomum no modo como abordaram a concorrência, adotando tanto táticas mais comumente associadas a empresas iniciantes, pequenas e vulneráveis, como outras em que usaram sua plena força.

Em outras palavras, os três mostraram ser mestres do que anteriormente chamamos de táticas de judô e sumô.[3] As táticas de sumô, como o nome sugere, se apoiam fundamentalmente no tamanho e no poder de uma companhia. A essa categoria pertencem movimentos bem conhecidos como: travar suprimentos, comprar concorrentes para fechá-las e uma competição encarniçada em termos de preços. As táticas de judô, ao contrário, exigem esperteza, agilidade e a capacidade de vencer a concorrência com melhores manobras. Os praticantes de judô usam seus pontos fortes para maximizar os golpes. Também se valem de movimentos furtivos e velocidade para lutar, além de se manterem bem próximos dos adversários para reduzir sua vulnerabilidade a ataques, procuram oportunidades para neutralizá-los ou se aproveitar da força dos próprios oponentes.

Gates, Grove e Jobs sempre empregaram uma mistura de táticas de judô e sumô. Neste capítulo, identificamos três princípios inspirados no judô e um no sumô que figuraram de maneira proeminente no sucesso deles.

REGRA 4: EXPLORE A INFLUÊNCIA E O PODER — PRATIQUE JUDÔ E SUMÔ

1. Mantenha-se fora do radar.
2. Mantenha seus inimigos por perto.
3. Abrace e amplie as forças de seus concorrentes.
4. Não tenha medo de usar seu peso.

Steve Jobs não era uma ameaça para a indústria da música... Os selos não o temiam porque Steve era apenas um sujeito com uma ideia.[4]

— Jimmy Iovine [2013]

MANTENHA-SE FORA DO RADAR

Ser subestimado — de fato, encorajar a subestimação — pode lhe dar uma boa arma no momento de entrar em um novo mercado. Essa abordagem não vem naturalmente para muitos empresários ou CEOs ambiciosos. Ficar fora do radar pode significar ir contra a corrente. Muitos líderes são extrovertidos e autoconfiantes e gostam de chamar a atenção. Porém, em termos táticos, contar ao mundo cedo demais suas grandes ideias pode ser um erro terrível. Manter-se fora dos holofotes e evitar uma concorrência direta costuma ser uma abordagem melhor. Chamamos essa tática de "o estratagema do cachorrinho", pegando emprestado um termo usado por dois economistas bem conhecidos, Drew Fudenberg e Jean Tirole, ganhador do Prêmio Nobel de Economia em 2014.[5] A meta, segundo eles, é parecer o mais inofensivo possível de modo que os atores mais fortes deixem de notá-lo ou escolham deixá-lo de lado.

Se parecer inofensivo for impossível, o que geralmente é o caso de companhias bem-sucedidas, tente manter os concorrentes no escuro sobre suas intenções ou deixe-os tentando adivinhar por meio de dribles e direções erradas.

Banque o cachorrinho

Apesar de Steve Jobs não ser conhecido por fugir dos holofotes, à sua própria maneira ele acabou se tornando um dos maiores adeptos do jogo de cena do cachorrinho. Um exemplo notável foi sua atitude quando o iTunes estava para ser lançado. Ao decidir que precisaria de uma loja de música, ele quis comprar a Universal Music, como conta o executivo sênior da Apple, Jon Rubinstein. No entanto, esse plano logo fracassou. Segundo ele, o CFO da Apple, Fred Anderson, "quase teve um ataque cardíaco quando ficou a par da economia do negócio de música e por isso não deixou que Steve comprasse a Universal. E, para ser franco, acho que foi estrategicamente correto porque, se isso tivesse acontecido, o resto dos selos de música teriam se transformado em nossos inimigos".[6] Em vez disso, Jobs se aproveitou ao saber que os selos mais importantes viam a Apple como uma empresa externa e inofensiva. Ao contrário do seu rival MP3, fabricado pela Sony, a Apple não competia diretamente com os selos nem mesmo dentro do seu mercado primário — os PCs — sua parcela na época era de minúsculos 2%. Em vez de enxergar esse fato como uma fraqueza, Jobs transformou a presença limitada da Apple em uma vantagem durante suas conversas com os executivos da música. Como Rubinstein lembrou, Jobs dizia, um tanto teatralmente: "Que mal poderia fazer ganharmos a licença de músicas no Mac? Pense nisso como uma experiência."[7]

A cena funcionou. As companhias de música aceitaram o iTunes, acreditando que estavam "por cima da carne seca". Obtivemos alguma perspectiva sobre isso a partir de Jimmy Iovine, cofundador e presidente da Interscope Geffen A&M Records, bem como o Dr. Dre, cofundador da Beats Electronics, a companhia de produtos de áudio e streaming de músicas que a Apple comprou por US$3 bilhões, em março de 2014. Ele afirmou que todos esperavam que houvesse "pelo menos dois ou três concorrentes do iTunes e os selos pensavam que possuíam todo o poder porque Jobs só tinha conseguido contratos de um ou dois anos e que eles poderiam cancelar suas licenças a qualquer hora. Não acho que os selos estivessem com medo dele porque Steve era só um sujeito com uma ideia."[8] Por ironia, essa atitude humilde ajudou Jobs nas duras negociações sobre os termos de participação no iTunes. Os selos queriam músicas vendidas em álbuns por um preço alto. Jobs queria vender faixas individuais por US$0,99 cada uma. Se os executivos da música tivessem levado a Apple a sério, poderiam ter pisado no freio e prevalecido — afinal, a Apple precisava deles muito mais do que eles precisavam da Apple. Porém, no final, ter sido subestimado ajudou Steve Jobs a conseguir o que queria. Acreditar que havia muito pouco em jogo fez com que os selos facilitassem bastante a negociação.

Influência em sigilo

Jobs não tentava parecer inofensivo como regra geral, mas de fato ele possuía uma permanente obsessão em esconder os planos da Apple como forma de se manter fora do radar da concorrência. Já no início, em 1981, quando recebeu uma mensagem dizendo que um artigo da revista *InfoWorld* estava para sair revelando três novos projetos da Apple ainda em desenvolvimento, Jobs telefonou para o repórter e o repreendeu, dizendo que até mesmo a revelação dos nomes dos projetos — Lisa, Macintosh e Diana (posteriormente o Apple IIe) — daria uma importante vantagem para os concorrentes. De qualquer forma, o artigo foi publicado, mas Jobs teve a última palavra. Quando um repórter do *InfoWorld* recebeu autorização para conhecer o prédio da Macintosh no terreno da Apple, em 1983, a visita se limitou a um "tour" pelo saguão do edifício.[9] (A *InfoWorld* se safou sem problemas maiores. Em 2005, Jobs processou vários sites que revelaram informações sobre a Apple e seus produtos. Em um caso, a Apple tentou forçar dois sites a revelar suas fontes, mas por fim a empresa acabou perdendo a ação e teve de pagar US$700 mil em custos judiciais.)

Dentro da Apple, Jobs também era exigente, criando uma cultura (alguns dizem um culto) de intenso sigilo. Um antigo funcionário contou que antes de dar início às reuniões ele lembrava a todos que "qualquer coisa revelada nesse encontro resultará não somente em demissão, mas também num processo em que serão usados todos os recursos ao alcance dos advogados".[10] A organização da Apple foi projetada para maximizar o sigilo. Quando Jon Rubinstein dirigia a equipe que estava desenvolvendo o iPod, menos de cem pessoas sabiam que o projeto existia.[11] Como Rubinstein disse em 2000: "Nós temos células, como uma organização terrorista."[12]

Essa obsessão com o segredo se estendia para as cadeias de fornecimento da Apple. Nas semanas anteriores a um lançamento, Jobs instalava aparelhos de monitorização nas caixas das peças para acompanhar seu movimento pelas fábricas. Contam que uma vez a Apple enviou produtos dentro de uma caixa de tomates.[13] O propósito disso tudo era proteger os segredos comerciais da Apple e sua propriedade intelectual, dificultando as chances dos concorrentes de reagir aos movimentos da companhia. Isso também impedia um potencial declínio nas vendas de produtos existentes, porque os clientes ficariam menos inclinados a esperar uma nova versão do produto que usavam. Por fim, e talvez mais importante, o absoluto sigilo era um pré-requisito para os aguardados lançamentos de novidades, pelos quais a Apple se tornou famosa. Jobs usava o segredo como uma alavanca para aumentar o suspense e o impacto dos esforços de marketing da empresa e assim aumentar as vendas.

Indique o caminho errado

Jobs não tinha somente a intenção de cobrir as pegadas da Apple. Em muitas ocasiões, ele também tentava ativamente levar os concorrentes para o caminho errado. Talvez não tenha lido *A arte da guerra*, de Sun Tzu, mas sabia de cor o conselho do sábio chinês: "Toda a guerra se baseia no engano. Portanto, quando for capaz, finja incapacidade; quando ativo, finja inatividade."[14] Gene Munster, um analista de indústria que cobriu a Apple por vários anos enquanto Jobs estava na direção, observou que a companhia regularmente "melava as frequências" para impedir que as informações de seus planos sobre produtos se tornassem públicas. Ele lembra que um executivo sênior da Apple lhe contou que a companhia não planejava lançar um iPod barato e sem tela pouco antes de a Apple colocar no mercado o iPod Shuffle, que era exatamente isso. E Munster foi apenas um dos muitos analistas e repórteres que descobriram estar recebendo informações falsas da Apple.[15]

Walt Mossberg, um experiente jornalista de tecnologia, entrevistou Jobs em 2003 para a primeira conferência anual da "All Things Digital" patrocinada pelo *Wall Street Journal*. A entrevista foi uma verdadeira cornucópia de declarações enganosas sobre a visão da Apple para o futuro. Entre as pérolas: a Apple não tinha planos de fazer um telefone ou tablet e não achava que os usuários um dia gostariam de ver fotos ou vídeos em um iPod (ou qualquer outro aparelho portátil com tela pequena). Descrevendo a alma do iPod, Jobs insistiu: "É música, seu bobo, é música, só música." Ele também afirmou que "não estava convencido de que as pessoas gostariam de assistir a filmes em uma tela minúscula que carregavam de um lado para o outro" e classificou fotos e vídeo em aparelhos portáteis como "um mercado especulativo". No entanto, apenas um ano depois, a Apple lançou um iPod com tela que exibia fotos coloridas, seguido por um iPod com capacidade para vídeo em 2005.

Da mesma forma, a respeito dos tablets, que Bill Gates estava promovendo na época (embora com estilo), Jobs disse a Mossberg: "as pessoas querem teclados", e acrescentou: "Olhando para o tablet parece que ele vai falhar." Pressionado para falar do tablet como um aparelho para leitura, admitiu que ele seria superior a um laptop, mas afirmou que o único mercado para ele seria "um bando de riquinhos que poderão comprar um terceiro computador" (além de um desktop e um laptop). Rindo, falou que era "um nicho de mercado" que não era interessante, até mesmo para a Apple. A verdade, porém, é que tablets eram um tópico frequente dentro da companhia.[16] Segundo Avie Tevanian, a Apple estivera testando um teclado de toque e o tablet já em 2002.[17] Jon Rubinstein também confirmou que, em 2003, a Apple estava investindo na tecnologia multitoque para tablets.[18] Como a empresa protocolou um pedido de patente para um aparelho tablet em março de 2004, ela obviamente não estivera ignorando o produto na entrevista no verão de 2003.[19]

Mesmo depois que a Apple lançou o iPad, em 2010, Jobs continuou a enganar o mercado sobre seus planos para o aparelho. Por exemplo, caçoando dos produtos concorrentes com telas menores, de sete polegadas (o iPad original tinha uma tela de dez), ele declarou:

> Nenhum tablet pode competir com a mobilidade de um smartphone, com a facilidade de colocá-lo no bolso ou na bolsa, com sua discrição quando usado em público. Como todos os usuários do tablet já têm um smartphone no bolso, dispor de uma área preciosa para enfiar um tablet no bolso é uma troca absurda. Os tablets de sete polegadas são "tweeners": grandes demais para competir com um smartphone e pequenos demais para competir com um iPad.[20]

De fato, os executivos da Apple estavam pensando em desenvolver um "tweener" próprio. Em um e-mail de janeiro de 2011, o chefe do iTunes, Eddy Cue, escreveu que tinha expressado sua simpatia por tablets menores para Steve "muitas vezes desde o Dia de Ação de Graças, e na última ele fora muito receptivo."[21] Esse processo eventualmente levou ao lançamento de um tablet menor, o iPad Mini, no final de 2012.

Até o final do mandato de Jobs como CEO, seu uso do sigilo gerou excelentes dividendos. Por exemplo, como resultado do sucesso da Apple de se manter fora do radar, nenhum dos concorrentes diretos nem de longe estava pronto para competir com o iPhone. Foi um afastamento tão radical da tecnologia e dos produtos existentes que a administração da Nokia ignorou completamente a ameaça do iPhone por vários anos. A Microsoft, por sua vez, que tinha quase 20%

do negócio do smartphone antes do lançamento do iPhone, pensou que ele não passaria de um brinquedo. O CEO da Microsoft, Steve Ballmer, declarou: "Não há nenhuma chance de o iPhone conseguir alguma parcela significativa de mercado."[22] Alguns meses depois do lançamento, Ballmer ainda não estava convencido. Disse a um repórter: "US$500... o telefone mais caro do mundo não faz sucesso entre os clientes porque não tem um teclado... Estamos vendendo milhões de telefones por ano e a Apple não está vendendo nenhum."[23]

> Temos de abandonar de vez a ideia de que a Apple só vai vencer se a Microsoft perder... A época de encarar isso como uma concorrência entre Apple e Microsoft já passou, até onde eu sei.[24]
>
> — Steve Jobs [1997]

MANTENHA SEUS INIMIGOS POR PERTO

Cooperar com os concorrentes — tanto atuais quanto potenciais — é outra tática que nem sempre é vista com simpatia por alguns executivos mais teimosos. Instintos competitivos geralmente criam o desejo de "vencer". Muitos líderes estão mais interessados em controlar seus ambientes do que em construir sociedades ou compartilhar o sucesso. Porém, trabalhando com oponentes você pode fortalecer sua posição e limitar o espaço de manobra deles, seja adiando, desviando ou até antecipando tentativas para atacá-lo de frente. No judô, chamamos isso de *agarrar* o adversário. Praticantes inteligentes encontrarão formas de se engajar numa investida enquanto protegem suas opções. A meta dessa manobra é ficar bem perto do oponente, controlar o relacionamento e tornar muito mais difícil que ele consiga derrubá-lo.

Tanto Bill Gates quanto Steve Jobs se tornaram mestres da "coopetição", competindo e cooperando com outras companhias ao mesmo tempo.[25] (A Intel, por outro lado, em geral competia diretamente com suas rivais, em parte pela preocupação com as leis antitruste.) No começo da história da Microsoft, Gates encontrou formas de trabalhar com a IBM enquanto competia com a gigante da computação para definir o futuro da plataforma PC. Gates também colaborou de perto com Jobs para produzir aplicativos para o Macintosh; isso permitiu que ele aprendesse o caminho das pedras para desenvolver os GUIs, que aproveitou para o desenvolvimento do Windows. Jobs, por sua vez, fez um movimento estratégico ao fazer as pazes temporariamente com Bill Gates, em 1997, mantendo assim a Microsoft como desenvolvedora de aplicativos para a plataforma Macintosh.

Coopetição

Bill Gates foi surpreendentemente bom em "coopetir". Estamos acostumados a pensar na Microsoft como uma companhia poderosa e dominante, um Golias do software frente ao Davi das outras — embora fosse um Golias que geralmente triunfava no final. Todavia, como discutimos no capítulo 2, em 1980 a Microsoft era sócia minoritária num relacionamento desconfortável com a IBM, a mandachuva da indústria da computação. Durante uma década, Gates permaneceu agarrado à gigante, embora sempre a visse como rival em potencial. Sua atitude nos faz recordar de um velho ditado: "Mantenha seus amigos por perto e seus inimigos mais perto ainda!"

Devido ao tamanho, recursos e poder da IBM de estabelecer o padrão máximo para a indústria, ela poderia ter decidido bem cedo produzir seu próprio sistema operacional para PC, deixando a Microsoft abandonada. E foi o que aconteceu em meados da década de 1980. Os executivos da companhia estavam prontos para mandar a Microsoft para o inferno, incentivando o desenvolvimento de um novo sistema operacional chamado CP-DOS.[26] Os engenheiros da IBM também estavam trabalhando em um produto chamado TopView, potencial concorrente do Windows, que mais tarde Gates descreveria como uma das muitas tentativas para excluí-los do negócio.[27] Reagindo a esses movimentos, ele enganou a IBM sobre os planos da Microsoft com sucessivas versões do DOS e do Windows. A IBM não endossou a estrada mapeada pela Microsoft, mas Gates neutralizou uma ameaça quando a IBM decidiu mesclar o projeto CP-DOS com o trabalho feito pela Microsoft com o DOS. As duas companhias também assinaram um acordo de desenvolvimento conjunto para criar um novo sistema operacional. Em 1985, esse projeto resultou no OS/2.

Mas, mesmo enquanto Gates impulsionava o projeto de desenvolvimento conjunto, a Microsoft entrou num caminho paralelo com o Windows. Steve Ballmer estivera tentando convencer Gates a abandonar o Windows para se dedicar exclusivamente no OS/2, mas ele não aceitou. Embora quisesse continuar cooperando com a IBM para evitar uma concorrência direta, Gates também sabia que as duas companhias tinham diferenças fundamentais em cultura e visão, e as perspectivas para uma cooperação a longo prazo eram mínimas. Após uma desistência de aplicativo da Microsoft em 1986, Gates declarou: "A IBM está ferrada e todos sabemos disso. O que faremos nos próximos dois anos é brincar de ratinhos num labirinto",[28] tentando uma opção depois da outra como se quisessem fazer o relacionamento funcionar, mas sabendo que provavelmente se encontravam num beco sem saída. Com efeito, Gates colaborou de maneira bem-sucedida com a IBM pelo máximo de tempo possível para evitar um ataque fulminante, enquanto se preparava para um confronto inevitável.

Da soma zero ao todos ganham

Como Bill Gates, Steve Jobs não era conhecido pelo estilo cooperador, mas ele, como Gates, podia cooperar quando lhe interessava. Em agosto de 1997, quando a Apple estava lutando para se manter viva, Jobs chocou os clientes fiéis da empresa na Macworld Expo, em Boston, anunciando que a Apple havia entrado em um acordo de parceria com a Microsoft, sua rival de longa data e principal nêmesis. De acordo com os termos do negócio, a Microsoft compraria US$150 milhões em ações preferenciais e as manteria por no mínimo três anos. A Microsoft também prometeu continuar a desenvolver versões Macintosh para o Microsoft Office e Internet Explorer por cinco anos, além de lançar novas versões com no mínimo a mesma frequência do Windows. A Microsoft concordou ainda em pagar para a Apple uma quantia não revelada (fala-se em US$100 milhões) para resolver a longa pendência com a Apple, que insistia em afirmar que o sistema operacional Windows violava suas patentes. Em troca, a Apple concordou em fazer do Explorer o navegador-padrão para o sistema operacional Macintosh.[29] Apesar de a Apple ter somente uma fatia mínima do mercado de computação, a Microsoft encarou esse acordo como parte importante de sua campanha para tornar o Internet Explorer o browser dominante.

Alguns integrantes do Macworld — para quem a Microsoft representava o império do mal —, receberam o acordo com vaias. Jobs reagiu com uma leve repreensão:

> Temos de abandonar de vez a ideia de que a Apple só vai vencer se a Microsoft perder... A era de encarar isso como uma concorrência entre Apple e Microsoft já passou, até onde eu sei. Hoje se trata de manter a Apple saudável e isso significa que ela poderá fazer grandes e incríveis contribuições à indústria, permanecer saudável e prosperar de novo.[30]

Como Jobs contou ao jornalista do *Wall Street Journal*, Walt Mossberg, dez anos depois: "Se o jogo fosse uma disputa de soma zero, no qual para a Apple vencer a Microsoft teria de perder, então a Apple iria perder."[31]

Na época, a Apple estava lutando para sobreviver. O acordo foi um movimento tático inteligente. A parcela da Apple no mercado de desktop caíra para 2,8% e a companhia perdera US$1,6 bilhão ao longo dos 18 meses anteriores.[32] O acordo não apenas promoveu uma infusão de dinheiro vivo como resolveu uma disputa judicial duradoura, além de significar também um voto de confiança no futuro da Apple. A empresa teria "falecido" sem o negócio com a Microsoft, nas palavras de Jon Rubinstein: "Quem compraria um Mac sem o Office? Estaríamos todos mortos porque ninguém consegue fazer nada sem o Office."[33] De fato, ao assinar o acordo, Gates pode ter cometido um erro tático colossal: se ele não tivesse salvado Jobs, a Apple talvez não sobrevivesse para assediar a Microsoft uma década depois — e eventualmente substituí-la como a mais valiosa companhia de todos os tempos.

Embora Jobs tenha afirmado que a era da concorrência entre a Apple e a Microsoft estava encerrada, a rivalidade entre as duas permaneceu feroz. Além de retomar a batalha sobre o mercado de desktop, as duas competiriam nos anos seguintes pelos reprodutores digitais de música, smartphones, tablets e computação em nuvem. Na maioria desses mercados, apesar de ter partido de uma posição mais fraca, a Apple conquistou a dianteira. Agarrando-se ao adversário em 1997, Jobs tinha não somente mantido seu equilíbrio como também conseguira se mover para uma posição mais forte, o que ajudou a Apple a derrotar a Microsoft em muitas frentes.

Vamos abraçar o que foi bem-feito [pelos nossos concorrentes] e ir além deles...[34]

— Bill Gates [1995]

ABRACE E AMPLIE AS FORÇAS DOS CONCORRENTES

Uma terceira tática que muitos executivos seniores rejeitam de cara é se rebaixar para copiar um concorrente. A imitação frequentemente é vista como um sinal de fraqueza ou de falta de criatividade na companhia. Também pode ser uma confissão de fracasso: talvez a estratégia original não tenha funcionado; ou talvez a direção estivesse certa, mas a execução tenha sido inferior. Porém, seja qual for a causa, a empresa agora está seguindo a liderança de um concorrente. Claro que não é um resultado que muitos líderes perseguem ativamente — ou procuram prolongar. Todavia, Gates, Grove e Jobs entenderam que um dos melhores modos de reagir a um desafio é abraçar e aumentar as forças dos rivais e potencialmente transformá-las em fraquezas. Agindo com essa conscientização, e mesmo à custa do próprio orgulho, eles levaram suas companhias para maiores sucessos.

Mesmo Steve Jobs, que em geral era considerado um grande inovador, não estava acima da imitação, como mostra um e-mail interno de 2010. Tratando de problemas com o iPhone e o modo como a Apple estava abordando a computação em nuvem, ele não mediu palavras sobre o que a empresa deveria fazer. Sua estratégia para o sistema operacional (iOS) do iPhone era simples: "Copiem do Android o que não fazemos tão bem (notificações, conexões, relatos...) e aproveite isso (para o Siri...).[35] Sua receita para o MobileMe, o predecessor do iCloud, não foi mais complexa: "Estratégia: copiem os serviços de nuvem do Google e aproveitem para os nossos (Photo Stream, armazenamento em nuvem)."[36]

De maneira semelhante, Andy Grove foi atrás da liderança dos rivais no início da década de 1990, quando a Intel enfrentou uma ameaça muito forte por causa dos chips RISC — miniprocessadores de alto desempenho baseados em uma tecnologia concorrente. Como discutimos no capítulo 3, na época eles pareciam destinados a dominar a extremidade mais alta da computação, em especial servidores e workstations. Alguns analistas também esperavam que eles se tornassem o padrão em desktops e outros aparelhos, empurrando os chips CISC da Intel para fora da indústria. David Yoffie, enquanto membro do conselho da Intel, perguntou na época: se o RISC é realmente muito melhor, como fazemos para vencer? Se o RISC é mais rápido e mais barato, como afirmam os concorrentes, a Intel está condenada?

A resposta acabou sendo não. O RISC tinha certas vantagens técnicas, como "superscalar pipelining", um tipo de processamento paralelo em um único processador, mas era tecnicamente possível acrescentar esses aspectos aos projetos CISC da Intel. A partir do início da década de 1990, a Intel começou a mudar o projeto dos seus chips para incorporar aspectos do RISC e modificou a capacidade de sua fábrica para produzir microprocessadores novos, com desempenho muito melhor e em grande quantidade. O desempenho dos chips da Intel evoluiu, os custos da companhia caíram e a Intel acabou levando entre 80% e 90% do mercado de servidores e workstations, anteriormente dominado pelas máquinas RISC.

Bill Gates usava a imitação para obter um efeito ainda maior. Na década de 1980, por exemplo, muitas companhias de software tentaram criar um negócio vendendo utilidades que poderiam melhorar o desempenho do Microsoft DOS ao liberar espaço no disco, proteger e gerenciar dados, criar redes de computadores ou fornecer outros serviços. Em 1990, a Novell lançou sua própria versão do DOS incluindo muitas dessas qualidades e utilidades. A Microsoft reagiu imitando a Novell e o MS-DOS 5.0, lançado em 1991 com a introdução de uma longa lista de aspectos que os usuários pediam. Eles variavam de simples utilidades que armazenavam comandos muito longos a ferramentas para recuperar arquivos que o usuário deletava acidentalmente. Antes do DOS 5.0, outras companhias tinham oferecido essas características e ferramentas. Depois do DOS 5.0, tiveram de correr para encontrar um novo nicho. À medida que surgiam novos vendedores que agregassem valor ao DOS 5.0, a Microsoft novamente incorporou as melhores ideias em seu próximo lançamento — o DOS 6.0, lançado em 1993. Um analista comentou: "Adicione o LapLink, Stacker, Take Charge, V-Buster, Norton Utilities and Battery Saver ao MS-DOS 5.0

e você terá algo notavelmente similar [ao MS-DOS.6.0]. Só que o MS-DOS 6.0 será vendido por muito menos do que todos esses programas juntos."[37] Para os desenvolvedores desses programas, o futuro era sombrio. Para a Microsoft e os consumidores, a proposta era de ganho para ambos.

No entanto, a Microsoft estava para enfrentar seu maior desafio competitivo de todos os tempos. No outono de 1995, muitos diziam que a Microsoft era um dinossauro, apesar do enorme sucesso do seu novo sistema operacional, o Windows 95. A internet estava decolando, e a Netscape seguia na liderança com 90% do mercado de browsers. Depois de gastar centenas de milhões de dólares em um serviço on-line particular, fora de moda, a Microsoft parecia ter perdido o barco da internet. Porém, no dia 7 de dezembro daquele ano, Gates anunciou um plano de ataque chocante. Em vez de lutar contra as tecnologias baseadas na web, das quais a Netscape fora pioneira, a Microsoft as "abraçaria e ampliaria" para acompanhar o ímpeto da internet. A companhia estava preparada para abandonar sua tecnologia doméstica e adotar ou adaptar "todos os protocolos populares da internet". Gates declarou: "Qualquer coisa que um número significativo de editores está usando e aproveitando terá nosso apoio. Nós vamos fazer algumas extensões para eles. Isso é exatamente o que a Netscape faz."[38]

Três meses depois, a Microsoft também "abraçou" e licenciou o Java, uma linguagem desenvolvida pela rival Sun Microsystems, que autoproclamava "escreva uma vez, utilize em qualquer lugar". O Java inicialmente surgiu como uma plataforma que funcionaria em diferentes sistemas operacionais, como o Windows, o Unix e o Mac OS. Em vez de escrever diferentes versões do seu software para cada OS, os desenvolvedores criariam uma única versão do Java que poderia ser baixada e operada em diversos dispositivos. Se essa visão se materializasse, os consumidores nunca mais ficariam presos em um sistema operacional por investimentos em softwares ultrapassados. Não é de surpreender que o primeiro instinto da Microsoft tenha sido o de bloquear o Java como e onde pudesse. Porém, em março de 1996, Gates mudou de tática e resolveu adotar o Java e ampliá-lo, o que causaria a divisão da linguagem em versões concorrentes e eliminaria a ameaça "escreva uma vez, utilize em qualquer lugar".

"Abrace e amplie" foi uma demonstração de pura influência e grande habilidade tática. A Microsoft não podia derrotar a internet. No final de 1995, já era tarde demais para seduzir os consumidores a voltar para uma visão definida por tecnologias particulares e barrar comunidades de conteúdo, como o AOL original. No entanto, abraçando as tecnologias da web, inclusive o HTML e o Java, a Microsoft conseguiu enfrentar o Netscape Navigator em cada aspecto e recuperar o mercado oferecendo um browser equivalente e gratuito. (O Navigator custava US$49.) Em essência, a Microsoft estava usando o poder por trás do ataque da Netscape — o crescimento da internet — para causar sua derrota. À medida que mais e mais pessoas aderiam à web, a Microsoft usaria o Windows e o Internet Explorer para tomá-las e arrancar a liderança da Netscape.

Além disso, a Microsoft planejava ir mais longe e "ampliar" o browser integrando-o ao Windows e ao pacote Office, o que incentivaria um número ainda maior de usuários a escolher o Internet Explorer em vez do Navigator. Em suma, o plano era transformar o produto do concorrente em uma commodity, alcançá-lo e oferecer algo diferenciado ao longo do tempo. Com o Windows 98, por exemplo, os usuários podiam acessar o conteúdo on-line diretamente no desktop e optar por fazer o ambiente do desktop semelhante ao aspecto e à sensação do browser. No entanto, ficou claro que os usuários tinham pouco interesse nessa possibilidade. Mesmo assim, a determinação de Gates para integrar a funcionalidade da internet ao Windows e fazer dele uma plataforma robusta para programas on-line preservou a posição da Microsoft como a plataforma dominante entre os PCs e como rei dos desktops.

> Posso comprar 20% de você, comprar você inteiro ou entrar pessoalmente neste negócio e enterrar você.[39]
>
> — Bill Gates para Steve Case, CEO da AOL [1993]

NÃO TENHA MEDO DE USAR SEU PESO

As táticas de judô formam uma parte significativa e geralmente ignoradas dos currículos dos três CEOs.

Mas, igualmente importante, Gates, Grove e Jobs nunca tiveram receio de usar sua influência. Gates não se apoiou apenas no "abrace e amplie" quando tornou prioridade máxima o aumento de seu mercado para tecnologias de internet, de virtualmente nada para 30% em 12 meses. Táticas mais tradicionais também desempenharam um papel importante. Por exemplo, uma etapa do plano de guerra da Microsoft era "conseguir 80% dos principais sites da internet para atingir o cliente [Internet Explorer]". Para alcançar essa meta, Gates planejou recorrer diretamente à força da Microsoft. Em um famoso memorando, publicado pelo Departamento de Justiça dos Estados Unidos, a estratégia declarada era: "Precisamos procurar os cinco principais sites da web e lhes perguntar: 'O que podemos fazer para vocês adotarem o IE?' Devemos estar preparados para assinar cheques, comprar sites ou adicionar características — basicamente fazer tudo o que precisar ser feito."[40]

COMO CONSEGUIR 30% DO MERCADO EM 12 MESES

RESUMO DAS RECOMENDAÇÕES

1. Faça da internet uma religião. Atualmente a Netscape é uma empresa parceira da internet e a Microsoft é a companhia que não entende a internet. Enquanto empresa, precisamos fazer da internet uma religião. Cada equipe da Microsoft precisa se perguntar como está melhorando a internet para os clientes e como estão oferecendo novos valores a ela, dos quais outras empresas possam se beneficiar. Precisamos estar emocionalmente comprometidos com o sucesso da internet, da mesma forma que estivemos com o GUI e o Windows. Temos de nos concentrar em uma única campanha de RP articulando como estamos melhorando a Internet para os negócios e como estamos criando mais oportunidades, em vez de procurar fazê-la de modo diferente.

2. Clone e supere o Netscape. É preciso encarar a clonagem do Netscape com mais seriedade. Devemos ter um plano para clonar todas as características que eles têm atualmente, além das novidades que eles acrescentarão entre este instante e nossos próximos lançamentos. Temos de fazer desta nossa única prioridade e colocar nossos melhores funcionários nessa tarefa. Além do nosso planejado Win32/OLE, precisamos agir seriamente sobre ampliar e dominar o HTML como formato, e, enquanto isso, fortalecer nossos objetos existentes para seguirmos em frente. Precisamos fornecer o tempo de funcionamento do Forms[3] com o Internet Explorer e nos certificarmos de que ele poderá suportar o HTML ampliado para layout 2D. Também temos de pegar o RTF e recompensá-lo de forma que se torne uma extensão natural do HTML, além de modificar nosso Word e outros editores de texto para ler e escrever nesse novo formato.

3. Consiga 80% dos principais sites da web para atingir o cliente. Adoção de conteúdo para browser e então precisaremos procurar os cinco principais sites e perguntar-lhes: "O que podemos fazer para vocês adotarem o IE?" Devemos estar preparados para assinar cheques, comprar sites ou adicionar características – basicamente tudo o que for preciso para que nos adotem. Nesse esforço, precisamos reformular nosso atual evangelismo ICP (hoje focado no MSN). Precisamos designar drivers agressivos para esse problema, talvez JonL/RSegal.

FONTE: "Como conseguir 30% do mercado em 12 meses", Memorando Interno da Microsoft, *United States vs. Microsoft Corporation* (Ação Civil Nº 98-1232), Prova do Governo 684, acessada em 21 de maio de 2013, http://www.justice.gov/atr/cases/exhibits/684.pdf.

Gates, Grove e Jobs nunca hesitaram em utilizar ao máximo sua fama, recursos e posição no mercado diante da concorrência. Quando suas companhias se tornaram gigantescas, eles tiraram pleno proveito de sua força ao lidar não somente com os rivais, mas também com clientes, sócios e fornecedores. Às vezes, esse modo de agir ultrapassou os limites e os três ficaram enredados em processos judiciais por causa de medidas anticompetitivas e ilegais. Mesmo assim, Gates, Grove e Jobs mantiveram suas companhias no topo por muitos anos através da hábil manipulação das percepções públicas, minimizando as aberturas para o ataque dos concorrentes e sendo rígidos nas negociações.

Enerve a concorrência

No livro *A arte da guerra*, Sun Tzu aconselha o leitor: "Os que vencem todas as batalhas não são realmente habilidosos; os melhores de todos são os que tornam os exércitos dos outros impotentes sem lutar."[41] Bill Gates parece ter guardado esse conselho no fundo do coração. Ele era famoso por usar a influência da Microsoft para espalhar "MID" (medo, incerteza e dúvida) por toda a indústria ao anunciar previamente produtos ou melhorias que, na melhor hipótese, estavam muito distantes do lançamento. Essa técnica também foi usada pela IBM durante o seu auge. A ideia de fazer anúncios sobre novos produtos chamados pela indústria de "vaporware" era congelar o mercado, desanimando os consumidores de comprar um produto concorrente enquanto esperavam para ver o que o líder do mercado iria fabricar.

Enervar a concorrência com vaporware deu resultados especialmente na indústria de software, o que explica por que Gates foi um precoce devoto dessa tática. Por exemplo, em 1982, ele usou o vaporware para fazer uma ameaça ao DOS e ao Windows. Naquele ano, na Comdex, uma feira de negócios da indústria da computação, a concorrente da Microscft, VisiCorp, demonstrou seu Visi On, um ambiente operacional de janelas com base gráfica para um PC da IBM. Assim que viu a versão demo, Gates reconheceu não somente que a VisiCorp lhe dera um golpe em um GUI, como também o Visi On poderia ultrapassar o DOS como a plataforma-padrão de computação para o desenvolvimento de aplicativos. Gates imediatamente começou a dizer aos fabricantes de computadores que a Microsoft estava desenvolvendo seu próprio GUI, o que àquela altura era pouco mais do que uma ideia que logo recebeu o nome de "Interface Manager". Ele pediu aos consumidores para não fazerem qualquer negócio com a VisiCorp até verem o produto da Microsoft. Em janeiro de 1983, Gates insinuou que a Microsoft poderia lançar seu produto antes de o Visi On chegar ao mercado, uma previsão que só se tornaria realidade dois anos depois.[42] Em abril, a Microsoft apresentou uma das "mais enganosas demonstrações de todos os tempos", a imitação de uma tela com várias janelas sobrepostas, exibindo diferentes programas, nenhum dos quais fazia algo de útil. Dentro da Microsoft ela era chamada de a versão demo "fumaça e espelhos".[43]

Mesmo assim, a tática funcionou. No final de 1984, o *Financial Times* publicou que o Microsoft Windows havia "atraído um considerável apoio da indústria a partir das produtoras de software para aplicativos", apesar de ainda não ter entrado no mercado um ano após o anúncio.[44] O Windows continuou à espreita, sempre prestes a ser lançado ao longo de 1984 e da maior parte de 1985, até que finalmente começou a ser vendido em novembro. Durante esse período, VisiCorp, Apple, IBM, Digital Research e outros trouxeram GUIs ao mercado. No entanto, a campanha de Gates na mídia ajudou a garantir que todas, com exceção da Apple, nunca conseguissem se firmar no mercado, deixando o caminho aberto para o Windows dominar o desktop.

Minimize as aberturas para ataque

A segunda tática que se apoia numa força superior é eliminar todos os buracos na sua linha de produção para minimizar aberturas que facilitem ataques. Quando você domina uma indústria de rápido crescimento, é comum que os concorrentes procurem falhas na sua linha de produto ou de serviço que eles possam corrigir. Se forem habilmente explorados, até mesmo pequenos buracos podem gerar um rombo no seu universo, permitindo que os concorrentes construam uma cabeça de ponte, façam sua expansão e por fim destruam seu negócio primordial. Se você for capaz de eliminar todos os buracos visíveis, conseguirá reduzir muito essa ameaça.

A Intel adotou essa tática no início da década de 1990 para enfrentar a competição de imitadores ou "clones" como a AMD, a Cyrix e a Chips and Technologies, que também produziam chips x86. Na época, os fabricantes de clones da Intel estavam se esforçando para conseguir uma parcela maior das vendas da indústria. Jerry Rogers, presidente da Cyrix, se gabava de que sua companhia "gostaria de dividir o mercado com a Intel", insinuando almejar 50% do mercado.[45] Em resposta a essas ameaças, Grove começou com o óbvio, levando seus plagiadores aos tribunais. Todavia, ações judiciais frequentemente fazem pouco mais do que construir obstáculos no caminho: entrando com o processo, você tenta proteger sua propriedade intelectual, aumentar os custos do concorrente e retardar seu ataque. Vencer no mercado, porém, exigia mais. Nesse caso, "mais" significa um esforço em ampla escala para preencher todos os buracos na linha de produção da Intel. Em 1991, a companhia anunciou trinta novas versões dos microprocessadores 386 e 486, com o objetivo de cobrir a vasta maioria das necessidades dos clientes.[46] Anteriormente, a AMD conseguira criar verdadeiras estradas dentro do mercado da Intel ao introduzir novos produtos, como peças de alta velocidade em pacotes de plástico. Grove estava determinado a não repetir esse erro.

Além de garantir que a Intel fornecesse a variedade de produtos que o mercado demandava, Grove estava determinado a entregar cada produto em volume suficiente para atender as necessidades dos clientes. Isso significava fazer investimentos caros na capacidade de fabricação para garantir o fornecimento. Como Grove disse à sua equipe de liderança em 1993: "Cada processador que deixamos de entregar devido à capacidade (ou falta de produto) é um para [nossos concorrentes]. *Eles não entram sozinhos. Temos de deixá-los entrar.*"[47] O "Mandamento #1" para a estratégia da Intel na época era "Não ferre os microprocessadores". A companhia executou seu plano e só a AMD permaneceu como um concorrente viável até o final da era Grove.

MANDAMENTO #1: NÃO FERRE OS MICROPROCESSADORES

- Não vacile para não os deixar entrar (ex. aparelhos insuficientes).
- Cada processador que não conseguimos entregar devido à capacidade (ou falta de produto) é um a favor deles.

Eles não entram sozinhos.
Nós os deixamos entrar.

FONTE: Recriado com permissão a partir da apresentação de Andy Grove para a SLRP da Intel, em 1993.

Mesmo enquanto lutava contra a concorrência dos clones da Intel, Grove também precisava enfrentar a ameaça dos fabricantes dos processadores RISC, como a IBM, Sun Microsystems, DEC e MIPS. Como dissemos anteriormente, "abraçar e ampliar" as características do RISC foi uma importante parte da reação da Intel. Mas Grove também atacou os fabricantes do RISC de frente. Essas companhias inicialmente focaram no mercado de alta tecnologia da computação, o que não era o núcleo do negócio da Intel. Porém, Grove entendia que, assim que os processadores RISC conseguissem chegar ao topo do mercado, eles poderiam migrar para baixo até os PCs desktop. Portanto, a Intel lutou para minimizar a parcela do RISC no mercado de alta qualidade oferecendo uma alternativa viável para clientes de workstations e servidores. Se eles desejavam utilizar no seu negócio um sistema operacional de trabalho pesado, com base no Unix, Grove queria que usassem esse sistema operacional em um computador construído em torno de um chip da Intel. Essa meta se traduziu em um mandato para fazer da Intel o "porto de escolha" para cada sistema operacional.

A Intel investiu recursos significativos em softwares que tornassem mais fácil e mais barato para as produtoras de software reescrever seus sistemas operacionais e fazê-los funcionar na CPU da Intel. O esforço logo deu resultado. Por volta de 1993, praticamente todo sistema operacional importante podia funcionar com um chip Intel, e a ameaça dos processadores RISC de alta qualidade foi sumindo. Contudo, os chips RISC não desapareceram de vez. Uma década depois de Grove ter se aposentado, alguns chips RISC menos poderosos reemergiram como a principal força nos mercados de smartphone e tablets.

O exemplo final do compromisso de Grove de minimizar buracos estratégicos foi seu plano para resistir à "gravidade" — a pressão para baixo nos preços dos PCs e chips, que descrevemos no capítulo 1. Grove identificou essa gravidade como a maior ameaça que a Intel teve de enfrentar em 1997. Seu primeiro passo foi lançar uma marca de briga sob um novo nome, o Celeron. A ideia era manter o Pentium como a marca premium, enquanto o Celeron seria usado para atacar os concorrentes mais baratos e atrair clientes mais atentos aos valores. Ao mesmo tempo, "Andy estava bem consciente sobre não deixar a corrida se alongar muito", lembrou Renée James, sua assistente técnica na época. Como resultado, Grove segmentou o mercado de alto a baixo, criando modelos claramente diferenciados para cada segmento. E, talvez mais importante, ele argumentou que a Intel tinha de se tornar um player importante no topo do mercado, focando na venda de chips para servidores além dos para

PC. "A equação de hoje", falou numa SLRP em 1997, era vender 100 milhões de CPUs a US$200 cada, obtendo uma receita de US$20 bilhões. "A equação de amanhã", sugeriu, combinaria 100 milhões de CPUs a US$100 e US$10 milhões a US$1 mil para servidores e data centers. Na verdade, Grove subestimou grosseiramente a demanda a longo prazo para PCs e servidores (para sorte da Intel), mas estava direcionalmente certo sobre os preços médios de venda. O sucesso dessa estratégia representou uma contribuição essencial para a Intel manter a posição de liderança em CPUs nos 15 anos seguintes.

Ao contrário de Grove, Steve Jobs escolheu manter limitada a maior parte das linhas de produto da Apple. Ele focava em entregar produtos "loucamente grandiosos" de alta qualidade para o mercado enquanto permitia que os concorrentes ganhassem espaço com ofertas menos elegantes e mais baratas. Uma exceção dessa filosofia foi o Mac, introduzido em 1999. A Apple vendeu 32 variações (diferentes cores, configurações e preços) do seu computador relativamente caro ao longo de quatro anos.[48] Com o iPod, Jobs roubou uma página do caderno de Grove e foi muito além: evoluiu o media player formando uma família de produtos com diferentes características para diferentes usuários e uma ampla gama de preços. No final das contas, o negócio do iPod foi o único mercado em que a Apple teve uma parcela dominante por muitos anos.

Quando a Apple introduziu o iPod, ele não era o primeiro reprodutor de música digital, mas o design elegante e a integração completa com o iTunes fizeram com que ele fosse o melhor, o que redefiniu dramaticamente a categoria. Como a maioria dos produtos da Apple, o iPod tinha um preço de acordo com sua qualidade: US$399, bem mais do que os reprodutores de música existentes. A Apple justificou o preço ressaltando seu design superior e a facilidade de uso, bem como a combinação única de tamanho pequeno e qualidade, capturada na mensagem: "Mil músicas no seu bolso." Alguns críticos da indústria declararam que "iPod" significava "Idiots Price Our Devices" (idiotas pondo preço nos nossos aparelhos). Mas logo foram silenciados quando a Apple rompeu com a tradição da companhia lançando uma variedade de modelos que cobria diferentes valores e preferência dos usuários, não deixando espaço para os concorrentes.

O iPod original de US$399 tinha 5GB de memória. Modelos posteriores ofereciam maior capacidade pelo mesmo preço. Além disso, a Apple começou a adicionar novos membros à família iPod. Em janeiro de 2004, foi lançado o iPod Mini, com memória menor (4GB) a um preço inferior (US$249). Um ano depois, a Apple apresentou o iPod Shuffle, incrivelmente compacto, com capacidade limitada e sem tela, vendido ao mercado como ultraportátil. Mais tarde, naquele mesmo ano, foi introduzida também a versão Nano, em substituição ao Mini. No final de 2005, os clientes podiam comprar um iPod nos pontos de venda a partir de US$99 o Shuffle, US$199 o Nano e US$299 o iPod original. Como já tinha coberto a parte inferior do mercado, Jobs acrescentou o iPod Touch — em essência um iPhone sem a função de celular — ao topo da linha de produção em 2007. A estratégia funcionou maravilhosamente: no início de 2007, a Apple tinha vendido 100 milhões de iPods (o total ultrapassou 200 milhões em 2009), e a parcela do iPod no mercado de tocadores digitais de música se manteve acima de 60% de 2005 até 2013.

Jogue hardball

Uma última habilidade tática compartilhada por Gates, Grove e Jobs foi a capacidade e disposição de jogar *hardball* com competidores, consumidores, parceiros e fornecedores. Como George Stalk e Rob Lachenauer notaram: "Quando as companhias jogam *hardball*, significa que elas usam todos os recursos legítimos e estratégias disponíveis para obter vantagem sobre seus concorrentes."[49] Essa era uma abordagem que os três CEOs utilizavam várias vezes.

Bill Gates, por exemplo, jogava *hardball* rotineiramente com a Apple, que foi uma das primeiras clientes da Microsoft, quando licenciou o intérprete BASIC para o Apple II, em 1977. Em 1985, a licença estava expirando. O Apple II ainda era uma fonte importante de receita para a companhia, e o BASIC era um software essencial. Gates, percebendo a posição fraca da Apple, exigiu que ela cancelasse o trabalho na versão do BASIC que estava desenvolvendo internamente para o Macintosh. Se não obedecesse, a Microsoft não renovaria a licença. A Apple concordou em matar o produto, chamado MacBASIC, e entregar o código para a Microsoft. Um engenheiro da Apple posteriormente disse ao *Wall Street Journal* que Gates "insistia que a Apple deveria abrir mão de um produto excepcional. Ele apontou uma arma para nossa cabeça."[50]

Mais tarde, naquele ano, Gates trombou novamente com a Apple. Em outubro, poucas semanas antes do lançamento do Windows 1.01, os advogados da Apple disseram que Gates infringira a propriedade intelectual da empresa. Irritado, ele ligou para o CEO da Apple, John Sculley, querendo descobrir se eles pretendiam processá-lo. Sculley foi vago, mas insistiu que a Apple iria proteger sua tecnologia.

Gates respondeu ameaçando interromper o trabalho nos aplicativos do Microsoft Macintosh caso não desistissem da ação. Na época, o Microsoft Word e o Excel estavam entre os aplicativos mais amplamente usados no Macintosh. Segundo Sculley, Gates lhe disse: "Se estivermos prestes a entrar numa briga, quero saber, porque iremos parar todo o desenvolvimento dos produtos Mac. Espero que encontremos um modo de acertar isso. O Mac é importante para nós e para nossas vendas."[51] A ameaça pode ter sido um blefe — na época, os programas do Macintosh eram um negócio crucial para a Microsoft e Gates queria dominar o mercado —, mas foi suficiente para enrolar Sculley.

Em novembro de 1985, Gates e Sculley chegaram a um acordo que dava à Microsoft uma ampla vantagem em empregar elementos visuais semelhantes ao Mac em seus produtos. (O alcance e a duração do acordo se tornaram temas de um debate considerável que acabou levando as duas companhias aos tribunais.) Em troca, Gates concordou em continuar desenvolvendo aplicativos Microsoft para o Mac e atrasou o lançamento do Excel para PC por um ano, dando tempo para a versão Macintosh abrir caminho no mercado de negócios. Muitos observadores acreditaram que Gates passou a perna em Sculley: a Apple deu à Microsoft carta branca para pegar emprestado o "jeito" do seu produto e ganhou muito pouco em retorno. No entanto, já era de grande interesse para a Microsoft continuar vendendo o Word e o Excel, e a versão Excel para PC ainda precisaria de dois anos para ficar pronta.[52] Jogando *hardball*, Gates extraíra uma valiosa concessão da Apple em troca de fazer coisas que a Microsoft já faria de qualquer maneira.

No verão de 1997, Gates usou a mesma ameaça contra a Apple. Então, no auge da guerra dos browsers com a

Netscape, ele estava forçando a Apple a adotar o Internet Explorer como navegador-padrão do Mac. Com as negociações emperradas entre a Microsoft e o CEO da Apple na época, Gil Amelio, Gates disse à sua equipe que telefonara para ele em julho para perguntar: "Como devemos anunciar o cancelamento do Mac Office?"[53] Sem o pacote Office, o futuro da Apple estava em perigo. Mesmo os defensores mais ferrenhos da empresa usavam aplicativos Microsoft no Macintosh. Sem um editor de texto ou planilha que pudessem comunicar com os outros 98% dos computadores mundiais, o futuro da Apple seria sombrio. Sem dúvida, era a ameaça que estava na mente de Jobs quando negociou uma trégua com a Microsoft naquele mês de agosto.

Gates foi igualmente implacável nas negociações com outros CEOs, como Steve Case, da AOL. Em uma das suas primeiras conversas em 1993, quando a Microsoft pensava em entrar no negócio dos serviços on-line, dizem que Gates falou: "Posso comprar 20% de você ou comprar você inteiro ou entrar eu mesmo nesse negócio e enterrar você."[54] Três anos depois, Gates não hesitou em usar seus consideráveis recursos para levar a AOL aos tribunais. Numa licitação para fazer a AOL adotar o Internet Explorer e expulsar o Netscape, contam que Gates perguntou a Case: "Quanto nós precisaremos pagar a você para ferrar o Netscape? ('Esse é seu dia de sorte.')"[55]

Não se pode dizer que Gates era único nesse aspecto. Steve Jobs se mostrava igualmente implacável quando estava por cima. Sob a direção dele, nas palavras de um antigo observador, a Apple "atropelava seus parceiros e competidores".[56] A partir do momento em que ele voltou à empresa em 1997, Jobs começou a "bancar o durão". Segundo Jon Rubinstein, nas negociações, "Steve jamais deixava um tostão na mesa... Nunca era uma situação em que todos ganhavam, não com ele".[57]

As negociações entre a Apple e os editores de livro às vésperas do lançamento da iBookstore, em 2010, mostrou o talento de Jobs jogando *hardball*. Na época, a Amazon tinha cerca de 90% do mercado de e-books. Ela, de hábito, pagava aos editores um preço de atacado de US$12,50 ou US$13 (aproximadamente o mesmo preço de atacado de um livro de capa dura), para novos lançamentos e best-sellers, depois fazia uma reviravolta, vendendo-os a US$9,99. A Amazon admitia uma perda significativa para garantir o domínio do mercado de e-books e ativar as vendas do Kindle. Os editores odiavam o preço cobrado pela Amazon, temendo que ele estivesse "destruindo o valor percebido pelos clientes", nas palavras de Arnaud Nourry, CEO da Hachette Livre, uma gigante do mundo editorial. No entanto, se quisessem vender e-books, tinham de aceitar os termos da Amazon.

O iBookstore da Apple, que vendia livros para o iPad, deu aos editores, pela primeira vez, uma alternativa viável, mas logo descobriram que Jobs era um negociador tão rígido quanto o da Amazon, Jeff Bezos. Jobs estava disposto a deixar os editores colocarem preços mais altos do que os da Amazon nos e-books. No entanto, ele exigia 30% de cada venda, mais o direito de igualar o menor preço oferecido por qualquer outro distribuidor. Em outras palavras, a Apple estava oferecendo aos editores até menos do que a Amazon por cada e-book. E-mails internos revelam que as editoras odiavam os termos propostos pela Apple. Charlie Redmayne, diretor de livros digitais da HarperCollins, escreveu: "Os termos que eles estão oferecendo resultariam em prejuízo para nosso negócio." E acrescentou: "É vital recuarmos para obtermos um acordo que nos dê um negócio sustentável. Este é nosso momento para negociar — não há vantagem em ceder agora."[58]

James Murdoch, um executivo da News Corporation, matriz da HarperCollins, escreveu a Jobs para reiterar que a editora não poderia aceitar os termos da Apple. Mas Jobs não estava interessado em negociar e reagiu às solicitações de Murdoch, lembrando-o da força da influência da Apple no mercado e como a HarperCollins precisava dele. Afirmou também que a Apple venderia muito mais iPads nas primeiras semanas depois do seu lançamento do que todos os produtos já vendidos pela Amazon. No seu e-mail final, Jobs colocou uma arma virtual na cabeça de Murdoch, escrevendo:

> No meu modo de ver, [a HarperCollins] tem as seguintes escolhas:
>
> 1. Juntar-se à Apple e então descobrirmos se podemos fazer esse negócio funcionar para criar uma real continuidade no mercado de e-books a US$12,99 e US$14,99.
> 2. Continuar com a Amazon a US$9,99. Vocês ganharão um pouco mais de dinheiro a curto prazo, mas a médio prazo a Amazon passará a pagar 70% de US$9,99. Ela também tem acionistas.
> 3. Segurar os livros que vendem para a Amazon. Sem um modo dos clientes comprarem seus e-books, eles irão roubá-los. Será o início da pirataria, e quando começar não haverá modo de parar com ela. Acredite, já vi isso acontecer com meus próprios olhos.
>
> Pode ser que eu esteja esquecendo de alguma coisa. Mas não vejo outras alternativas. Vocês veem?[59]

Alguns dias depois, a HarperCollins concordou com os termos. Como Brian Murray, CEO da HarperCollins Publishers, contou a Murdoch depois de o acordo ser assinado: "A política econômica para editor e autor é terrível quando comparada à política econômica para livros de capa dura ou para o Kindle da Amazon. Todos os valores ficam com a Apple e o consumidor. No entanto, o valor estratégico de uma livraria da Apple é muito alto."[60] Em um memorando para os outros executivos da editora, Murray admitiu: "Lutamos contra a precificação e a comissão até o final, mas perdemos amargamente."[61]

Perder também era uma experiência comum para negociadores que enfrentavam Andy Grove. Apesar de mostrar mais respeito pelas leis antitruste do que Gates e Jobs, ele se viu diante de muitas oportunidades de usar o peso da Intel. Por exemplo, quando a empresa criava um novo chip, a capacidade de produção era sempre limitada, o que dava a Grove a possibilidade de racionar fornecimentos quando achasse necessário. Os clientes da Intel — empresas como Compaq, Dell e Hewlett-Packard — tinham de fazer fila para conseguir seus chips. Quando irritavam Grove, ele às vezes os colocava na sua "caixa de castigo" pessoal. Se caíssem lá, esses clientes poderiam sofrer atrasos no recebimento das peças de reposição até que voltassem à fila.

O lado punitivo de Grove também esteve bem claro na disputa da Intel com a DEC, em 1997. Ela era consumidora, vendendo PCs com base da Intel, mas a companhia também estava tentando promover seu próprio microprocessador Alpha. Quando a DEC apresentou uma ação judicial afirmando que o chip Pentium da Intel infringia as patentes da Digital, em busca de uma injunção e de bilhões de dólares em danos, Grove tentou falar com o CEO da DEC, Robert Palmer, que se recusou a atender a ligação. O chefe do departamento jurídico tampouco quis falar. Então Grove ligou para David Yoffie, imaginando que, já que ele morava a uns 30 quilômetros da sede da DEC, em Massachusetts, talvez conhecesse alguém do conselho diretor da companhia. Acontece que David realmente conhecia uma pessoa — Kate Feldstein, uma economista casada com o professor de Harvard, Martin Feldstein. Depois de alguma relutância, dois diretores de cada companhia se encontraram para um jantar. Antes da reunião, Yoffie perguntou a Grove o que faria em resposta ao processo. Ele respondeu que a Intel pediria a devolução das informações técnicas, confidenciais e essenciais para projetar e construir computadores em torno da sua futura tecnologia de microprocessadores.

Os membros do conselho diretor da DEC ficaram chocados ao saberem que Grove tomaria tal medida e, nas semanas seguintes, recusaram-se a obedecer. A Intel recorreu e deixou implícito que interromperia o fornecimento de chips Pentium assim que o contrato de compra existente chegasse ao final, em dois meses. Nos bastidores, contudo, o jantar entre os diretores servira para abrir um diálogo, que o COO de Intel, Craig Barrett, rapidamente assumiu. Em alguns meses, Barrett negociou um acordo que fez a DEC desistir da ação judicial e abriu caminho para a Intel comprar a planta de fabricação de semicondutores da DEC, em Massachusetts além de algumas linhas de produto de semicondutores.[62] A reação firme de Grove tinha dado resultados.

A mão pesada de Grove, porém, atraiu o escrutínio do governo. Em junho de 1998, a Comissão Federal do Comércio dos Estados Unidos entrou com um processo contra a Intel por violações antitruste, alegando que a companhia tinha abusado da sua posição ao ameaçar reter informações essenciais para os clientes. Quando o caso foi encerrado, em 1999, a comissão proibiu a Intel de "impedir, alterar, suspender, reter ou se recusar a fornecer acesso" a sua propriedade intelectual por qualquer cliente. No entanto, o órgão só poderia impor essa proibição caso "o cliente concordasse em deixar por escrito que não procuraria uma injunção" e não "procurasse compensação, danos ou quaisquer outras medidas legais equivalentes".[63] Com efeito, a Comissão Federal do Comércio proibiu a Intel de usar a abordagem de Grove — a não ser que um cliente fizesse a mesma coisa que a DEC. Em outras palavras, a Comissão deixou claro que não havia gostado, mas que, quando atacado, Grove estava dentro do seu direito de usar medidas extremas para resolver o problema.

Respeite as regras

Esse caso nos lembra que uma advertência crítica se aplica ao jogo de *hardball* — não parta da hipótese de que vale tudo. Leis e regulamentos, especialmente na área da política antitruste, definem os limites do que é legítimo. Quando uma empresa se torna dominante, os executivos seniores devem presumir que ela será examinada constantemente sob um microscópio e, portanto, agir de acordo. Nessa área, dois dos nossos três CEOs falharam.

Andy Grove era tão paranoico sobre regulamentos antitruste quanto era com a concorrência.[64] Mas o mesmo não se aplicava a Gates e Jobs. Na maior parte de sua carreira como CEO, Gates mostrou pouco medo das autoridades antitruste. Apesar de a Microsoft ter assinado um acordo com o Departamento de Justiça dos Estados Unidos (DOJ), em 1994, os executivos da companhia não acreditavam que ele colocava limites significativos na sua liberdade de ação, argumentando que "os objetivos desse acordo eram limitados", segundo o DOJ.[65] Quando entrevistamos Steve Ballmer em 1998, ano em que se tornou presidente da Microsoft, alertamos a ele que considerasse um treinamento antitruste, mas ele se esquivou, dizendo que isso tiraria a vantagem da força de vendas.[66] Os administradores experientes, inclusive Gates, não davam valor para a política antitruste até que fosse quase tarde demais: quando o DOJ foi novamente atrás da Microsoft, em 1998, ele quase quebrou a companhia.

Jobs pode ter sido ainda pior do que Gates. Ele chegava a abusar da autoridade a ponto de ser irresponsável quando se tratava de perturbar concorrentes, clientes e até mesmo funcionários. Vender era tudo; as leis antitruste que fossem para o inferno. A princípio, essas bravatas pareceram dar resultados, mas eventualmente acabaram saindo pela culatra. Em 2010, o Departamento de Justiça processou a Apple e cinco outras companhias de alta tecnologia por conspirarem para impedir que os empregados saíssem das empresas. Uma ação dos sindicatos dirigida às mesmas companhias foi apresentada no ano seguinte. Acontece que Jobs havia ameaçado os executivos da Palm com processos sobre patentes caso não parassem de recrutar empregados da Apple. Segundo um e-mail de Sergey Brin, do Google, Jobs ligou para ele, gritando: "Se você contratar qualquer uma dessas pessoas, vai ter guerra."[67] O caso do DOJ foi encerrado em 2012. A Apple também perdeu uma ação judicial ainda mais importante e, apresentada pelo DOJ, que acusava a empresa de entrar em conluio com cinco importantes editoras — Hachette, HarperCollins, Macmillan, Penguin e Simon & Schuster — para elevar os preços dos e-books. Jobs, que faleceu em outubro de 2011, já não estava presente quando os tribunais deliberaram sobre as decisões, mas elas certamente não foram o legado que ele gostaria de ter deixado.

LIÇÕES DOS MESTRES

Os mestres estrategistas entendem que as decisões táticas do dia a dia são tão importantes quanto os grandes movimentos competitivos. A estratégia cria o campo de jogo; as táticas definem como você joga — e, no final das contas, se você vence ou sobrevive para jogar mais um outro dia. Se em 1995 Bill Gates não tivesse calculado como abraçar e ampliar a internet, a Microsoft poderia ter perdido a guerra dos browsers e ver sua principal franquia enfraquecer à medida que o uso da internet aumentasse exponencialmente. Se Andy Grove não tivesse investido com energia em engenharia e fabricação no início dos anos 1990 para tapar os buracos em sua linha de microprocessadores, a Intel jamais teria retido 80% do mercado mundial, o que foi decisivo para suas receitas e lucros em curto e longo prazo. E se Steve Jobs não tivesse compreendido a importância de parecer inofensivo quando abordou os executivos de música em 2003 sobre vender pelo iTunes, a loja on-line, o iPod e a sorte da Apple talvez nunca tivessem decolado. Além disso, se Jobs não tivesse feito as pazes com Bill Gates em 1997, sua empresa poderia ter morrido ali mesmo.

Saber quando ficar fora do radar, quando trabalhar com seus rivais, quando abraçar e aumentar as forças dos concorrentes e quando usar seu peso e influência são características que podem fazer a diferença entre o sucesso e o fracasso. Poucos CEOs têm algumas dessas habilidades, mas não todas. Outros se apoiam em um subconjunto do seu repertório em diferentes momentos — usando táticas de judô quando suas companhias são relativamente pequenas e passando para as táticas de sumô quando crescem em tamanho e posição no mercado. Gates, Grove e Jobs eram incomuns em sua disposição e habilidade de empregar todas as quatro abordagens ao longo de seus mandatos, dependendo do desafio em pauta.

Combinar as táticas de judô e sumô não é fácil porque elas refletem diferentes qualidades mentais. As táticas de judô exigem flexibilidade mental, capacidade de assumir compromissos e a disciplina necessária para colocar de lado o orgulho corporativo e seguir a liderança de um concorrente. As táticas de sumô, por sua vez, demandam dureza de caráter acima de tudo. É apenas um pequeno exagero dizer que os praticantes de sumô medem seu sucesso pelo medo que inspiram. Segundo a observação feita por Andy Grove numa apresentação da SLRP, em 1990: "Influência — todos têm medo de nós — precisamos ter muita."[68]

Criar, gerenciar e exercer influência foram tarefas centrais para Gates, Grove e Jobs. As escolhas táticas que fizeram foram fundamentais para seu sucesso. Porém, sua capacidade de liderar organizações capazes de operar a partir dessas escolhas foi igualmente essencial. No capítulo seguinte, examinaremos como os três CEOs usaram suas bases de conhecimento e habilidades para moldar companhias que ficariam conhecidas por seu desempenho excepcional.

5. Molde a organização em torno da sua âncora pessoal

A estratégia sem execução é tão inútil quanto a execução sem estratégia. Conseguir as duas é uma tarefa desafiadora, mas Bill Gates, Andy Grove e Steve Jobs a cumpriram de forma impressionante. Todos eles tinham fraquezas como líderes e todos se beneficiaram grandemente com a ajuda e apoio das suas equipes e outros funcionários. Mesmo assim, não podemos negar a força com que construíram seu legado na Microsoft, Intel e Apple. Esse sucesso nos leva a perguntar: o que esses três CEOs fizeram para impulsionar tamanha eficácia e desempenho dentro de suas organizações? Por que conseguiram resultados muito mais poderosos do que os rivais e sucessores, apesar de seus conhecidos defeitos?

A resposta pode ser surpreendente: nenhum dos três tinha o perfil de administrador geral careta que as principais escolas de administração (inclusive as nossas) tentam produzir. Gates, Grove e Jobs não tinham treinamento formal e isso muitas vezes ficava evidente. Todos exibiam comportamentos que os especialistas em liderança chamariam de "imperfeitos" e às vezes até de seriamente contraproducentes.[1] Embora dispostos a serem acusados de errar, cada um deles se achava a pessoa mais esperta do mundo. Eles podiam ser grosseiros e até mesmo injustos com seus subordinados, mas formaram culturas que incentivavam o pensamento independente, além de promover ferozes debates e às vezes confrontos pessoais.

No entanto, eles também tinham forças singulares que afetaram profundamente as empresas que lideraram. Gates trouxe à Microsoft um enorme conhecimento do software como uma tecnologia e um negócio; Grove trouxe à Intel o intenso compromisso de instaurar uma disciplina "no estilo engenharia" em administração e operações; e Jobs trouxe à Apple o senso singular de design, com uma compreensão intuitiva de como tornar acessível uma tecnologia complexa a uma pessoa comum, sem conhecimentos técnicos. Essas forças proporcionavam a cada CEO uma "âncora pessoal" que fundamentava suas contribuições para a companhia e moldavam o modo como ela evoluía. Essas âncoras impulsionaram seu foco como líderes e guiaram o pensamento estratégico, mas também os ajudaram a tomar decisões, que variavam de quem deveriam recrutar até como delegar autoridade. Os valores e prioridades que encarnavam alcançaram níveis muito altos nas rotinas das organizações e competências que continuam ativas ainda hoje na Microsoft, na Intel e na Apple.

Essa forte identificação com as forças de um CEO — ou, em termos mais gerais, com um fundador visionário ou líder transformacional — também pode ter um lado ruim. Em particular, o excesso de dependência de uma única pessoa pode prejudicar a capacidade de uma organização de agir e se adaptar às mudanças. Tal como a âncora de um navio, a âncora pessoal do CEO previne o movimento à deriva e limita o movimento em novas direções — quer isso signifique novos mercados e novas tecnologias, ou novas estratégias e modelos de mercado. A Microsoft, a Intel e a Apple tiveram de enfrentar esse dilema em vários graus. Na maioria deles, Gates, Grove e Jobs foram relativamente bons em identificar suas próprias fraquezas enquanto estavam na ativa, e em encontrarem sócios e colegas para compensar essas falhas.

Muitos CEOs tentam fazer um excesso de tarefas sozinhos. Gates, Grove e Jobs cometeram esse erro no início de suas carreiras. Contudo, ao longo do tempo, eles aprenderam a se concentrar em poucas áreas essenciais e formaram equipes de altíssimo nível para administrar partes importantes de seus negócios. Eles prestavam uma atenção extraordinária aos detalhes técnicos de produtos e operações fundamentais, mas delegavam responsabilidade em outras áreas com as quais tinham menor familiaridade. Juntavam-se aos funcionários nas trincheiras nos setores aos quais acreditavam que poderiam agregar mais valor, mas sempre se mantiveram focados no quadro maior — suas metas estratégicas de alto nível ou ambição sobre produtos. Para manter os melhores cérebros de suas companhias focados nos maiores problemas, eles examinavam a fundo suas empresas para descobrir os indivíduos altamente capacitados, independente de cargo ou tempo de casa. Em outras palavras, eles não "seguiam o dinheiro" apenas. Seguiam o conhecimento. E também procuravam ter certeza de que as pessoas combinavam com as ideias, como Bill Gates explicou:

> ...as regras para administrar um negócio forte e agregar valor não mudaram. Só para começar, existe um fator humano essencial em todos os empreendi-

mentos. Não importa se você tem um produto, plano de produção e mensagem de propaganda perfeitos. Você ainda precisa das pessoas certas para liderar e implementar esses planos. Essa é uma lição que se aprende bem depressa nos negócios...[2]

Gates, Grove e Jobs se apoiaram em suas âncoras pessoais de maneira similar enquanto enfrentavam os desafios de executar estratégias e construir suas organizações. Todos os três eram imperfeitos, mas também eram líderes eficientes, e demonstraram o valor de seguir quatro princípios — em diferentes graus e com abordagens variadas.

REGRA 5: MOLDE A ORGANIZAÇÃO EM TORNO DA SUA ÂNCORA PESSOAL

1. Conheça a si mesmo — as verrugas e todo o resto.
2. Preste uma atenção extraordinária aos detalhes — seletivamente.
3. Nunca perca de vista o quadro maior.
4. Dê poder a pessoas com "o conhecimento".

Ser demitido da Apple foi a melhor coisa que poderia ter me acontecido. O peso de querer ser bem-sucedido foi substituído pela leveza de ser novamente um principiante, com menos certeza sobre tudo. Fui libertado para entrar em um dos períodos mais criativos da minha vida.[3]

— Steve Jobs, Universidade de Stanford Commencement Address [2005]

CONHEÇA A SI MESMO — AS VERRUGAS E TODO O RESTO

Para transformar ideias e valores em ação, os CEOs e empresários precisam de paixão, autoconfiança e foco. Eles também precisam de uma sólida base de conhecimento e competência da qual possam extrair material para moldar o negócio e a organização e reunir uma equipe de administração. Juntas, essas qualidades formam uma âncora pessoal que define o valor peculiar que qualquer líder traz a uma organização.

O primeiro passo para identificar uma âncora pessoal é "Conheça a si mesmo", como aconselhavam os gregos antigos. Esse processo exige uma franca avaliação de suas forças e também de suas fraquezas.[4] Gates, Grove e Jobs não possuíam esse alto nível de consciência de si próprios quando se tornaram CEOs pela primeira vez. Eles o formaram ao longo do tempo, através de dolorosas tentativas e erros. Porém, assim que entenderam o que podiam fazer e em que pontos precisavam depender de outros, eles se tornaram cada vez mais eficazes como líderes de companhias.

Uma paixão pela tecnologia

Para Bill Gates, sua âncora pessoal foi um raro conhecimento sobre como programar os primeiros computadores pessoais, combinado com uma crença apaixonada de que o *software* — não o hardware — transformaria o mundo. Ele também acreditava que a tecnologia fornecia o fundamento de um modelo de negócios pioneiro e potencialmente lucrativo: vender *produtos de software*.[5] No final dos anos 1960, quando Gates descobriu os computadores enquanto estava no ensino médio, a maioria das companhias da indústria fazia dinheiro vendendo sistemas de hardware ou serviços de software — desenvolvendo programas a partir do zero para solucionar os problemas de cada consumidor, um por um. Gates, contudo, logo percebeu que podia escrever um software uma vez e em seguida vendê-lo muitas vezes como um produto, a um custo muito pequeno ou sem custo adicional. Poucas companhias estavam criando softwares para computadores mainframe, mas ninguém tinha tentado desenvolvê-los para o mercado de massa.[6]

A Microsoft surgiu em 1975 como a primeira empresa vendedora de produtos de software para computadores pessoais. Gates acreditava, com toda a razão, que um dia haveria um mercado de massa para computadores pessoais que impulsionaria a demanda de software para os consumidores. No início, a natureza de nicho do mercado e os próprios interesses de Gates levaram a Microsoft a focar na criação de ferramentas (principalmente linguagens de programação) que ajudavam outros desenvolvedores a escreverem seus próprios softwares. Como Gates contou a Michael Cusumano e Richard Selby, em 1993, ele acreditava que seu foco deu à Microsoft uma vantagem essencial quando ela entrou no mercado: "Por que podíamos produzir softwares para o Macintosh e ninguém mais podia? Produzimos nossas próprias ferramentas... Para começar, por que a companhia existe? Produziremos nossas próprias ferramentas. Não havia ferramentas tão boas como as nossas. Foi uma vantagem incrível contra a concorrência."[7] Esse foco técnico — uma parte essencial da âncora pessoal de Gates — se tornaria tanto uma força organizacional como uma limitação para a Microsoft. Essa orientação inclinada para a tecnologia em vez de ver o lado do cliente explica por que a Microsoft muitas vezes foi vagarosa e desajeitada quando tentou ir longe demais de seu foco técnico original. Gates pode não ter antecipado plenamente que sua tendência para a técnica criaria limitações para a Microsoft no futuro, mas ele foi relativamente rápido ao entender que suas limitações pessoais restringiam o potencial de crescimento da empresa. Foi por esse motivo que em 1980 ele pediu a um colega de faculdade, Steve Ballmer, anteriormente funcionário da Procter & Gamble, para largar a Stanford Business School e ajudá-lo com as dificuldades em marketing e vendas de sua companhia. Ao longo dos anos seguintes, Gates foi contratando executivos experientes, como Jon Shirley, da Radio Shack, e Mike Maple, da IBM, para cuidar das operações cotidianas à medida que o negócio crescia. Além disso, ele recrutou talentosos engenheiros de software e gerentes de produtos vindos da Apple, Xerox PARC e outras companhias quando a Microsoft começou a avançar para o mercado consumidor no início dos anos 1980, fornecendo aplicativos para o Macintosh e também para os PCs DOS. Essa equipe de altíssimo nível compensou as deficiências de Gates na administração diária e ajudou-o a transformar a Microsoft em uma empresa de ampla base com produtos de software para seus consumidores.

Uma paixão por disciplina

A âncora pessoal de Andy Grove não se baseou em uma habilidade específica, como codificação de software. Em vez disso, sua maior qualidade foi a disciplina "no estilo engenharia" de um cientista altamente qualificado que se sentia à vontade tanto numa universidade quanto numa companhia da Fortune 500. Segundo Les Vadasz, um dos mais antigos amigos de Grove e seu gerente de confiança, "disciplina... em tudo o que faz, seja pensando na estratégia, pensando nos menores detalhes ou em algo operacional" estava no coração da abordagem de Grove enquanto líder da Intel.[8]

Mencionamos anteriormente que Grove começou sua carreira como engenheiro químico, formando-se na City College de Nova York e obtendo seu Ph.D. em Berkeley. Quando era estudante, Grove foi treinado para perseguir a "verdade" — ou, pelo menos, se aproximar da melhor resposta possível — em qualquer tarefa em que se empenhava. Ele admitiu para nós que jamais tivera o "impulso empreendedor" que Gates e Jobs demonstravam, motivo pelo qual nunca quis criar uma companhia.[9] Todavia, Grove não tinha medo de riscos, como demonstrou ao se aventurar sozinho da Hungria para os Estados Unidos aos 20 anos e deixar a Fairchild Semiconductor junto com Robert Noyce e Gordon Moore, em 1968, para se tornar o primeiro empregado da Intel.

Na Intel, Grove logo se viu diante da tarefa de como administrar uma complexa companhia fabricante na nova, porém imensamente importante indústria de semicondutores. Ninguém ainda conseguira de fato dominar a produção em massa de semicondutores. De fato, Grove havia se juntado à Intel acreditando que a Fairchild jamais atingira seu potencial porque não era uma "organização disciplinada".[10] Por isso, ele fez desse pensamento uma missão, certificando-se de que isso não aconteceria na Intel.

Grove partiu para criar processos sistemáticos para as atividades de engenharia e fabricação, frequentemente muito confusas, na fronteira da tecnologia. Nesse processo, como Vadasz recordou, ele prestava muita atenção para criar uma cultura forte na Intel em torno das ações e dos pensamentos disciplinados, exatamente porque sabia que uma organização complexa seria difícil de controlar. Segundo Vadasz, Grove dizia com frequência: "Não se pode escrever tudo sobre sistemas e procedimentos. É preciso depender de pessoas." Vadasz acrescentou: "Esse é um dos maiores legados e provavelmente o mais valioso. No final do dia, grandes organizações são bem-sucedidas ou fracassam devido à sua cultura. Ninguém consegue acompanhar tudo."[11]

Apesar de Grove reconhecer a necessidade de se apoiar em outras pessoas para gerenciar todas as áreas que influenciavam uma empresa como a Intel, ele teve de trabalhar duro para preencher suas falhas pessoais em conhecimento. Ele dependia dos experts internos para ensiná-lo sobre os avanços na tecnologia de semicondutores. Além disso, tornou-se um estudante dedicado dos novos domínios essenciais para impulsionar o desempenho da companhia, como a tecnologia RISC e a internet, e nunca parou de estudar. Ele também tentou clarear sua mente escrevendo o que pensava, especialmente em livros. Em 1967, para aprimorar seu conhecimento sobre tecnologia dos semicondutores, ele publicou um livro didático, *Physics and Technology of Semiconductors*, que atualmente é considerado um clássico no ramo. À medida que suas responsabilidades gerenciais aumentavam, Grove começou a ler avidamente sobre administração de empresas e, em 1983, publicou *Administração de alta produtividade*, um segundo livro que fornece uma rara visão sobre a mente de Grove enquanto ele agarrava o desafio de ser presidente da Intel.

Essa última publicação argumenta que uma organização só pode funcionar em um nível ótimo se os gerentes extraírem o máximo de seus empregados.[12] Por isso, Grove devotava uma atenção crescente à avaliação e motivação pessoais, mas ao mesmo tempo dava aos seus funcionários poder para contribuir com ideias e feedback. Ele também pensava cuidadosamente sobre como utilizar seu tempo e melhorar sua influência na indústria, e enfatizava a importância de definir prioridades bem claras. "Temos de nos conscientizar — e agir sobre essa conscientização — de que, se tentarmos focar nossa atenção em tudo, nós não nos focamos em nada. Alguns objetivos muito bem-escolhidos transmitem uma mensagem nítida sobre para o que dizemos 'sim' e sobre para o que dizemos 'não'."[13] Essa forma de disciplina se tornou central para seu estilo de administração.

Uma paixão pelo design

A âncora pessoal de Steve Jobs foi o gosto impecável pelo design dos produtos combinado com uma visão de sua tecnologia, simples e elegante, ao alcance do consumidor médio. Com a ajuda do cofundador Steve Wozniak e outros engenheiros e gerentes da Apple, ele traduziu seu senso estético em designs radicais para novos produtos e interfaces gráficas, inicialmente para computadores pessoais e depois para outros produtos e serviços, como o iPod, iPhone e iPad, além do iTunes, App Store e iCloud. De várias maneiras, Jobs era alguém que poderia ser um artista e por acaso se tornou um empresário da tecnologia.[14]

A formação de Jobs moldou fortemente seu modo de abordar a tecnologia e os negócios. Ele teve pouco de ensino técnico na escola e na faculdade, por isso queria construir produtos que fossem fáceis o bastante para a maioria das pessoas poderem usar. Contudo, Jobs cresceu no Vale do Silício, cercado por artesãos e engenheiros de alto nível. Seu pai, em particular, amava lidar com carros e carpintaria, e muitos vizinhos trabalhavam em respeitadas empresas de engenharia, como a Hewlett-Packard.[15] Desde bem jovem, Jobs começou a pensar sobre o que a tecnologia poderia fazer para as pessoas, se ela fosse mais acessível. Essa ênfase em acessibilidade o levou a criar a Apple e fazer dela uma companhia única que estabeleceria novos padrões para simplicidade, facilidade de uso e elegância no design em toda a indústria. Jobs também exerceu um enorme impacto em seu arquirrival, Bill Gates, cuja agenda de Pesquisa e Desenvolvimento na Microsoft teve, por muitos anos, o intuito de copiar "o jeitão" do sistema operacional do Macintosh.

No que se tratava do design dos produtos da Apple, Jobs tentava controlar cada detalhe. No começo da empresa, ele até insistia em dar palpites sobre o aspecto das placas de circuito dentro do computador. No entanto, Jobs não tinha muito interesse ou conhecimento em muitos dos assuntos que envolviam a administração de uma companhia, como operações e finanças. Inicialmente presunçoso, ele acabou por perceber a importância de se cercar com especialistas nessas áreas. Isso foi ainda mais verdadeiro depois que voltou à Apple, em 1997: uma equipe executiva de alto nível salvou Jobs mais de uma vez quando seus instintos o estavam levando a cometer erros. Por exemplo, o iPod poderia ter encalhado no mercado se o CFO, Fred Anderson, não o tivesse impedido de comprar a Universal Music, no início dos anos 2000, ou se sua equipe não o tivesse enfrentado para tornar o iPod compatível com o Windows, em 2003. No entanto, Jobs nunca deixou seus "peritos" agirem totalmente livres. Tendo sido demitido da Apple em 1985, ele sempre permanecia de guarda. Com frequência, jogava um gerente contra outro e compartimentalizava as informações em "silos" funcionais para poder manter o controle. Ron Johnson, antigo chefe de varejo da empresa, observou que Jobs, depois de voltar à Apple, jamais se permitiu ficar vulnerável à demissão: "Steve está sempre querendo ajuda, mas não quer perder o controle."[16]

EXECUÇÃO É DEUS![17]

— Andy Grove [1996]

PRESTE UMA ATENÇÃO EXTRAORDINÁRIA AOS DETALHES — SELETIVAMENTE

A âncora pessoal de um líder fornece foco e direção não somente para a estratégia da organização, mas também para a sua evolução. Por exemplo, ela determina em que os CEOs devem concentrar sua atenção e como escolhem liderar. Um líder sem um claro senso de direção pode facilmente se tornar obsessivo com detalhes que sejam irrelevantes para o consumidor ou para os negócios. Gates, Grove e Jobs geralmente evitavam essas armadilhas. Eles aprenderam a confiar em seus instintos, de modo a acabar com a confusão de informações e identificar o que realmente importava para os negócios. Eles prestavam uma atenção extraordinária aos detalhes — mas de maneira seletiva — e, nesse processo, instauraram a mesma disciplina em suas organizações.

Identifique alguns pontos essenciais de influência

Uma técnica que Gates, Grove e Jobs utilizaram para vasculhar dados conflitantes e operações cada vez mais complexas era identificar e então administrar alguns pontos essenciais de influência. Grove focava em marketing e vendas, mas também — o que é um tanto surpreendente devido à sua formação em engenharia — na cultura corporativa, que enfatizava o pensamento disciplinado. Como nos contou em uma entrevista para este livro, "existem muitas maçanetas para virar. Por isso, virei as que tinham algum significado para mim... Marketing era uma delas, sem dúvida. Vendas, também. Design, não. *Cultura*, sim."[18] No final das contas, para Grove, "marketing refinado e fabricação refinada definiam a Intel"[19] — querendo dizer que a empresa, sob sua liderança, tentava dar peso igual tanto para o marketing quanto para a fabricação.

Gates moldou a organização e a cultura da Microsoft identificando um conjunto diferente de pontos de influência. Como a expertise em software era sua âncora, ele tentou dominar logo de início cada aspecto de cada produto da companhia. Como Gates lembrou: "De início, eu não deixava ninguém escrever um código. Entrei e procurei qualquer coisa que alguém falava sobre o BASIC e reescrevi tudo só porque não gostei do modo como tinha sido codificado."[20] Já em meados dos anos 1990, Gates continuou a surpreender os engenheiros da Microsoft com sua capacidade de programar detalhes. O gerente de teste do Windows 95 descreveu Gates como "um maníaco" e afirmou: "Bill sabe mais sobre o produto do que qualquer um de nós. A gente vai às reuniões e sai suando frio porque, se houver alguma falha, ele a encontra imediatamente e vai até os bits."[21] Essa incansável atenção aos detalhes técnicos durante a década de 1980 e pelo menos até meados da de 1990 manteve os desenvolvedores e executivos constantemente "na linha".

Foi possível para Gates agir dessa maneira porque praticamente durante todo o seu mandato ele tinha a capacidade para entender os produtos da Microsoft desde o nível mais básico — o código e os algoritmos.[22] Apesar de a tecnologia ter superado sua experiência pessoal de programação nos anos 1990, ele ainda sabia quais perguntas deveria fazer e aprendeu novas coisas com facilidade. Mas será que o CEO de uma companhia de software precisa conhecer a fundo os códigos? Sim, quando a empresa é nova e o CEO é a pessoa que melhor entende sobre a tecnologia e o cliente; talvez não à medida que o catálogo de produtos vai se expandindo e a tecnologia, avançando. Gates percebeu isso razoavelmente rápido, mas já no início da década de 1990 ele decidira concentrar sua atenção nos produtos mais importantes da Microsoft. Também passou a usar os relatórios e revisões de projeto para acompanhar o que estava acontecendo em outras áreas da companhia.

Como Gates disse a Cusumano e Selby, em 1993, "os produtos que compreendem 80% das nossas receitas eu procuro conhecer a fundo, muito a fundo".[23] Ele continuou a trabalhar diretamente com essas equipes de produto, ajudando a definir novas versões e características da melhor maneira possível, em especial quando enfrentavam novidades, como networking e a internet. Além disso, Gates mantinha um rígido controle sobre decisões de investimento para o desenvolvimento de novos produtos: "Eu não delegava a ideia geral sobre produtos para desenvolver... Essa é uma decisão que o CEO de uma companhia de software deve manter em suas mãos."[24]

Para produtos menos críticos, em vez de exercer uma supervisão direta, Gates se apoiava nas revisões de programa mais importantes e sessões de planejamento que ocorriam em abril e outubro de cada ano. A Microsoft complementava essas sessões com relatórios quinzenais e depois mensais sobre o status do projeto enviados por e-mail. Gates explicou: "Eu recebo todos os relatórios... Leio todos eles... O que logo percebo é: será que eles estão mudando a data desta vez?... Então é fácil mandar um e-mail dizendo: 'Ora, eu pensei que tivesse pedido uma boa varredura desse negócio, mas não estou vendo nada no relatório de status.'"[25]

Esse sistema de supervisão funcionou bem por vários anos, mas seu sucesso exigia plena atenção, expertise e dedicação de Gates. Depois que ele ficou cada vez mais envolvido pelas batalhas legais da Microsoft com a lei antitruste, no final da década de 1990 e após sua aposentaria como CEO, a execução da companhia começou a falhar. O grupo Windows foi crescendo de maneira cada vez mais desorganizada, levando a fiascos como o lançamento do Windows Vista, que reuniu até 7 mil engenheiros, e só foi oficialmente entregue em 2007.[26] Além disso, a Microsoft avaliou mal as oportunidades de mercado em aparelhos portáteis e serviços on-line criadas pela Apple, com o iPhone e o iPad. Quando a companhia finalmente reagiu lançando o Windows 8 e o tablet Surface, em 2012, os produtos não obtiveram grande êxito no mercado.

Gates permaneceu na Microsoft durante esses anos difíceis como diretor de arquitetura de software até 2006 e como presidente do conselho até 2014. Mas seu papel em influenciar produtos-chave e estabelecer novas direções estratégicas terminou quando Steve Ballmer o substituiu como CEO, em 2000. Gates talvez volte a ter mais influência no futuro. Em 2014, a nova CEO da Microsoft, Satya Nadella, pediu-lhe para desempenhar uma função mais ativa na companhia, servindo como mentor e conselheiro para a estratégia de produtos.[27]

Instile disciplina com atenção aos detalhes

O foco de Steve Jobs em design foi tão intenso quanto o de Gates em software. Como o arquiteto Ludwig Mies van der Rohe, a quem ele admirava, Jobs acreditava que "Deus está nos detalhes", especialmente quando se tratava do design dos produtos da Apple.[28] Ele cuidava profundamente de qualquer coisa que poderia impactar a experiência do consumidor, começando com a aparência de um produto e terminando na embalagem e na propaganda. Nenhum detalhe era pequeno demais porque ele acreditava que os clientes iriam notar, como ele notava. Jobs entendia que era sua responsabilidade especial se certificar de que tudo na Apple refletia seu gosto. Isso é que deu a todos os produtos da Apple, serviços on-line, embalagem e marketing aquele consistente "veja e sinta." Jobs via esse tipo de consistência como o melhor caminho para conquistar o consumidor.

O impacto da extraordinária, porém seletiva, atenção aos detalhes se tornou evidente, pela primeira vez, no Apple II, que foi lançado em 1977, e depois no Macintosh, que o seguiu em 1984. As reações positivas dos consumidores sobre os dois produtos reforçaram a abordagem cuidadosa do design nos anos posteriores. Por exemplo, depois de voltar à Apple em 1997, Jobs logo se envolveu na interface gráfica para o novo sistema operacional, OS X, reunindo-se semanalmente com a equipe de design. Cordell Ratzlaff, o chefe do projeto, lembrou-se de que ele "examinava tudo descendo até o nível dos pixels". Jobs até queria que as barras de rolamento nas telas tivessem um determinado aspecto, forçando a equipe a apresentar diversas versões num processo que levou quase seis meses para terminar.[29]

Durante esse processo, e continuando por toda a década de 2000, o CEO da Apple trabalhou ao lado do seu principal designer, Jonathan (Jony) Ive e sua equipe. Eles conversavam diariamente e muitas vezes almoçavam juntos. Jobs também visitava o estúdio de design com frequência para examinar protótipos e modelos em desenvolvimento. Durante essas interações, ele sugeria mudanças no altamente repetitivo processo de design. Essas conversas informais influenciaram tanto a abordagem da Apple sobre desenvolvimento de produtos quanto as revisões e apresentações formais da empresa. Além disso, as consultas e visitas frequentes de Jobs lhe davam a garantia de que novos designs de produtos nunca se afastariam muito do que ele tinha em mente.[30]

A atenção quase fanática aos detalhes não somente resultou em produtos melhores como também influenciou a cultura e a competência organizacional da Apple. Se Jobs prestava atenção até em decisões aparentemente triviais, então todos na Apple tinham de agir da mesma maneira — e entender o motivo para isso. Como um antigo gerente de produto da companhia contou: "Jobs se envolvia no processo do começo ao fim para garantir que tudo estava de acordo com sua visão. Ele verificava as menores coisas. É assim que se consegue disciplina."[31] Como resultado, segundo um membro de elite da equipe de design industrial, era comum na Apple "uma obsessão por cada detalhe".[32]

Além do design, o marketing era a outra grande paixão de Jobs, e nessa área ele mais uma vez prestava extraordinária atenção aos detalhes. Na campanha do iPod, ele trabalhou diretamente com os executivos de propaganda da Apple em tudo, desde as imagens usadas para os cartazes até as músicas que seriam veiculadas nos anúncios de televisão. Ele fez o mesmo para o iPad em 2010, dando inúmeras sugestões antes que a agência de propaganda da Apple o deixasse estabelecer pessoalmente o tom, o estilo e a voz que acompanhariam a campanha.[33] Jobs também supervisionou o layout das lojas de varejo da Apple, desde o projeto arquitetônico de alto nível até os materiais usados na construção.

Teste a lógica e acompanhe, acompanhe, acompanhe

Enquanto Gates e Jobs eram apaixonados por software e design de produtos, a paixão de Grove era o pensamento disciplinado. Ele se aprofundou em áreas como marketing e vendas, planejamento de capacidade e mapas de caminhos tecnológicos que mostravam como novos produtos Intel iriam empilhar quando comparados à concorrência. Para se manter no topo das atuais operações e tomar as melhores decisões possíveis, Grove queria acesso ao máximo de dados possível. Também se convenceu de que ele mesmo deveria dominar os mais importantes aspectos — e assim exigir o acompanhamento de todos os envolvidos, independente do cargo ocupado — seria o melhor modo de garantir disciplina e execução eficaz.

Na maioria das semanas, às terças, quartas e quintas-feiras, a Intel organizava revisões de negócios, de grupos e de estratégia. Grove fazia perguntas difíceis e elaboradas. As respostas que recebia eram muitas vezes menos importantes do que o processo de pensamento que revelavam. Se percebia um pensamento desleixado, "as portas do inferno se abriam". Mas se acreditasse que seus gerentes estavam em total controle dos projetos, ele lhes daria passe livre. Um dos protegidos de Grove, Pat Gelsinger, deu uma descrição excepcionalmente boa de como seu chefe trabalhava: "Ele desafiava o pensamento, sondava até o fundo e perturbava... Sondava uma estratégia até os mínimos detalhes e forçava as pessoas a realmente justificá-la. Se conseguisse chegar ao final e ela continuasse coerente e sólida, provavelmente seria aceita."[34]

Grove também se tornou famoso dentro da Intel por distribuir "AEs" (Ação Exigida) ao final de cada reunião. Ele esperava que sua equipe fornecesse follow-up e acompanhasse o andamento de cada AE — até daquelas que Grove "distribuía" para seus chefes, os cofundadores da Intel, Bob Noyce e Gordon Moore. Ninguém queria chegar às reuniões despreparado e ninguém queria comparecer às reuniões sem ter completado sua AE. Isso era o que significava uma verdadeira execução.

> A administração sênior precisava se manifestar e tomar algumas decisões mais difíceis... Eu fiquei muito focado em prescrever as orientações estratégicas de cima para baixo.[35]
>
> — Andy Grove [1996]

NUNCA PERCA DE VISTA O QUADRO MAIOR

A inclinação de mergulhar profundamente nos detalhes de produtos e operações que Gates, Grove e Jobs compartilhavam é ainda mais notável porque eles quase nunca tiravam os olhos do quadro maior. Suas metas de alto nível — criar as companhias dominantes de software e semicondutores, ou conquistar os consumidores com produtos de design simplificado e elegante — determinaram quais detalhes eram importantes para eles e quais não eram. Ainda assim, a capacidade de equilibrar o mais importante com atenção aos mínimos detalhes não foi algo que veio natural ou facilmente para eles. Essa foi outra habilidade que aprenderam ou pelo menos melhoraram.

Forneça direção a partir de cima

Foi Grove quem teve de lutar mais para encontrar o equilíbrio correto entre os detalhes e as ideias para o quadro maior, e com o desafio relacionado de equilibrar a direção do topo para baixo contra a autonomia nos níveis mais baixos. Desde o final dos anos 1960 até meados da década de 1980, Grove liderou um processo de planejamento estratégico que pretendia que fosse "resolutamente de baixo para cima". Ele acreditava de fato que gerentes de nível mediano — não executivos seniores como ele — estavam na melhor posição para tomar decisões sobre alocação de recursos. Por isso, os primeiros processos de planejamento da Intel requeriam gerentes de nível médio para prepararem seus próprios planos estratégicos e depois mostrá-los a Grove e aos demais executivos seniores, que então faziam perguntas severas sobre metas, recursos e concorrência, mas sem dar uma orientação superior sobre o que deveria ser seguido pelos gerentes.

O valor dessa abordagem ficou claro na metade da década de 1980, quando os gerentes de nível médio chefiaram uma mudança histórica no negócio da Intel. Até então, a meta da companhia tinha sido simples: "produzir memórias de semicondutores maiores e melhores à frente da concorrência", nas palavras de Grove.[36] Porém, nessa época, a indústria tinha mudado e os microprocessadores, e não memórias, estavam captando a maior parte do valor. Os gerentes de nível médio "nas trincheiras" perceberam essa mudança antes de Grove e dos outros executivos porque estavam "seguindo o dinheiro", por assim dizer. Os fabricantes de PC de repente queriam pagar muito mais por microprocessadores comparados aos produtos de memória. Em resposta, os planejadores de produção e especialistas em finanças da Intel pouco a pouco foram realocando capacidade de produção do negócio de memória que estava perdendo dinheiro para os microprocessadores mais lucrativos. "Fazendo apenas seu trabalho cotidiano, esses gerentes de nível médio estavam ajustando a postura estratégica da Intel", como mais tarde Grove observou.[37] Quando ele e Moore decidiram sair do negócio de memória formalmente, apenas uma das oito fábricas de silício estava produzindo chips de memória. As decisões dos gerentes de nível médio tornaram a passagem estratégica da Intel para os microprocessadores muito menos drástica e dolorosa do que poderia ter sido.

Esse episódio também deixou claro para Grove que o planejamento de baixo para cima era inadequado para ajudar a Intel a mudar tão rápido ou mais rápido do que a indústria. A empresa precisava da liderança sênior — "os generais posicionados no alto da colina" — para utilizar sua visão privilegiada e remodelar a companhia. Enquanto os gerentes de nível médio podiam trocar recursos entre as linhas de negócio existentes, somente os principais executivos tinham a autoridade para fechar velhas fábricas, fundar novas e canalizar parcelas maiores de pesquisa e desenvolvimento ou recursos de marketing em novas direções. Como lembrou Grove:

> A administração sênior precisava se manifestar e tomar algumas decisões difíceis... Também percebemos que teria de haver um modo melhor de formular a estratégia. Precisávamos de uma interação equilibrada

entre os gerentes de nível médio, com seu profundo conhecimento, mas foco estreito, e a gerência sênior, cuja maior perspectiva poderia estabelecer um contexto.[38]

A solução de Grove, depois de se tornar CEO, em 1987, foi criar o processo da SLRP (Planejamento Estratégico de Longo Prazo) que discutimos no capítulo 1. A partir desse ponto, uma ou duas vezes por ano, ele e um assistente técnico passavam semanas, e às vezes mais de um mês, estudando e depois preparando apresentações, algumas inclusive com duzentos slides. Eles promoviam consideráveis debates e pesquisas para criar essas apresentações, que forneciam um mapa para toda a equipe administrativa. Depois, em reuniões de gerenciamento mais amplas, em vez de ouvir primeiro os gerentes de nível médio, Grove começava com sua avaliação do ambiente, seguida por sua declaração sobre a estratégia da companhia e por quatro ou cinco mandatos estratégicos de alto nível, que esperava serem adotados por todos após a discussão. Os gerentes da Intel em seguida colavam esses mandatos nas paredes da companhia, mundo afora. Grove explicou: "Eu fiquei muito focado em prescrever as orientações estratégicas de cima para baixo. Isso definiu a estratégia para todos os grupos e forneceu uma estrutura estratégica para diferentes grupos em diferentes níveis da administração."[39]

No entanto, Grove não abandonou sua crença anterior de que os gerentes de nível médio deviam ter autoridade para tomar decisões-chave de seu interesse. A nova sessão da SLRP em nível corporativo se tornou o alicerce para o planejamento estratégico da empresa. Os gerentes de negócio criavam estratégias e táticas para suas unidades individuais que impeliam os objetivos corporativos de Grove para a frente. Cada grupo desenvolvia planos para suas linhas de produto com base em objetivos estratégicos corporativos e os apresentavam a Grove e a outros membros da equipe executiva.

Ao longo desse processo, o CEO continuou a agir com a convicção de que o bom pensamento estratégico exige diferentes pontos de vista, e os esclarecimentos desses diferentes pontos de vista exigem um debate intenso, contínuo, envolvendo a equipe executiva e especialistas no assunto, tanto dentro quanto fora da companhia. A expressão usada internamente na Intel para caracterizar a atmosfera que Grove incentivava era "confronto construtivo". Ele, por sua vez, descrevia seu próprio papel: "Eu cercava; eu desafiava. Eu também estudava muito. Nunca cheguei às reuniões despreparado."[40] Ele queria que os debates estratégicos fossem "como o processo pelo qual um fotógrafo aumenta o contraste quando revela uma cópia. O resultado das imagens mais nítidas permite que a administração tome decisões com mais informações — e provavelmente com mais certeza."[41]

Os documentos da Intel do início da década de 1990 sugerem que seu processo de planejamento se tornou similar ao modo como os técnicos cuidam das equipes esportivas. A SLRP corporativa era parecida com as instruções enviadas dos bancos para os jogadores. O documento do grupo de planejamento de produtos era análogo aos sinais que os jogadores enviam para o técnico, quer reconhecendo e aceitando a instrução ou sugerindo outros modos de atingir as mesmas metas. Esse processo dirigido de vai e vem necessitava da participação dos jogadores e permitia o estabelecimento e a execução do diálogo como estratégia corporativa da Intel. Ao mesmo tempo, ficava claro que o técnico decidia qual seria a direção estratégica.

Dedique tempo para pensar e aprender

Além de incentivar intensos debates sobre estratégia, Gates, Grove e Jobs também forneciam combustível para essas discussões dedicando tempo para pensar e aprender coisas novas. Como estudiosos do jogo, não apenas jogadores, eles procuravam ativamente informações que os ajudariam a entender como a tecnologia, consumidores e concorrentes estavam mudando. Além disso, tinham plena consciência sobre como preencher buracos básicos em seus próprios conhecimentos.

Steve Jobs, por exemplo, conseguiu grande parte do seu aprendizado sobre negócios com Mike Markkula, um investidor precoce na Apple, que foi CEO de 1981 a 1983 e presidente do conselho de 1985 a 1997. Markkula ensinou Jobs sobre planos de negócios, marketing e a necessidade de se concentrar em fazer uma coisa muito bem-feita para o consumidor.[42] Jobs também aprendeu muito na Pixar sobre como fazer filmes e gráficos. Quando voltou à Apple, ele se consultava frequentemente com Jimmy Iovine sobre os caminhos do negócio da música. Dentro da Apple, Ron Johnson o ensinou sobre a administração de varejo. Outros líderes essenciais, inclusive Jony Ive, Tim Cook, Jon Rubinstein e Avie Tevanian, o ensinaram sobre assuntos fundamentais, como design industrial, gerência de cadeia de fornecimento, fabricação e arquitetura de software.

Andy Grove fez do aprendizado uma de suas maiores prioridades enquanto estava na Intel. A princípio um gerente orientado para operações, ele passou a se dedicar a aprender sobre estratégia depois de se tornar CEO, em 1987. Além de ler muito, ele assistiu e depois passou a dar aulas sobre administração de empresas, primeiro em Harvard e mais tarde em Stanford. Da mesma maneira, quando, no final dos anos 1980, ele percebeu que a Intel não era mais uma companhia fabricante de semicondutores, Grove se dedicou a compreender computadores, vendas e marketing do consumidor, contando com gerentes da Intel como Les Vadasz e Dennis Carter, além de especialistas externos e membros do conselho. Mais de vinte anos depois, Grove ainda se lembrava de ter aprendido que "uma marca é uma promessa" de David Aakers, professor de marketing na Haas School of Business, em Berkeley, que tinha sido convidado por Carter para dar uma palestra.[43]

No entanto, quem se tornou mais conhecido por dedicar tempo para pensar e aprender foi Bill Gates. Duas vezes por ano ele entrava em uma "Semana do Pensamento"— sete dias em reclusão para estudar novos assuntos e pensar quais seriam úteis para a Microsoft. Por exemplo, numa dessas semanas Gates quis aprender sobre a evolução das interfaces de linguagem e, segundo dizem, leu 112 artigos e estudos técnicos em temas que tratavam desde a teoria da linguagem e inovações na ciência da computação até tendências da educação.[44]

Gates também tinha como hábito escrever quatro ou cinco memorandos importantes por ano, em geral durante suas Semanas do Pensamento. Às vezes eles analisavam questões táticas, como melhorar o suporte para consumidores, que se tornou um grande desafio no início da década de 1990 à medida que os consumidores passavam de dezenas de milhares para dezenas de milhões.[45] Na maior parte do tempo, contudo, ele oferecia comentários estratégicos de alto nível sobre os maiores desafios que a Microsoft teria de enfrentar.

"A grande onda da internet", escrito em maio de 1995, é o mais famoso memorando da Semana do Pensamento.

Depois de anos de debates internos sobre a melhor estratégia para criar uma rede on-line onipresente, Gates aproveitou esses dias de estudo e reflexão para cristalizar seu pensamento. Percebeu uma revolução no funcionamento e usou seu memorando como um chamado às armas para todos da companhia. Russ Siegelman, que dirigia o grupo do MSN no início da década de 1990, fez o seguinte relato de como Gates pensava na época:

> Ele combinou seu conhecimento sobre como os mercados trabalham e por que as pessoas compram coisas, e sobre como se derrota a concorrência, com seu insight da tecnologia de maneira realmente única. O memorando da internet, se você o ler com cuidado, não é sobre tecnologia. É sobre: "Olhe, essas pessoas vão desmantelar tudo o que conhecemos atualmente. Tudo será fragmentado. Todos serão capazes de ser suas próprias vitrines." Ele chegou lá antes de outras pessoas... Era o que ele geralmente fazia e era isso que os memorandos diziam. "Vejo o futuro. É uma combinação de modelo de negócios e tecnologia. Temos de chegar lá."[46]

O memorando de Gates, como outras conclusões a que chegou durante suas Semanas do Pensamento, talvez não tenham afetado cada aspecto da estratégia da Microsoft. Muito também surgiu depois de muitas pesquisas e análises feitas por outros líderes seniores da companhia. Esse único memorando, porém, estabeleceu os principais temas da agenda da Microsoft por muitos anos adiante. Fica claro que decidir sobre esses temas é uma tarefa que só o CEO pode executar de maneira eficaz.

Planos sobre produtos se tornam o plano estratégico

Ao contrário de Gates e Grove, Steve Jobs não se apoiava em planejamento estratégico tradicional ou memorandos detalhados e análises de concorrentes para estabelecer direções. Em vez disso, ele criou um processo menos formal centrado em conversas e debates sobre produtos entre a equipe executiva e convidados seletos. Essas discussões, contudo, aconteciam dentro do contexto do objetivo principal. Jon Rubinstein explicou: "Conversávamos sobre estratégia em geral — estratégia para o hub digital, estratégia para nuvem e aplicativos. Nós conversávamos sobre o objetivo principal." Todavia, segundo ele, o foco estava sempre no plano para o produto e não em alguma grandiosa visão corporativa. Essa abordagem reflete o que Rubinstein chamava de a personalidade "serial" de Jobs. "Steve não conseguia focar em duas coisas. Por isso, não começava a pensar em fazer o que viria depois até terminar a anterior."[47] Via de regra, Jobs se concentrava em um produto por vez, como o novo Macintosh, o iPod ou o iPhone, antes de avançar para a "próxima grande coisa". Ao avançar, Jobs sabia que podia confiar em sua equipe de apoio para acabar o produto em pauta e juntar-se a ele depois. Rubinstein resumiu: "Não fazíamos planejamento estratégico. Fazíamos planos sobre qual seria o próximo produto. Sempre havia algo como: 'Certo, estamos na bifurcação da estrada, qual caminho vamos percorrer?'"[48]

Em outras palavras, a estratégia corporativa da Apple emergia da visão de Jobs e de seus planos para produtos, implementados um de cada vez, e não de um mapeamento como o da Intel ou um plano trienal no estilo da Microsoft. Os planos para produtos da Apple vinham do senso de

Jobs sobre o que os consumidores queriam. Como explicou na Conferência Mundial de Desenvolvedores da Apple, em 1997: "Uma das coisas que descobri é que você tem de começar com a experiência e o trabalho de retroceder até a tecnologia. Não se pode começar com a tecnologia e tentar adivinhar como irá tentar vendê-la. E eu cometi esse erro provavelmente muito mais vezes do que qualquer um que está nesta sala."[49]

Para reforçar seu foco em um produto por vez, Jobs reorganizou a Apple. Substituiu sua estrutura produto-divisional, que achava muito complexa, por uma simples estrutura funcional. Ironicamente, muitos anos antes, Jobs tinha introduzido a estrutura divisional para separar as equipes do Lisa e do Macintosh da equipe que cuidava do Apple II.[50] Agora, ele queria usar a estrutura organizacional para modificar o comportamento de maneira diferente. Declarações de lucro e perda (P&L) de cada divisão deram lugar a uma única declaração para toda a companhia. Essa organização mais simples facilitou a tradução das ideias de Jobs para novos produtos em atividades essenciais da companhia como um todo — desenvolvimento de produto, gerência da corrente de suprimentos, fabricação, marketing e vendas —, sem a necessidade de passar pelos executivos de divisão. Ele só precisava trabalhar com gerentes funcionais. Um único documento P&L também encorajava toda a equipe de liderança sênior a prestar atenção minuciosa sobre como a companhia ganharia dinheiro no geral, em vez de focar em uma divisão de produto.[51]

Jobs também presidia encontros semanais com sua equipe executiva, o que mantinha a organização nos trilhos e rigidamente coordenada, embora isso trouxesse uma alta dependência das suas habilidades de manter as pessoas organizadas. Ron Johnson, chefe de varejo sob a administração de Jobs, comentou: "Os executivos se encontravam toda semana e trabalhavam bem juntos, mas havia pouquíssima interação entre os membros da equipe executiva fora dessas reuniões. Steve era a pessoa que, de certa forma, unia todo mundo... Por isso [a linha de produtos] parecia tão perfeita de tantas formas; tão próxima à perfeição quanto uma marca pode ser em cada aspecto sensível."[52]

Era muito incomum o CEO de uma companhia multibilionária eliminar divisões de produtos e manter uma supervisão direta sobre tudo o que dizia respeito ao consumidor. O resultado disso era que os sistemas de administração da Apple dependiam profundamente do envolvimento pessoal de Jobs. Por um lado, ele encorajava rivalidades funcionais e confrontos pessoais; por outro, seu estilo de liderança podia produzir impressionantes inovações em produtos, como iPod, iPhone, iTunes e iPad.

Depois que Jobs adoeceu e em seguida deixou a posição de CEO, em 2011, ficou claro que ninguém seria capaz de substituí-lo. Jony Ive permaneceu responsável pelo design, mas a companhia fazia uma rotação no papel de coordenador de desenvolvimento de produtos entre diversos gerentes funcionais. Havia relatos de que o CEO Tim Cook estava tentando ao máximo romper os silos funcionais e introduzir uma coordenação mais formal por meio de modificações nos processos e na organização. Enquanto escrevemos estas palavras, ainda é cedo demais para afirmar se essas mudanças serão produtivas. A Apple ainda está em um período de transição, enquanto Cook, Ive e outros membros da equipe de liderança sênior tentam encontrar formas de reter o melhor do que Jobs havia trazido para a companhia — sua paixão por elegância no design e atenção aos detalhes, sua capacidade de defender inovações definitivas —, além de tornar a Apple uma empresa menos dependente de um único indivíduo. Se forem bem-sucedidos nessa tarefa incrivelmente difícil, tudo indica que a Apple progredirá no futuro.

Desde o início, nós, da Intel, trabalhamos arduamente para demolir os muros entre os que possuem poder de conhecimento e os que possuem poder organizacional.[53]

— Andy Grove [1996]

DÊ PODER A PESSOAS COM "O CONHECIMENTO"

Até aqui, nosso foco se manteve nas características essenciais que fizeram de Gates, Grove e Jobs líderes eficazes — suas próprias percepções, atenção aos detalhes e capacidade de compreender o que era mais importante. Porém, nenhum CEO, por mais talentoso que seja, pode liderar uma companhia como Intel, Microsoft e Apple sem ajuda. Todos os líderes têm lacunas no seu conhecimento, habilidades e interesses que outros executivos precisam preencher. Gates, Grove e Jobs trataram com sucesso desse problema de duas maneiras: primeiro, eles recrutavam "cérebros de confiança altamente talentosos", compostos de executivos de primeiro nível e lhes davam poder de agir. Em segundo, eles sondavam com atenção suas organizações para descobrir experts no assunto, sem se importar com cargo ou idade, que melhor entendiam como a tecnologia e os mercados estavam mudando, e então lhes davam poder e recursos.

Encontre um parceiro (ou dois ou três)

Gates, Grove e Jobs formaram parcerias bem próximas com executivos fundamentais que complementaram suas habilidades. Steve Ballmer, por exemplo, o vendedor de alta energia e "animador" corporativo, era o perfeito complemento para o compenetrado e muitas vezes sarcástico Bill Gates, um "nerd" do software.[54] Nas palavras de Paul Maritz, Bill Gates se concentrava em estratégia e "plataforma", enquanto Steve focava na concorrência — vencer o outro sujeito. "A alma de Steve é a competição. Ele é o maior competidor do mundo. Seu *modus operandi* é enfiar os dentes no tornozelo de alguém e continuar subindo."[55] Sejam quais forem as deficiências de Ballmer como um visionário da tecnologia, é difícil imaginar a Microsoft alcançando o mesmo sucesso sem Gates e Ballmer no leme por duas décadas.

Andy Grove também procurou a ajuda de seu "cérebro de confiança", especialmente em áreas que exigiam um profundo conhecimento de arquitetura de computadores, design de semicondutores e fabricação. Uma década depois da fundação da Intel, a ciência de semicondutores avançados havia evoluído para muito além da sua expertise. Grove se apoiava em profissionais da Intel com Ph.D. em física, química e ciência dos materiais, bem como em engenheiros eletricistas e cientistas da computação para manter a empresa nos trilhos definidos pela Lei de Moore. Além disso, depois de se tornar CEO, em 1987, ele indicou outros executivos para cuidar de tarefas com as quais não tinha uma afinidade em especial.[56] Por exemplo, Grove lembrou-se em 2013 que Craig Barrett, seu COO e futuro sucessor, cuidava da fabricação, viajando para lugares distantes e "fazendo um monte de coisas que eu odiava".[57]

Dos três, porém, Steve Jobs era talvez o mais dependente de sua equipe executiva e de outros experts da companhia. As habilidades de Jobs eram formidáveis, mas limitadas em alcance. Como contou ao seu biógrafo, "a coisa que faço melhor é descobrir um grupo de pessoas talentosas e criar coisas com elas".[58] Fred Anderson, CFO da Apple na era Jobs, notou: "Steve queria controlar tudo o que dizia respeito ao consumidor, fosse o GUI do sistema operacional, o aspecto e acabamento dos aplicativos feitos pela Apple, o design industrial, a embalagem de produtos, a propaganda... Essa era sua paixão e era nisso que ele passava o tempo.[59] Ele tinha pouco interesse em outras atividades que fossem críticas para a companhia, incluindo finanças. Anderson lembra: "Eu não conseguia fazê-lo falar com Wall Street ou com a comunidade financeira, nem com grandes acionistas... Finalmente consegui convencê-lo a concordar em fazer uma reunião a cada ano... Não era de seu interesse. Ele não queria gastar tempo naquilo.

Uma das maiores fraquezas de Jobs eram operações. Ele não tinha interesse em questões operacionais e lhe faltava habilidade para cuidar dessa área de maneira eficaz. Porém, com o passar do tempo, ele acabou reconhecendo sua importância para o desempenho da Apple e a necessidade de colocar um executivo forte na chefia da área. Donna Dubinsky, que trabalhou para Jobs na década de 1980, durante seu primeiro período na Apple, nos contou: "Ele desdenhava completamente da área de operações. Quaisquer questões logísticas eram simplesmente desinteressantes e sem importância. Mas, quando ele voltou à Apple, percebeu que era absolutamente necessário trazer para a companhia talentos de alta qualidade... Ele modificou por completo o nível de respeito e recursos que dava à função de operações."[60]

De fato, uma das primeiras contratações no segundo mandato de Jobs foi Tim Cook, que se juntou à Apple em 1998 depois de trabalhar na IBM e na Compaq. Seu trabalho era limpar os sistemas de fabricação, distribuição e corrente de suprimentos da companhia. Mais tarde, Jobs falou: "Percebi que ele e eu víamos as coisas exatamente da mesma maneira... Tim tinha a mesma visão estratégica que eu tinha e éramos capazes de interagir num alto nível estratégico. Assim eu podia me esquecer de um monte de coisas, a não ser que ele viesse me beliscar."[61] Cook assumiu a parte de vendas e suporte ao cliente em 2000 e a divisão de hardware Macintosh em 2004. Quando Jobs o nomeou COO em 2005, Cook estava envolvido em mais aspectos do negócio da empresa do que qualquer outro executivo. Em 2011, ele se tornou o CEO da Apple, sucedendo Jobs, que estava lutando contra um câncer pancreático.

Outras importantes contratações na Apple incluíram Jon Rubinstein, que passou a chefiar o setor de fabricação na Apple depois de ser chefe de engenharia na NeXT. Anteriormente ele havia trabalhado na Hewlett-Packard e foi capaz de introduzir processos de engenharia disciplinados, mas ainda assim flexíveis, tanto na NeXT quanto na Apple. (Ele deixou a Apple em 2006 tornou-se CEO da Palm e depois membro do conselho e da Amazon e da Qualcomm.) Avie Tevanian, Ph.D. em ciência da computação pela Carnegie Mellon, também trabalhou para Jobs na NeXT antes de se juntar à Apple em 1997. Ele agregou um profundo conhecimento técnico em arquitetura e design de software.[62] Na área de marketing, em 2000, Jobs contratou Ron Johnson, graduado em MBA pela Harvard, vindo da Target, para montar o novo negócio de varejo da Apple. Jobs disse a Johnson: "O que vai acontecer aqui é que você vai ter que me ensinar varejo e eu vou ter que lhe ensinar sobre eletrônicos para consumidores. Vamos dar uma volta no shopping." No dia seguinte ao lançamento do Macworld 2000, eles passaram quatro horas andando no Stanford Shopping Center.[63]

Junto com Cook, o parceiro mais importante de Jobs foi Jony Ive, que chefiava o design industrial. Contratado pela Apple em 1992, ele trabalhou muitos anos sob a chefia de Rubinstein, com quem tinha um relacionamento tenso à medida que as metas de design se chocavam com a realidade da fabricação.[64] Mas Ive acabou compartilhando com Jobs um sentido especial de parentesco. Como disse Jobs: "Se eu tinha um parceiro espiritual na Apple, era Jony. Ele e eu pensávamos juntos a maioria dos produtos e depois chamávamos os outros para perguntar o que achavam daquilo."[65] Em 2005, Jobs promoveu Ive a vice-presidente sênior de design industrial, se reportando diretamente ao CEO, no mesmo nível de Rubinstein. A partir desse momento, segundo o próprio Jobs, Ive "teve mais poder operacional do que qualquer outro na Apple, exceto eu. Não há ninguém que possa mandar nele e dizer o que tem que fazer ou enfrentá-lo. Foi assim que eu montei as coisas".[66]

A capacidade de atrair e reter tantos executivos talentosos refletia tanto os benefícios materiais quanto os intangíveis que Jobs oferecia aos membros de sua equipe. Ele tinha uma mania famosa de tratar seus subordinados com grosseria. No entanto, ele podia ser também muito charmoso e carismático, especialmente com colegas que atendiam seus altos padrões de exigência. Segundo Ron Johnson, "Steve sabia delegar poderes como ninguém, desde que confiasse na pessoa".[67] Além disso, Jobs oferecia aos principais empregados a oportunidade de ganhar quantias excepcionais. Jon Rubinstein recebeu 1 milhão de opções de ações apenas para assinar o contrato.[68] Johnson recebeu 600 mil ações valendo pelo menos cem vezes o que poderia ganhar em um bom ano no seu antigo empregador, a Target.[69] Para a maioria dos executivos que Jobs cortejava, juntar-se a ele na Apple e ficar na empresa por algum tempo não era uma decisão difícil, especialmente nos anos de expansão, quando o iPod e o iTunes foram seguidos pelo iPhone e iPad e a Apple se tornou a companhia mais valiosa do mundo.

Conecte o poder do conhecimento com o poder da organização

Além de recrutar executivos do mais alto nível, Gates, Grove e Jobs procuravam contratar somente os melhores e mais inteligentes para cargos em todos os níveis. Como Gates nos contou mais de vinte anos atrás, ele procurava empregados com QI alto. Ele acreditava que, se conseguisse pessoas realmente inteligentes, a Microsoft poderia ensiná-las sobre software. O essencial era contratar pessoas inteligentes, e elas trariam novas ideias. De maneira parecida, Steve Jobs gostava de dizer que se jogadores A contratam jogadores A e os jogadores B contratam jogadores C — isso só pode resultar "numa palhaçada".[70] A solução do problema era só contratar jogadores A — uma tarefa que foi ficando cada vez mais difícil à medida que a Microsoft e a Apple cresciam.

Andy Grove era tão dedicado a encontrar talentos quanto Gates e Jobs. No entanto, o que o distinguia dos colegas era o foco em se aprofundar na organização para identificar desempenhos excepcionais e depois colocar esses funcionários em cargos nos quais a Intel poderia obter o máximo da sua expertise. Grove era bastante conhecido por sair da hierarquia gerencial normal para encontrar na própria companhia o empregado com maior conhecimento sobre o assunto que na época era o de maior importância para ele. Para o CEO, isso era um caso "de igualar o campo de jogo". Influenciá-lo dependia do que você sabia e não de quem você era.

Parte da determinação de Grove em dar peso igual aos seus funcionários, fosse qual fosse o cargo que ocupavam, era gerada por sua percepção de que a Intel tinha uma cultura relativamente fechada. A maioria dos executivos vinha de dentro da companhia e tinha um histórico parecido em ciência ou engenharia. Apenas alguns gerentes seniores tinham treinamento formal em administração de empresas ou grande experiência externa. Devido às rápidas mudanças que afetaram a Intel nas décadas de 1980 e 1990, Grove cada vez mais sentia a necessidade de ir além da equipe executiva para buscar informações e ideias, e ocasionalmente para procurar novas lideranças.

Em 1986, por exemplo, Grove colocou Pat Gelsinger, um engenheiro de 27 anos, para cuidar do projeto crucial do microprocessador 486. Cinco anos depois, ele se tornou o mais jovem vice-presidente na história da companhia e, em 2012, foi indicado como CEO da VMware. À medida que o software foi se tornando mais importante para a empresa, Grove convocou Renée James, à época com menos de 30 anos, para ser sua assistente técnica. Ela terminou chefiando o Grupo de Software e Serviços e, em 2013, se tornou presidente da Intel.[71] Essas indicações refletiram a percepção de Grove de que, embora tivesse um grande "poder de organização", ele não tinha o "poder do conhecimento" que outros possuíam. Em 1996, ele descreveu esse dilema em *Só os paranoicos sobrevivem*:

> Desde o início, nós, da Intel, trabalhamos arduamente para demolir as paredes entre os que possuíam poder de conhecimento e os que tinham poder de

organização. O vendedor que conhece seu território, o arquiteto de computadores e o engenheiro mergulhados na mais moderna tecnologia têm o poder de conhecimento. As pessoas que administram os recursos, calculam orçamentos, designam funcionários e os tiram de projetos possuem poder organizacional. Um não é melhor do que o outro no gerenciamento de mudanças estratégicas. Ambos precisam dar o seu melhor para guiar a corporação rumo a bons resultados estratégicos. De maneira ideal, cada um respeitará o outro pelo que ele ou ela traz para a companhia, sem ser intimidado pelo conhecimento ou posição do outro.[72]

Ouvir apenas os executivos seniores, por mais capazes que sejam, pode deixar um CEO perigosamente isolado do que está de fato acontecendo na companhia e também fora dela, no mercado. Gr]ove sempre temeu que isso acabasse acontecendo com ele e culpou esse tipo de isolamento por sua reação lenta à crise do Pentium, em 1994.[73] Por causa disso, trouxe pessoas novas e mais jovens para seu círculo interno (inclusive David Yoffie, na época com 34 anos, a quem convidou para se juntar ao conselho da Intel). Além disso, ele frequentemente procurava a opinião de funcionários na "periferia distante" do negócio. Grove os chamava de "Cassandras úteis" e esperava que eles lhe trouxessem novas perspectivas e notícias, especialmente más notícias, de fora das suas fontes de informação usuais.[74]

Lance uma vasta rede de informações

Bill Gates também procurava fontes de informação diversificadas, assim como relatos negativos, tendo escrito uma vez: "Às vezes penso que meu trabalho como CEO é escutar más notícias."⁷⁵ Porém, ele tinha alcance a uma rede maior do que a de Grove, às vezes indo para fora da Microsoft procurar especialistas técnicos que poderiam preencher as lacunas em suas habilidades e experiência. Nas décadas de 1980 e 1990, entre as contratações, para dar um pequeno exemplo, estavam Charles Simonyi, da Xerox PARC, um Ph.D. de Stanford em ciência da computação que estudava design de aplicativos e também métodos de programação; Nathan Myhrvold, Ph.D. em física pela Princeton que havia estudado com o vencedor do Prêmio Nobel, Stephen Hawking; Brad Silverberg, um engenheiro de software que trabalhara na Apple e na Borland antes de chefiar o projeto do Windows 95 e que depois fundou uma nova divisão da Microsoft chamada Plataformas de Internet e Ferramentas; e Paul Maritz, um engenheiro de software que antes trabalhava na Intel e depois chefiaria a divisão do Windows. Gates até procurou executivos como Craig Mundie, cofundador de uma companhia de supercomputadores (Alliant Computer Systems) falida em 1992. Gates achava que nunca tinha fracassado em coisas importantes e queria ter pessoas em torno dele que pudessem perceber os sinais de fracasso corporativo antes que ele acontecesse na Microsoft.⁷⁶

Gates também incentivava o fluxo livre de informações entre os empregados da Microsoft criando uma cultura aberta, com base principal em e-mails. (Seu endereço *billg@ microsoft.com* era amplamente conhecido na companhia e na indústria.) Paul Maritz, que chefiava a divisão do Windows na década de 1990, confirmou que qualquer um podia entrar em contato com Gates e algumas pessoas até conseguiam fazê-lo mudar de ideia. "Era possível chegar até ele... se alguém mandasse um e-mail gentil, recebia de volta um e-mail também gentil."⁷⁷

O despertar de Gates para a internet nos fornece um exemplo marcante de como funcionava a cultura da empresa. No início de 1994, um jovem engenheiro da empresa chamado J. Allard começou a enviar e-mails para Gates sobre uma coisa nova chamada World Wide Web.[78] Na época, Gates e outros executivos estavam preocupados em lançar o Windows NT e o Windows 95, bem como uma rede particular on-line (MSN) para competir com a AOL. Eles não podiam prestar muita atenção na web que estava crescendo. Para seu crédito, Steve Ballmer tinha ouvido de clientes que a internet poderia se tornar importante e mais tarde, no mesmo ano, pediu a Allard para acrescentar conectividade TCP/IP — a conexão da internet — ao Windows 95. Ao contrário dele, outros executivos da companhia mal conversavam sobre o assunto, como Michael Cusumano descobriu durante suas frequentes interações com empregados da companhia entre 1993 e 1995.[79] Porém, pouco a pouco a pressão vinda de baixo começou a crescer. Outros dois jovens gerentes começaram a passar e-mails para Gates, insistindo que ele tomasse iniciativa sobre a internet: Ben Slivka, que chefiava o último dos projetos de desenvolvimento do DOS (e que mais tarde chefiaria os três primeiros projetos do Internet Explorer) e Steven Sinofsky, que fora assistente técnico de Gates e estava indo para o grupo do Office (mais tarde ele se tornou presidente da divisão do Windows).

Apesar das muitas outras demandas sobre seu tempo, Gates prestou atenção. No verão de 1994, ele deu autorização para um jovem engenheiro, Thomas Reardon, começar a construir um browser para o Windows 95, baseado na tecnologia licenciada pela Spyglass. No início de 1995, Gates também pediu a Sinofsky, que havia visto estudantes usando a internet durante uma viagem de recrutamento à Cornell, para organizar um importante levantamento para a equipe sênior de administração. Gates então dedicou uma Semana do Pensamento à internet. Depois de entender melhor o que tinha à sua frente, ele lançou o memorando "A grande onda da internet", em maio de 1995. Russ Siegelman resumiu o processo que levou a esse ponto:

> Bill descobria, em geral através de e-mails e memorandos, as pessoas inteligentes que tinham algo interessante a dizer. O melhor exemplo foi esse jovem [J. Allard], um desenvolvedor júnior no programa do MSN, que basicamente terminou não só desenvolvendo, mas também gerenciando grande parte do software relacionado à internet... Bill viu que esse rapaz era realmente inteligente. Percebeu que ele tinha entendido a internet logo no começo, antes de muita gente, e falou: "Olhe, vamos prestar atenção nesse sujeito. Ele sabe o que está acontecendo."[80]

Em seu livro de 1999, *A empresa na velocidade do pensamento*, Gates reconheceu a importância das informações vindas de níveis inferiores. "O ímpeto para a reação da Microsoft à internet não veio de mim ou de outros executivos seniores. Ele veio de um pequeno grupo de dedicados funcionários que perceberam o desenrolar dos eventos. Por meio do nosso sistema eletrônico [e-mail], eles foram capazes de juntar todos à sua causa." Gates terminou seus comentários com palavras que refletem a declaração de Grove sobre dar poder organizacional para pessoas com poder de conhecimento: "Sua história exemplifica nossa política desde o começo: pessoas de qualquer ponto da companhia devem ter o poder de impulsionar uma iniciativa."[81]

LIÇÕES DOS MESTRES

Criar uma estratégia é uma coisa; executá-la com eficácia pode ser algo bem diferente. Gates, Grove e Jobs foram muito bem-sucedidos em ambas as tarefas, apesar de externamente nenhum deles ser considerado um modelo de CEO. Confiando em suas âncoras pessoais, eles criaram posições estratégicas marcantes, competências organizacionais e culturas corporativas que foram úteis para Microsoft, Intel e Apple durante décadas. Nem mesmo a internet foi capaz de destruir a estrutura básica dessas empresas. A Microsoft e a Intel navegaram com sucesso pela transição dos PCs para a nova era da Web, embora ainda tenham de recuperar a grande influência de que gozaram nos anos 1990. Enquanto isso, a Apple sobreviveu e prosperou no novo ambiente vendendo produtos e serviços modernos.

Gates, Grove e Jobs contribuíram diretamente para o sucesso de suas companhias, não somente estabelecendo estratégias, mas também por elevarem o nível de exigência. Ninguém na Microsoft, Intel ou Apple acreditava que poderia se safar com um trabalho medíocre ou pensamentos malformulados em áreas de interesse para o CEO. Ainda assim, nenhum dos três se permitia ficar distraído com coisas triviais. Todos eles mantinham um foco constante no que era mais importante para os consumidores e para o negócio, conduzindo a estratégia de alto nível a partir do topo da organização com plena confiança.

Para ajudá-los em seus desempenhos, os três encontraram e desenvolveram um pequeno número de parceiros fundamentais, respaldados por "cérebros de confiança". Essa "equipe das equipes", nas palavras de Grove,[82] compensava suas fraquezas e lacunas em conhecimento ou interesse. O principal parceiro de Gates era Steve Ballmer, mas ele também trabalhava em contato com outros gerentes e administradores; Grove confiava muito em Craig Barrett, assim como em outros executivos-chave; Jobs tinha uma longa lista de parceiros, inclusive o atual CEO, Tim Cook, e o chefe do design, Jony Ive. Essas equipes executivas mostraram ser complementos essenciais para os CEOs: Gates, Grove e Jobs não poderiam ter alcançado tanto e com tanta consistência sem seus assistentes.

Porém, Gates, Grove e Jobs não se apoiavam somente nos seus "cérebros de confiança" para conseguir insight e informação. Os três líderes estavam dispostos a colocar de lado as hierarquias tradicionais para obter novas perspectivas e ideias, incrementar responsabilidades e reunir informações sobre mudanças na tecnologia, nos consumidores ou na concorrência. Gates e Grove não teriam sobrevivido ao desafio da internet sem as percepções de vários jovens engenheiros. E a maioria dos produtos da Apple também subiu a partir dos níveis mais baixos da companhia, com Jobs servindo principalmente como curador e "maestro da orquestra", se apoiando muito em sua capacidade de se identificar e sintetizar grandes ideias.

Em suma, Gates, Grove e Jobs eram pessoas e líderes muito diferentes, mas abordaram aspectos essenciais de maneiras similares e foram notavelmente eficazes. Suas paixões individuais e âncoras pessoais singulares ficaram entranhadas em suas companhias, servindo de fonte de força enquanto eram CEOs e por muitos anos depois. Cada organização perdeu um líder de valor incalculável quando chegou o momento de eles se afastarem.

Ao mesmo tempo, podemos detectar muitas das limitações que Microsoft, Intel e Apple demonstraram em anos recentes nas decisões que Gates, Grove e Jobs tomaram e também nas culturas e modelos de negócios que estabeleceram. Atualmente, a Microsoft ainda é, em grande parte, uma companhia de produtos de software, muito dependente das plataformas Windows e Office para a maioria da sua receita e lucros. A Intel continua perseguindo agressivamente a Lei de Moore e obtendo muito de seus lucros vendendo microprocessadores para computadores pessoais e servidores. E a Apple segue obtendo a maioria de suas vendas com um pequeno número de produtos avançadíssimos, criados quando Jobs ainda era CEO. A enorme influência que Gates, Grove e Jobs exerceram sobre suas companhias foi algo de grande valor, mas também se tornou um fator de limitação significativo, como discutiremos no capítulo de conclusão.

Conclusão

Lições para a próxima geração

O que faz um grande estrategista? O que faz alguns CEOs e empresários se destacarem tanto em relação aos seus contemporâneos? Nossa meta neste livro foi lidar com essas perguntas e criar um guia para melhores práticas. Depois de décadas de estudo sobre Bill Gates, Andy Grove, Steve Jobs e suas companhias, extraímos um conjunto de regras que englobam os princípios essenciais usados por eles para liderar suas organizações. Também identificamos pontos falhos nos quais não foram bem-sucedidos ou fracassaram. Essas lições, tanto positivas quanto negativas, são especialmente valiosas para administradores de indústrias em constante mudança, voltadas para plataformas. Todavia, a relevância deles não se limita ao mundo high-tech. Qualquer um pode se tornar um pensador estratégico eficaz e um líder organizacional aprendendo com Gates, Grove e Jobs.

Se essa tarefa parece assustadora, lembre-se de que nossos três CEOs nem sempre foram os "titãs da indústria" que inspiraram este livro. Sim, eles tinham o dom da inteligência, intensidade e paixão incomuns. No entanto, a arte de liderar uma empresa foi algo que aprenderam ao longo do tempo. Através de contínua perseverança e esforço, e também por meio de tentativa e erro, eles transformaram a si mesmos em mestres da estratégia e descobriram como moldar suas organizações para promover execuções melhores e mais claras. Nosso objetivo foi apontar a mesma direção para você, leitor.

AS CINCO REGRAS

A tabela a seguir sintetiza as cinco regras que extraímos da análise conjunta sobre Gates, Grove e Jobs. Dedicamos um capítulo para cada regra, dividindo-as em quatro princípios.

A primeira regra demanda que CEOs e empresários olhem para além dos problemas imediatos do presente. Quando ensinamos estratégia para executivos seniores, costumamos perguntar: "O que você faria de diferente amanhã?" Depois de ler este livro, faça a si mesmo essa pergunta. Como você deseja que sua *empresa* esteja daqui a três ou cinco anos? Como deseja que o *mundo* pareça? Como será o novo *produto* arrasador? Ou, mais precisamente, o que imagina que os *consumidores* desejarão no futuro? O que seus *concorrentes* farão? Que *mudança* está à espera, não somente para sua empresa, mas também para sua indústria ou para a economia como um todo? Nem todos podem ser grandes visionários — uma qualidade que frequentemente associamos a nomes ilustres como Gates, Grove e Jobs. Porém, qualquer CEO ou estrategista pode aprender a fazer perguntas melhores e se tornar um curador de ideias disciplinado, seguindo os instintos mais poderosos para o futuro, quer tenham origem na companhia ou venham de fora dela.

Olhar para a frente, para o futuro, é essencial, mas também é apenas o começo. Gates, Grove e Jobs deram o passo crucial de raciocinar no presente para conectar suas perspectivas de longo prazo a uma ação imediata. Todos os três sabiam que, para tornar realidade uma visão de cinco anos, era preciso ter um plano para hoje, para os seis meses seguintes e para os seis meses depois deles. Isso significa estabelecer prioridades para não sair do caminho; garantir que você cultive os recursos necessários para satisfazer a demanda dos consumidores; tomar iniciativas, como construir barreiras contra a entrada de concorrentes; e, muito mais importante, movimentando-se com rapidez e decisivamente para construir uma vantagem competitiva nas raras ocasiões em que você avista uma potencial mudança de expansão prestes a acontecer.

A segunda regra que Gates, Grove e Jobs seguiram era apostar alto, mas sem apostar a companhia. Os três entenderam que não se pode ganhar apostando pequeno. Em vez de procurar ganhos fáceis, eles escolheram ir para cima com tudo — quer isso significasse competir diretamente com um líder de indústria, ir contra as normas já estabelecidas ou criar uma categoria de produtos totalmente nova. No entanto, eles evitavam colocar suas companhias em grande risco. Apostas "tudo ou nada" são um comportamento imprudente; nenhum mestre da estratégia arrisca tudo em um "rolar de dados". Apesar de alguns empresários se sentirem felizes fazendo apostas "tudo ou nada", isso jamais teria agradado Gates, Grove e Jobs (este, pelo menos, durante seu segundo mandato na Apple). Eles queriam mais, mas não pelo amor ao dinheiro. Gates, Grove e Jobs queriam construir produtos e companhias que teriam um impacto duradouro nos consumidores e no mundo todo. Para conseguir exercer esse impacto, eles precisavam de grandes ideias, grandes sonhos e ações ousadas em larga escala — mas eles também precisavam garantir a sobrevivência de suas companhias.

Regras de estratégia

Olhe para o futuro, raciocine no presente (capítulo 1)	Aposte alto, sem apostar a empresa (capítulo 2)	Construa plataformas e ecossistemas – não apenas produtos (capítulo 3)	Explore a influência e o poder – pratique judô e sumô (capítulo 4)	Molde a organização em torno da sua âncora pessoal (capítulo 5)
Crie ou aperfeiçoe uma visão, estabeleça prioridades	Aposte alto para mudar o jogo	Pense plataformas, não somente produtos	Mantenha-se fora do radar	Conheça a si mesmo – as verrugas e todo o resto
Antecipe as necessidades dos consumidores, conecte-se com potenciais	Não aposte a empresa	Pense ecossistemas, não somente plataformas	Mantenha seus inimigos por perto	Preste uma atenção extraordinária aos detalhes – seletivamente
Antecipe os movimentos dos concorrentes; construa barreiras contra as entradas	Canibalize seu próprio negócio	Crie alguns dos seus próprios complementos	Abrace e amplie as forças dos seus concorrentes	Nunca perca de vista o quadro maior
Antecipe pontos de inflexão estratégicos; comprometa-se com a mudança	Corte suas perdas	Evolua e invente novas plataformas para evitar a obsolescência	Não tenha medo de usar o seu peso	Dê poder a pessoas com "o conhecimento"

Em terceiro lugar, Gates, Grove e Jobs olhavam para além dos limites de suas empresas. Eles se concentravam não apenas em construir produtos, mas também em criar e controlar plataformas para inovações de terceiros, dando suporte a um ecossistema de produtos e serviços complementares. No entanto, havia importantes diferenças no modo como cada um deles abraçou os conceitos de plataforma. Suas diferentes abordagens no gerenciamento de parceiros e na facilitação de inovações na indústria como um todo ilustram alguns dos desafios e negociações fundamentais entre uma estratégia de plataforma e o foco em produtos.

A quarta regra concentra o que há de comum no nível tático. Gates, Grove e Jobs foram mestres no uso tanto da influência quanto do poder. Não é de surpreender que, chefiando algumas das maiores companhias do mundo, eles não se intimidaram quando foi preciso fazer pleno uso de suas forças e recursos, que variaram desde ações judiciais até travamento da distribuição e exploração de poder financeiro. São as chamadas táticas de sumô. Todavia, os três CEOs também foram adeptos das táticas de judô, nas quais a inteligência e a velocidade, muito mais do que a força, os fizeram se manter fora do radar e trabalhar com concorrentes até o momento oportuno para o ataque. A habilidade deles em usar os dois conjuntos de táticas os tornaram competidores especialmente temidos.

Por fim, Gates, Grove e Jobs moldaram suas companhias — e a capacidade delas de execução — de maneira semelhante. Cada um deles tinha paixões e forças singulares que os ajudaram a determinar a direção estratégica, as competências distintas e a cultura organizacional das empresas. Nenhum deles tentou ser um líder perfeito ou um protótipo de gerente geral. Em vez disso, embora sempre mantendo o quadro maior em mente, eles se aprofundaram em detalhes pelos quais tinham grande paixão e se apoiaram em gerentes de confiança nas áreas de atenção secundária. Através dos próprios exemplos, ensinaram outros membros de sua equipe onde depositar seu foco e por quê. Além disso, constantemente buscavam novas fontes de expertise, em especial nas áreas em que eram fracos, muitas vezes procurando em toda a companhia por pessoas que tivessem um conhecimento maior, independente de tempo de serviço ou cargo ocupado.

A PRÓXIMA GERAÇÃO

Gates, Grove e Jobs lideraram a primeira geração de "rock stars" no mundo tecnológico moderno. Outros bem-conhecidos CEOs, dentro e fora da tecnologia, construíram grandes franquias aplicando muitas das regras em questão. Mais relevante ainda, existe uma nova geração de "rock stars" no século XXI, como Larry Page, do Google, Mark Zuckerberg, do Facebook, Jeff Bezos, da Amazon, e Huateng "Pony" Ma, da chinesa Tencent. Ao examinarmos o desempenho desse grupo até o dia de hoje, encontramos paralelos marcantes entre seu modo de abordar a estratégia e liderança e as práticas que associamos a Gates, Grove e Jobs. Tais semelhanças reforçam nossa crença de que essas cinco regras constituem um eficiente guia para as melhores práticas em estratégia, execução e empreendedorismo no mundo atual.

Larry Page:
Olhe para o futuro, aposte alto, construa plataformas

O CEO do Google, Larry Page, tal como Andy Grove, começou trilhando o caminho de um Ph.D. em ciências. Envolvido no boom da internet, ele abandonou o doutorado em ciência da computação para fundar o Google junto com Sergey Brin, em 1998. Desde o começo, Page e Brin olharam para o futuro e miraram alto. Sua ambição inicial para o Google era nada menos do que organizar as informações de todo o mundo, começando com uma melhor ferramenta de busca. Com o passar do tempo, à medida que ficava claro que o mundo da computação estava sofrendo uma mudança radical para o que atualmente chamamos de "nuvem", essa meta se mesclou com uma visão do Google como o fornecedor universal de produtos e serviços baseados na internet, todos financiados pela propaganda.

Para realizar isso, o Google estava preparado para fazer apostas altas e construir plataformas em larga escala para buscas e outros serviços da internet. A carta dos fundadores, escrita em 2004 para a abertura de capital, afirma: "Não hesitaremos em fazer apostas importantes em novas oportunidades promissoras. Não fugiremos do alto risco, de projetos com grandes recompensas, devido às pressões de ganhos em curto prazo."[1] Agindo de acordo com o prometido, o Google fez uma série de movimentos ousados para garantir os recursos necessários para atender a demanda dos consumidores. No início de 2000, a empresa começou a comprar cabos de rede de fibra ótica, fabricando seus próprios servidores e fazendo grandes investimentos de capital para construir enormes centros de dados, em antecipação a futuros crescimentos e necessidades de infraestrutura. De maneira semelhante, à medida que o vídeo começou a desempenhar um papel central na experiência on-line, o Google gastou US$1,6 bilhão no YouTube em 2006 e manteve-se firme com ele, perdendo dinheiro por anos.

Mas talvez tenha sido uma das menores apostas do Google nesse período que acabou tendo o maior retorno. Em 2005, a empresa gastou US$50 milhões para adquirir uma empresa pequena que tinha um sistema operacional móvel chamado Android. Page, Brin e o então CEO Eric Schmidt, que se juntou ao Google em 2001, decidiram dar o

Android de graça. A meta era criar uma plataforma móvel dominante e usá-la para gerar receita através de anúncios em smartphones e depois em tablets.² A estratégia rapidamente deu resultado. Em 2014, o percentual de mercado do Android alcançou 80% — mais de cinco vezes o percentual do iOS, da Apple — e o valor de mercado do Google subiu para quase US$400 bilhões.³

Mark Zuckerberg:
Pensamento em plataforma na mais refinada tradição

Mark Zuckerberg seguiu um caminho notavelmente semelhante ao feito por Bill Gates. Até o próprio Gates notou: "Nós dois largamos Harvard no meio; nós dois tínhamos ideias consistentes e teimosas sobre o que o software podia fazer... Eu sou mais um codificador... mas isso não é uma diferença tão grande."⁴ Ele também poderia ter acrescentado que os dois se tornaram bilionários aos 20 e poucos ou 30 anos criando plataformas de indústria que vivenciaram um crescimento exponencial. Zuckerberg lançou o Facebook como uma rede social para estudantes de Harvard, em 2004. Em seguida, ele expandiu para mais faculdades, depois para estudantes do ensino médio e eventualmente para a população em geral. Um marco importante ocorreu em maio de 2007, quando ele anunciou a Plataforma Facebook, um conjunto de ferramentas de software que permitia que desenvolvedores externos criassem programas fazendo uso das informações do Facebook, como aplicativos com os quais os usuários podiam compartilhar fotos e participar de jogos eletrônicos. As ambições de Zuckerberg para a plataforma foram ousadas desde o início. Na época, ele disse a um entrevistador: "Queremos fazer do Facebook algo parecido com um sistema operacional, que rode aplicativos de todos os tipos."[5]

Esse movimento transformou o Facebook, que era um fenômeno de nicho, em uma franquia global, com uma base de usuários rapidamente crescente e um ecossistema de parceiros, publicitários e desenvolvedores de aplicativos. A estratégia de plataforma separou o Facebook de rivais um pouco mais velhos, como MySpace e Friendster. Quando a Plataforma Facebook foi lançada, em 2007, o MySpace tinha quatro vezes mais usuários do que o Facebook: 100 milhões contra 25 milhões. Em poucos anos, o Facebook era o vencedor incontestável. Enquanto o MySpace contava 50 milhões de usuários em 2014, o Facebook crescera para mais de 1,3 bilhão, com no mínimo 20 milhões de aplicativos instalados diariamente em contas do Facebook e 7 milhões de aplicativos e websites integrados na plataforma.[6] Zuckerberg também fez movimentos ousados, mas controversos em valor, para ampliar sua plataforma. Em 2012, ele pagou US$1 bilhão pela plataforma de compartilhamento de fotos, Instagram, que na época tinha 30 milhões de usuários e pouca receita (US$33 por usuário). Em outubro de 2014, ele comprou o WhatsApp, a companhia de mensagem por smartphone e seus 600 milhões de usuários e receitas modestas (cerca de US$20 milhões), pelo preço extraordinário de aproximadamente US$22 bilhões em espécie e ações (US$37 por usuário). Naquele ano ele também comprou a Oculus, uma pequena empresa que desenvolveu uma tecnologia de realidade virtual, por US$2 bilhões em ações e dinheiro em espécie. Apesar de pagar esses preços altíssimos, o Facebook continuou a ser uma das mais valiosas companhias do mundo, avaliada em cerca de US$200 bilhões no final de 2014.

Jeff Bezos:
Atenção extraordinária a detalhes, usuários e plataformas

Se Zuckerberg parece estar seguindo os passos de Gates, Jeff Bezos, de muitas maneiras, parece ter um certo parentesco com Steve Jobs. Além de estar incrivelmente concentrado em fornecer uma grande experiência ao consumidor, ele tem promovido uma inovação após a outra ao mercado (inclusive o Kindle e o Amazon Web Services) e ainda adora esmagar os concorrentes. Bezos foi excelente como visionário fundando a Amazon em 1994 e entendendo o potencial da internet antes de muitos de seus contemporâneos. Ele também passou perto da fronteira entre comportamento ousado e irresponsabilidade. Como Jobs na década de 1980, Bezos muitas vezes parecia estar apostando a companhia, quando sofreu grandes perdas no início da Amazon. Mesmo em 2004, a empresa continuou a gerar perdas operacionais enquanto Bezos investia agressivamente em crescimento e novas parcerias.

O que difere Bezos de Jobs é que seu foco está no pensamento de plataforma. Fazer da Amazon uma plataforma e não apenas uma loja foi central para sua estratégia. A Amazon não só permitia que concorrentes vendessem por meio de seu site, como cuidava de todo funcionamento e entrega para eles. Além disso, a Amazon Web Services evoluiu para uma plataforma hospedeira de aplicativos com base na web. À medida que a força da empresa ia crescendo, Bezos foi usando seu tamanho e influência para abrir caminho aos empurrões contra fornecedores, sobretudo contra as editoras que se viram impotentes na tentativa de fazê-lo parar a redução de preços. Bezos também tem usado uma tática implacável em termos de concorrência nos preços, apoiada pela disposição de perder dinheiro e atacar os rivais, como o varejo de sapatos

Zappos.com. Porém, enfrentando cada vez mais uma erosão nas margens, alguns concorrentes tiveram pouca escolha a não ser aceitar as ofertas de compra da Amazon.[7]

Ao implementar essa estratégia, Bezos usou uma atenção seletiva a detalhes como importante ferramenta de gerenciamento. Não é de surpreender que ele enxergue a precificação como uma alavanca-chave de sua administração. Como explicou em 2007: "Preciso ter certeza de que de fato somos competitivos e estamos focados em oferecer aos nossos consumidores os menores preços possíveis. Essa é uma das coisas em que estou envolvido desde chefiar do nível um até do nível cinco."[8] Mais amplamente e de forma semelhante a Steve Jobs, Bezos focou sua atenção em qualquer coisa que afetasse diretamente a experiência do consumidor.[9] Um antigo colega lembrou: "O bom e o ruim de Jeff é que ele sempre quer estar envolvido com cada nova mudança na web, mesmo que se trate apenas de mudar as cores de uma aba."[10] Um engenheiro da Amazon, de maneira mais descontraída, disse que "perto dele, os controladores de qualidade parecem hippies chapados".[11] Mas essa abordagem de Bezos deu resultado. No início da Amazon, muitos observadores imaginaram se a companhia iria sobreviver, mas, no final de 2014, ela era uma das mais temidas varejistas do mundo, com um valor de mercado de aproximadamente US$150 bilhões.

"Pony" Ma:
Múltiplas plataformas e efeitos de network

Todos os CEOs que foram mencionados até esta altura são cidadãos norte-americanos e suas companhias estão baseadas nos Estados Unidos. Porém, grandes estrategistas não conhecem fronteiras. Empresários do mundo inteiro criaram negócios bem-sucedidos seguindo as cinco regras. Huateng "Pony" Ma é um exemplo notável. Ele se graduou na Universidade de Shenzhen em ciências da computação e trabalhou nos sistemas de paginação da internet numa companhia de telecomunicações antes de fundar a Tencent, a maior companhia de internet da China, em 1998.[12] Ele e seus quatro cofundadores "olharam para o futuro" estudando os serviços da web em economias mais avançadas e "raciocinaram no presente" para introduzir gratuitamente o QQ, serviço de mensagem instantâneo em 1999. Baseado no ICQ, que havia sido desenvolvido por uma companhia israelense e comprado pela AOL, em 1998, o QQ se tornou extremamente popular na China.

Com esse sucesso, Ma começou a expandir para mercados relacionados, abraçando as inovações introduzidas por companhias como AOL e Yahoo, e estendendo-as para se ajustar melhor ao mercado chinês. Respaldada por capitais de investidores externos e rendimentos de um capital aberto em Hong Kong, em 2004, a Tencent investiu em plataformas múltiplas, interconectadas com plataformas web, com interfaces comuns e um modelo de negócios "freemium", dando serviços básicos gratuitamente e cobrando por opções de incremento. As ofertas da companhia incluem microblogs, jogos com vários parceiros, mídias sociais, avatares, pagamentos eletrônicos, comércio on-line e, mais recentemente, a plataforma de telefone celular WeChat, uma extensão do serviço QQ tanto dentro quanto fora da China. Como a Intel e sua estratégia de preencher qualquer lacuna na linha de produção, a ampla variedade de serviços tornou extremamente difícil para os concorrentes encontrarem uma abertura vulnerável a ataques. Além disso, a estratégia de

Ma demonstra profunda compreensão sobre tecnologia e pensamento em plataforma. A Tencent produz fortes efeitos de network através de plataformas cruzadas que oferecem serviços complementares a uma única base de usuário, tendo criado também um largo ecossistema, principalmente dentro da China, mas cada vez mais fora do país, fornecendo de tudo: desde jogos até conteúdo digital e serviços de entrega para comércio eletrônico. A companhia também se movimentou habilmente para oferecer seus produtos e serviços em dispositivos móveis, desempenhando um papel muito maior ao fornecer conectividade fora dos Estados Unidos.

A estratégia de diversificação deu à Tencent uma base de receita excepcionalmente ampla. Os anúncios são responsáveis por menos de 10% de sua receita, comparados com 80% a 90% ou mais no Yahoo e no Google. Serviços de valor agregado em PC e dispositivos móveis, incluindo jogos, conteúdo e aplicativos de terceiros, constituem o grosso das vendas. Em 2014, a Tencent tinha mais de 800 milhões de usuários e um valor de mercado que ultrapassava US$150 bilhões.[13] O sucesso da companhia fez "Pony" Ma, que continua sendo o maior acionista, com uma parcela de 10,5% das ações, um dos mais ricos empreendedores da China.

ALÉM DAS CINCO REGRAS

Este breve olhar para algumas das mais brilhantes estrelas da atual geração de CEOs e empreendedores mostra o quanto eles têm em comum com Gates, Grove e Jobs. Quer tenham conscientemente estudado os mandatos dos seus antecessores na Microsoft, Intel e Apple, quer tenham subconscientemente absorvido as lições dessas companhias ou chegado sozinhos a abordagens similares, eles parecem se apoiar de modo considerável nas cinco regras que identificamos neste livro. Se nossa análise está correta, isso é um bom sinal para o futuro de suas companhias.

No entanto, eles poderiam estar errados — como qualquer outro gerente — ao aderir com muita proximidade ao caminho trilhado pela primeira vez por Gates, Grove e Jobs. Todos eram imperfeitos como indivíduos e como líderes de organizações, como alertamos ao longo deste livro. Nos capítulos iniciais, salientamos sua capacidade de reconhecer os próprios erros e tomar medidas para compensar essas falhas. Um ponto forte que compartilhavam era a disposição de contratar executivos que tinham as habilidades que lhes faltavam e aprender com experts em novos campos. Mesmo assim, apesar dessa autoconsciência, Gates, Grove e Jobs falharam, em certa medida, ao antecipar de que tipo de liderança suas empresas poderiam precisar no futuro — um futuro quando não estariam mais presentes no comando. Portanto, as lições finais que podemos aprender com esses mestres da estratégia são, de fato, dois alertas: "âncoras pessoais" podem ser úteis, mas também podem travar seu progresso; e executivos que são "complementos" talvez sejam essenciais para o seu sucesso, mas podem não ser "substitutos" para sua liderança.

Âncoras podem impedir o seu progresso

Gates, Grove e Jobs tinham interesses e forças peculiares, que resumimos como uma paixão por software em Gates, uma paixão por disciplina em Grove, e uma paixão por design em Jobs. Essas paixões serviram como âncoras não somente em suas contribuições para a Microsoft, Intel e

Apple, mas também como cultura, competências e direção estratégica para suas companhias. Numa era de incerteza econômica e na área dos negócios, suas âncoras pessoais forneceram foco e impediram uma deriva organizacional. No entanto, as âncoras também podem ter um papel menos positivo. Pense nas origens da metáfora: uma âncora impede que um navio se movimente em novas direções; quando a maré sobe, um barco ancorado pode ficar inundado; uma frota de navios ancorados é mais vulnerável a ataques.

Aconteceu algo semelhante em todas as companhias, o que não chega a ser surpreendente. A receita de sucesso no passado nem sempre funciona no futuro. A tecnologia e o mercado mudam e novos concorrentes vão surgindo. Competências essenciais podem facilmente se tornar pontos cegos ou pontos de "rigidez essencial", nas palavras de nossa colega Dorothy Leonard.[14] Por exemplo, em 2014 a Microsoft ainda estava muito ligada ao modelo de negócios que impulsionou seu crescimento — vender produtos de software com compatibilidade tanto para trás como para a frente, como o DOS e o Windows. Já na década de 1990, Gates reconheceu a importância de investir em novos dispositivos e abordagens à computação pela internet, mas ele e sua equipe executiva demoraram para ir além da tradicional e enormemente lucrativa receita baseada em softwares para PC. De maneira similar, a Intel teve grandes dificuldades em evoluir do que há muito tempo era o "Job 1", ou seja, vender microprocessadores x86, principalmente para PC e servidores. E, na Apple, Jobs e seus sucessores se mostraram incapazes de deixar para trás a dependência de um pequeno número de produtos de consumo de sucesso que a Apple sempre controlou com muita rigidez. A fraqueza resultante da estratégia de plataforma da Apple cedeu espaço para uma crescente participação de seus concorrentes nos mercados de smartphones e tablets, como o Google e seus parceiros de Android.

Até certo ponto, foi a força de cada negócio original que causou essa dificuldade de avançar. Quais produtos de software a Microsoft poderia desenvolver para conseguir melhores margens do que o Windows e o Office, mesmo atualmente? Nenhum! Porém, os dias de extraordinárias margens de lucro em pacotes de software parecem ter acabado para a maior parte das empresas e eventualmente terminarão também para a Microsoft, que está diversificando aos poucos suas fontes de lucro. A nova equipe de liderança terá de aprender como fazer dinheiro com softwares mais baratos (ou gratuitos), e também novos modelos de precificação e entrega, como o software enquanto serviço e a computação em nuvem.

Qual produto semicondutor poderia gerar margens de lucro mais altas do que um microprocessador Intel x86? Nenhum! No entanto, o futuro crescimento do negócio primordial da Intel também é limitado. A explosão de smartphones e tablets, junto com a emergência da "Internet de Coisas", criou um volume maior de mercado para CPUs embutidos em qualquer dispositivo imaginável. Logo haverá microprocessadores em dezenas de bilhões de produtos. A nova administração da Intel está atacando agressivamente esses novos segmentos, mas terá de descobrir como competir de maneira lucrativa contra novos concorrentes, como a britânica ARM Holdings, que projeta a ampla maioria dos microprocessadores baratos e de menor capacidade usados em smartphones e outros aparelhos programáveis.

E o celular ou tablet poderia alcançar maiores margens de lucro do que os tradicionais iPhone e iPad? Não! Porém, enquanto a Apple continua a cobrar preços altos por novas versões de seus dispositivos com melhorias relativamente pequenas, sua parcela de mercado permanece baixa. Nesse meio-tempo, os vendedores de Android, desde a coreana Samsung até a chinesa Xiaomi, estão apertando o passo e os lucros decorrentes dos anúncios do Google estão aumentando. Produtos como o iWatch talvez venham a ser uma grande fonte de crescimento para a Apple, mas, novamente, não vemos a Apple abrindo sua nova plataforma para a maioria dos usuários de smartphone, que dependem do software do Google.

Não foi apenas a perspectiva de menor receita que dificultou um movimento mais rápido da Microsoft, Intel e Apple para novos mercados e modelos de negócios. A própria identidade do negócio se tornou um freio contra a inovação. Na Microsoft, como Paul Maritz nos contou: "A companhia não estava cega aos novos dispositivos móveis. É só que sempre acreditamos que nosso papel seria fabricar coisas que contribuiriam para a maior glória do PC."[15] Essa foi a atitude que levou a Microsoft a usar o mesmo sistema operacional — o amplamente criticado, mas tecnicamente novo Windows 8 — tanto para PCs quanto para smartphones e tablets. Como Maritz explicou:

> Nenhum de nós tinha uma gota de sangue de consumidor. No final das contas, não era o que nos motivava. Éramos caras que faziam software para sistemas... Ficávamos animados com arquitetura interna, como as coisas funcionavam na área interna. Apesar dos protestos contrários, nós não nos importávamos muito com a interface do consumidor. Não era nosso ramo. E, com certeza por causa da nossa tendência

tecnológica, fomos longe demais. Tentamos enfiar muita coisa em algo que na verdade ainda não estava pronto para ser entregue. O fato é que a gente produz coisas que não são uma experiência atraente ou que são muito caras ou que são as duas coisas.[16]

De maneira similar, o foco da Intel no negócio de microprocessadores para computadores Windows dificultou a transição para novas áreas de crescimento. Como Les Vadasz salientou, devido à decisão de Grove de "estreitar o foco da companhia em uma parte bem pequena do negócio de PC, nós continuamente nos descobrimos falhos em alcançar tecnologias adjacentes das quais precisávamos cada vez mais".[17] Em reuniões de estratégia, Grove falava para a companhia e para o mundo que pretendia diversificar além da arquitetura x86, mas jamais dedicou tempo, foco, atenção e, mais importante, recursos para vencer nesses novos negócios.

Nos últimos anos do mandato de Grove como CEO, David Yoffie teve várias conversas com ele sobre sua forte tendência de evitar riscos. David observou várias reuniões de estratégia nas quais Grove rejeitava uma proposta atrás da outra para fazer mudanças agressivas em comunicações e negócios relacionados. Frank Gill, que gerenciava esses negócios, argumentara com veemência que a Intel devia entrar no networking — antes de a Cisco ter se tornado uma usina de força da internet. Gill conta que acreditava que "o networking seria totalmente complementar para a Intel... Imaginava que todos os PCs um dia ficariam conectados". No entanto, Grove queria permanecer focado nos negócios atuais. Gill continuou: "Tínhamos um negócio de sistemas que estava falhando, que eu queria redirecionar para nos tornarmos uma companhia de produtos de networking. Para isso, precisaríamos comprar outras empresas e tecnologias para construir uma posição no mercado, ter reconhecimento e adquirir os recursos necessários." Ele entendia que a Intel estava perdendo uma enorme oportunidade. Mas Grove "não estava aberto para quaisquer aquisições que poderiam ter nos lançado como um verdadeiro player no networking. Ele nos limitava ao crescimento orgânico e a algumas compras muito pequenas. Cada vez mais seu único propósito estava no negócio de microprocessadores e em construir a marca Intel Inside." Carl Everett, que dirigiu as vendas da Intel depois de Gill, também comentou que era muito difícil convencer Grove a seguir uma nova direção. "Ele não era avesso a mudanças, mas costumava ser tão inflexível no que dizia respeito a reposicionamentos que muitas pessoas desistiam, mesmo se estivessem certas... Quando olho para a Intel do lado de fora... ela continua com o mesmo modelo que tinha nos anos 1990. Essa inflexibilidade tem o dedo de Grove."[18]

Jobs, por outro lado, agiu muito melhor ao impulsionar a Apple para inventar novos produtos e entrar em novos mercados. Seu dom, e talvez sua maldição, era jamais olhar para trás. Jobs se entediava muito rapidamente com seu sucesso anterior, e isso o levou a concentrar toda a sua energia e sua atenção na próxima grande oportunidade. Ironicamente, esse dom de prever grandes novidades em parte o cegou para o poder da concorrência em plataforma e parcerias no ecossistema. Jobs tinha um lugar na primeira fila quando a Microsoft e a Intel relegaram o Macintosh, apesar de seu design superior, a uma pequenina fatia da indústria da computação. Mesmo assim, ele resistia a desenvolver mais plataformas abertas que poderiam ter dificultado, e muito, para o Google e o Android fazerem a mesma coisa com o iPhone e o iPad.

Naturalmente, o veredicto continua aberto. A grande marca da Apple, sua leal base instalada e um amplo ecossistema de desenvolvedores de aplicativos e fornecedores de serviço deixaram a companhia em uma posição de poder. A histórica estratégia da Apple também gerou espetaculares retornos ao longo da última década. Porém, se os sucessores de Jobs não encontrarem um equilíbrio melhor entre estratégia de plataforma e estratégia de produto, a concorrência com o Android poderá criar uma ameaça a longo prazo para o futuro da empresa. Imagine, por exemplo, como seria o futuro se a Apple projetasse o iWatch ou o Apple Pay para serem compatíveis com todos os smartphones e não somente com os iPhones?

Complementos não são substitutos

E assim chegamos ao desafio final — preparar uma organização para a sucessão. Como CEOs, Gates, Grove e Jobs recrutaram parceiros com diferentes personalidades e habilidades para complementá-los e ajudá-los a administrar suas companhias. Cada CEO então escolheu um parceiro fundamental para sucedê-lo. O que aparentemente não reconheceram na época, mas que agora é possível ver em retrospectiva, é que *complementos não são substitutos*. Gates, Grove e Jobs priorizaram a lealdade em detrimento de outras qualidades. Eles parecem não ter aplicado o mesmo vigor lógico e desapego para escolher sucessores como fizeram na escolha de estratégias competitivas e parceiros de negócio.

Esta última observação é essencial para líderes poderosos — e seus conselhos diretivos — pensarem quando estiverem ungindo seus sucessores. Steve Ballmer foi o complemento perfeito para Bill Gates. Ele focava sua atenção nas pessoas e consumidores, enquanto Gates se dedicava à tecnologia e estratégia. Craig Barrett foi o complemento perfeito para Andy Grove. Ele cuidava da fabricação e das operações enquanto Grove impulsionava a estratégia, marketing e vendas. Tim Cook foi o complemento perfeito para Steve Jobs. Ele tomava conta da corrente de suprimentos, operações e vendas, enquanto Jobs supervisionava produtos e marketing.

Balmer, Barrett e Cook foram absolutamente essenciais para o sucesso que Gates, Grove e Jobs experimentaram. Ainda assim, eles tiveram dificuldades para substituir nossos três CEOs. Enquanto estes se concentravam no crescimento orgânico e em inovações para impulsionar o desempenho, Ballmer e Barrett muitas vezes tentaram desesperadamente colocar suas diferentes marcas nas companhias que tinham herdado, voltando-se para aquisições muito caras que quase nunca funcionaram. Por exemplo, no início de seu mandato, Craig Barrett se afundou em uma farra de compras de US$12 bilhões por ocasião do boom da internet, o que provou ser um fracasso total. Steve Ballmer, por sua vez, gastou mais de US$20 bilhões, incluindo a compra apelidada de "Ave-Maria" da Nokia para salvar o negócio de smartphone do Windows. Até mesmo Tim Cook tentou abrir um novo caminho fazendo a aquisição mais cara da história da Apple, com a compra do fabricante de fones de ouvido, Beats, em 2014, por US$3 bilhões.

Talvez ninguém tivesse a capacidade de substituir líderes da estatura dos nossos três CEOs. Porém, eles não tinham de abençoar fiéis escudeiros para sucedê-los. Poderiam ter procurado novos líderes mais afinados com a geração seguinte de tecnologia, consumidores e concorrentes, ou encorajado um processo de sucessão mais competitivo. De qualquer maneira, a escolha de sucessores *não* deveria envolver lealdade à equipe ou modos anteriores de fazer as coisas. O importante seria preparar ou escolher substitutos que demonstrassem capacidade de aprender coisas novas, romper com o passado quando necessário e defender produtos, serviços e plataformas que ainda não foram imaginados.

Por exemplo, Reginald Jones e Walter Wriston foram CEOs lendários na General Electric e no Citibank nas décadas de 1970 e 1980, que evitaram essa armadilha. A solução deles para o problema da sucessão foi implementar "corridas de cavalo", dando a certo número de executivos seniores a oportunidade de demonstrar que poderiam ser os próximos grandes líderes.[19] Em vez de envolver lealdade na eventual decisão, Jack Welch e John Reed, dois azarões, se destacaram dentre os competidores. Às vezes as companhias podem dar um passo adiante: em 2013, os conselhos tanto da Microsoft quanto da Intel realizaram buscas internas e externas, sem a participação ativa dos CEOs. Em ambos os casos, foram os conselhos diretivos que fizeram a escolha final, e não os CEOs.

No entanto, para sermos justos, temos de admitir que é extremamente difícil para um conselho diretivo controlar o processo de sucessão quando se trata de substituir um CEO lendário. Líderes aclamados mundialmente e com feitos históricos, como os nossos três CEOs, geralmente conseguem o que querem.

Bill Gates, Andy Grove e Steve Jobs cimentaram um caminho extraordinário na condição de estrelas da primeira geração high-tech. Temos muito o que aprender com eles. Esses homens estabeleceram direções estratégicas e construíram organizações vencedoras que, como vimos, continuam a gerar retornos impressionantes para Microsoft, Intel e Apple, muito depois de deixarem o cargo de CEO. No entanto, os tempos mudam e, a certa altura, os novos líderes dessas empresas terão de se tornar estrategistas por seus próprios meios. Os novos líderes da Microsoft, Intel e Apple terão de descobrir seus próprios caminhos para seguir em frente. Eles precisarão remodelar essas poderosas organizações em torno de *suas* âncoras pessoais e liderar *suas* companhias na direção de mais um futuro incerto — através de novas gerações de tecnologia, consumidores e modelos de negócios. Criar um novo conjunto de regras e superar os primeiros mestres estrategistas talvez sejam os maiores desafios que Gates, Grove e Jobs deixaram para a próxima geração.

Sobre os autores

David B. Yoffie é professor da Max e Doris Starr da International Business Administration na Harvard Business School. Ele conheceu Andy Grove em 1987 e juntou-se ao conselho de diretores da Intel em 1989. Ele permanece como o membro mais antigo do conselho. Yoffie também escreveu quarenta casos da Harvard Business School sobre a Intel, a Microsoft e a Apple, que são os mais amplamente usados nessas companhias. É autor ou editor de nove livros, incluindo o best-seller *Competing on Internet Time* com Cusumano. Também escreveu extensamente para o *New York Times*, o *Wall Street Journal* e a *Harvard Business Review*.

Michael A. Cusumano é o Sloan Management Review Distinguished Professor of Management na Sloan School of Management do Massachusetts Institute of Technology, com uma indicação conjunta no MIT Engineering Systems Division. Começou a estudar o negócio de software em 1985. É autor ou editor de 12 livros, incluindo um best-seller clássico, *Microsoft Secrets,* sobre a companhia, e também *Platform Leadership, The Business of Software, Staying Power* e *Competing on Internet Time*, com Yoffie. Seu último livro,

Staying Power: Six Enduring Principles for Managing Strategy & Innovation in an Uncertain World, foi indicado como um dos melhores livros sobre negócios de 2011 pela revista *Strategy + Business.*

Notas

Prefácio

1. Bill Gates, citação em www.strategicbusinessteam.com. Acessado em 27 de julho de 2004.

Introdução: A formação de um mestre estrategista

1. Ver Robert A. Burgelman e Andrew S. Grove, *Strategic Dynamics*: Concepts and Cases. Boston: McGraw-Hill, 2006, 58.
2. Tom Maineilli, "Worldwide and U.S. Media Tablet 2012-2016 Forecast." IDC Research, Abril de 2012, 1-2. Acessado em 10 de novembro de 2013. (http://www.idc.com)
3. David B. Yoffie e Penelope Rossano, "Apple Inc. in 2012". Harvard Business School caso Nº. 712-490, 8 de maio de 2012. (Revisado em agosto de 2012.) Fonte original foi Gabriel Madway, "Windows 7 Release May Test Apple's Winning Streak". Reuters, 14 de outubro de 2009, via Factiva.
4. Ver Charles H. Fine, *Clockspeed*: Winning Industry Control in the Age of Temporary Advantage (Reading, MA: Perseus, 1998).
5. Como uma medida da crescente percepção de marca da Intel, o número de visitas em "Intel", em uma busca Lexis-Nexis, aumenta de 161 em 1986 para 3.923 em 1998.
6. Stephen Manes e Paul Andrews, *Gates*: How Microsoft's Mogul Reinvented an Industry — and Made Himself the Richest Man in America (Nova York: Doubleday, 1993), 174.

7. Ibid, 306-7; James Wallace e Jim Erickson, *Hard Drive*: Bill Gates and the Making of the Microsoft Empire (Nova York: John Wiley & Sons, 1992), 330.
8. Manes e Andrews, *Gates*, 347.
9. Michael A. Cusumano, "The Legacy of Bill Gates," *Communications of the ACM 52*, n°. 1 (janeiro de 2009), 25-26.
10. Walter Isaacson, *Steve Jobs* (Nova York: Simon & Schuster, 2011), 6, 16-17.
11. Ibid, 474.
12. Ibid, 498.
13. Richard S. Tedlow, *Andy Grove*: The Life and Times of an American (Nova York: Portfolio/Penguin, 2006), 136-37.
14. Isaacson, *Steve Jobs*, 373-74.
15. Steve Jobs frequentemente criticava a qualidade e falta de "gosto" dos produtos Microsoft. Ver, por exemplo, suas declarações no documentário *The Triumph of the Nerds: The Rise of Accidental Empires*, PBS, junho de 1996.
16. Paul Allen, *Idea Man: A Memoir by the Cofounder of Microsoft* (Nova York: Portfolio/Penguin, 2012), 114.
17. Michael A. Cusumano e Richard W. Selby, *Microsoft Secrets: How The World's Most Powerful Software Company Creates Technology, Shapes Markets, and Manages People* (Nova York: Free Press/Simon & Schuster, 1995), 10.
18. Citado em Claudine Beaumont, "Bill Gates's Dream: A Computer in Every Home", *Telegraph* (on-line), 27 de junho de 2008. Acessado em 2 de janeiro de 2013. (http://www.telegraph.co.uk/technology/3357701/Bill-Gatess-dream-A-computer-in-every-home.html)
19. Isaacson, *Steve Jobs*, 94.
20. "Intel Corporation History", FundingUniverse. Acessado em 9 de março de 2014. (http://www.fundinguniverse.com/company-histories/intel-corporation-history)
21. Jeff Goodell. "Bill Gates: The Rolling Stone Interview", *Rolling Stone*, 13 de março de 2014, 76.

22. Andrew S. Grove, *Só os paranoicos sobrevivem* (Rio de Janeiro: Futura, 1997).
23. Joanna Hoffman, citado em Isaacson, *Steve Jobs*, 121.
24. Renée James, entrevista com os autores, 9 de outubro de 2015.
25. Steve Jobs, *The Lost Interview*, Amazon. Acessado em 2 de novembro de 2013. (http://www.amazon.com/steve-jobs.the-lost-interview/dp/B008GJVAW4)
26. Bill Gates, *Business @ the Speed of Thought*: Using a Digital Nervous System (Nova York: Warner Books, 1999), 182.

Capítulo 1: Olhe para o futuro, raciocine no presente

1. Documentos da Intel, Intel Strategic Long Range Plan, junho de 1991 (com permissão).
2. Steve Jobs, "Apple's One-Dollar-a-Year Man", *Fortune*, 24 de janeiro de 2000. Acessado em 27 de maio de 2014. (http://archive.fortune.com/magazines/fortune/fortune_archive/2000/01/24/272277/index.htm)
3. "Playboy Interview: Bill Gates", *Playboy*, julho de 1994, 63.
4. Ver Edgar H. Schein, *DEC Is Dead, Long live DEC:* The Lasting Legacy of Digital Equipment Corporation (São Francisco: Berrett Koehler, 2003), 38.
5. Paul Maritz, entrevista com os autores, 7 de outubro de 2013.
6. Russell Siegelman, entrevista com os autores, 9 de outubro de 2013.
7. "Steve Jobs Introduces the 'Digital Hub Strategy' at Macworld 2001", 9 de janeiro de 2001. Acessado em agosto de 2013. (https://www.dailymotion.com/video/x2mejn4)
8. Jon Rubinstein, entrevista com os autores, 11 de outubro de 2013.
9. Ron Johnson, entrevista com os autores, 10 de outubro 2013.
10. Andy Grove, apresentação para SLRP, 30 de março de 1990.
11. Ibid.

12. 'In Focus: Lou Gerstner", CNN.com, 2 de julho de 2004. Acesssado em 20 de setembro de 2013. (http://edition.cnn.com/2004/BUSINESS/07/02/gerstner.interview)
13. Andy Grove, apresentação para SLRP, 30 de março de 1990.
14. Andy Grove, apresentação para SLRP, 1991.
15. Citado em Jay Greene, "Microsoft's Big Bet", *Business Week*, 30 de outubro de 2000, 152.
16. Citado em Main Lashinsky "How Apple Works: Inside the World's Biggest Startup", *CNNMoney*, 25 de agosto de 2011. Acessado em 24 de janeiro de 2013. (http://fortune.com/2011/05/09/inside-apple)
17. Peter Burrows and Ronald Grover, "Steve Jobs' Magic Kingdom", Bloomberg Businessweek, 5 de fevereiro de 2006. Acessado em 22 de janeiro de 2013. (http//www.bloomberg.com/news/articles/2006-02-05/steve-jobs-magic-kingdom)
18. Fred Anderson, entrevista com os autores, 9 de outubro de 2013, e Avie Tevanian, entrevista com os autores, 9 de outubro de 2013; Jon Rubinstein, entrevista com os autores, 11 de outubro de 2013.
19. Fred Anderson, entrevista com os autores, 9 de outubro de 2013.
20. Citado em Burrows e Grover, "Steve Jobs' Magic Kingdom".
21. Leander Kahney, *Inside Steve's Brain* (Nova York: Portfolio, 2008), 31.
22. Citado em Burrows e Grover, "Steve Jobs' Magic Kingdom".
23. Bo Burlingham e George Gendron, "The Entrepreneur of the Decade: An Interview with Steve Jobs." *Inc.*, 1º de abril de 1989. Acessado em 9 de outubro 2013. (www.inc.com/magazine/19890401/5602.html)
24. Michael A. Cusumano e Richard W. Selby, *Microsoft Secrets: How the World's Most Powerful Software Company Creates Technology, Shapes Markets, and Manages People* (Nova York: Free Press/Simon & Schuster, 1995), 130-45.
25. Walter Isaacson, *Steve Jobs* (Nova York: Simon & Shuster, 2011), 567.

26. Fred Anderson, entrevista com os autores, 9 de outubro de 2013.
27. Isaacson, *Steve Jobs*, 97.
28. Citado em Kahney, *Inside Steve's Brain*, 64.
29. Ibid., 65.
30. Fred Anderson, entrevista com os autores, 9 de outubro de 2013.
31. Dennis Carter, entrevista com os autores, 11 de novembro de 2013.
32. Para uma história das versões do Windows, ver Microsoft, "A History of Windows". Acessado em 20 de maio de 2014. (http//windows.microsoft.com/en-us/windows/history #Tl =era0)
33. Ron Johnson, entrevista com os autores, 10 de outubro de 2013.
34. Ron Johnson, correspondência por e-mail com os autores, 3 de março de 2014.
35. Sobre o ProShare, ver Richard S. Tedlow, *Andy Grove:* The Life and Times of American (Nova York: Portfolio, 2006), 357-64.
36. Pat Gelsinger, entrevista com os autores, 7 de outubro de 2013.
37. Avie Tevanian, entrevista com os autores, 8 de outubro de 2013.
38. Ibid.
39. Jon Rubinstein, entrevista com os autores, 11 de outubro de 2013.
40. Les Vadasz, entrevista com os autores, 7 de outubro de 2013.
41. Bill Gates, citado no Computer History Museum, 1º de outubro de 2004. Acessado em 21 de maio de 2014. (http//www.infoworld.com/article/2680658/operating-systems/gates-undaunted-by-linux.html)
42. Andrew S. Grove, *Only the Paranoid Survive:* How to Exploit the Crisis Points That Challenge Every Company and Career (Nova York: Currency Doubleday, 1996), 3.
43. Andrew S. Grove, *High Output Management* (Nova York: Random House, 1983), 109.
44. Andy Grove, apresentação para SLRP de 1991.
45. Kahney, *Inside Steve's Brain*, 55.
46. Tarun Khanna, David B. Yoffie e Israel Yellen Ganot, "Microsoft, 1995," Harvard Business School, caso Nº. 795-147, abril de 1995, 14.
47. Bill Gates, "Netscape". Memorando Interno da Microsoft, 19 de maio de 1996. *United States vs. Microsoft Corporation* (Ação

Civil Nº. 98-1232), Prova 41 do Governo. Acessado em 9 de abril de 2013. (http//www.justice.gov/atr/cases/exhibits/41/pdf)
48. Bill Gates, "As Promised: OEM Pricing Thoughts". Memorando interno da Microsoft, 17 de dezembro de 1997, *United States vs. Microsoft Corporation* (Ação Civil Nº. 98-1232), Prova 61 do Governo. Acessado em 20 de março de 2013. (http//www.justice/gov/atr/cases/exhibits/61.pdf)
49. Bruce D. Henderson, *Henderson on Corporate Strategy* (Cambridge, MA: Abt Books, 1979), 10-11.
50. Andy Grove, apresentação para SLRP, 1993.
51. "Playboy Interview: Bill Gates", *Playboy*, julho de 1994, 64.
52. Cusumano e Selby, *Microsoft Secrets*, 164-65.
53. Nossos agradecimentos a Jeremy Bulow, da Stanford Business School, por esse exemplo.
54. Isaacson, *Steve Jobs*, 409.
55. Andrew S. Grove, *Só os paranoicos sobrevivem* (Rio de Janeiro: Futura, 1997).
56. Ibid., 35.
57. Andy Grove, apresentação para SLRP, 1997.
58. Bill Gates, "Internet Tidal Wave", Memorando Interno da Microsoft, 26 de maio de 1995. *United States vs. Microsoft Corporation* (Ação Civil Nº. 98-1232), Prova 20 do governo. Acessado em 4 de abril de 2013. (http://www.justice/gov/atr/cases/exhibits/20.pdf)
59. Andrew S. Grove, *Só os paranoicos sobrevivem* (Rio de Janeiro: Futura, 1997).
60. Russell Siegelman, entrevista com os autores, 9 de outubro de 2013.
61. Para a competição dos browsers, ver Michael A. Cusumano and David B. Yoffie, *Competing on Internet Time:* Lessons from Netscape and Its Battle with Microsoft (Nova York: Free Press/ Simon & Schuster, 1998).
62. Jon Shirley, entrevista com David Yoffie, 29 de janeiro de 1991.
63. Walter Mossberg, "Apple's Mobile Me Is Far Too Flawed to Be Reliable", *Wall Street Journal*, 24 de julho de 2008.

Capítulo 2: *Aposte alto, sem apostar a empresa*

1. Dicionário eletrônico Houaiss da língua portuguesa, 2009.
2. Citado em Robert A. Burgelman, *Strategy Is Destiny:* How Strategy-Making Shapes a Companys' Future (Nova York: Free Press/Simon & Schuster, 2002), 137.
3. Citado em Alan Deutschman, *The Second Coming of Steve Jobs* (Nova York: Broadway Books, 2000), 298.
4. Owen W. Linzmayer, *Apple Confidential 2.0:* The Definitive History of the World's Most Colorful Company (São Francisco: No Start Press, 2004), 75.
5. Walter Isaacson, *Steve Jobs* (Nova York: Simon & Schuster, 2011), 97.
6. Jeffrey S. Young and William L. Simon, *iCon: Steve Jobs, the Greatest Second Act in the History of Business* (Hoboken. NJ: John Wiley & Sons), 62.
7. David B. Yoffie, "Apple Computer 1997", Harvard Business School, Caso Nº 9-797-098 (Boston: Harvard Business School Publishing, 1997), 4.
8. Wintel era o acrônimo para computadores com um sistema operacional Windows e um chip Intel.
9. David B. Yoffie and Michael Slind, "Apple Computer, 2006", HBS, Caso Nº. 706-496 (Boston: Harvard Business School Publishing, 2007), 16.
10. Phillip Michaels, "Survey: Intel Transition May Cool Mac Sales". *Macworld*, 21 de junho de 2005. Acessado em 13 de abril de 2014. (http//www.macworld.com/article/1045413/readersurvey.html)
11. Peter Burrows, "Apple Hits the Intel Switch", *Bloomberg Businessweek*, 6 de junho de 2005. Acessado em 4 de fevereiro de 2013. (http://www.businessweek.com/stories/2005-06-06/apple-hits-the-intel-switch)
12. Stephen Shankland, "Apple to Ditch IBM, Switch to Intel Chips", *CNET News*, 3 de junho de 2005. Acessado em 3 de

abril de 2014. (http//cnet.com/news/apple-to-ditch-imb-switch-to-intel-chips)
13. Fred Anderson, entrevista com os autores, 8 de outubro de 2013.
14. "Macbook", *Wikipedia*. Acessado em 12 de abril de 2014. (http://en.wikipedia.org/wiki/MacBook)
15. David B. Yoffie and Penelope Rosanno, "Apple Inc. 2012", HBS, Caso Nº. 712-490 (Boston: Harvard Business School Publishing, 2012), 19.
16. Ron Johnson, entrevista com os autores, 9 de outubro 2013.
17. Jon Rubinstein, entrevista com os autores, 7 de outubro de 2013.
18. Paul Maritz, entrevista com os autores, 7 de outubro de 2013.
19. Entrevista com Bill Gates, "Gates & Grove: Mr. Software and Mr. Hardware Brainstorm Computing's Future", *Fortune*, 8 de julho de 1996.
20. Ibid.
21. Paul Maritz, entrevista com os autores, 7 de outubro de 2013.
22. Russ Siegelman, correspondência por e-mail com os autores, 25 de março de 2014.
23. Ibid.
24. Stephen Manes e Paul Andrews, *Gates: How Microsoft's Mogul Reinvented an Industry — and Made Himself the Richest Man in America* (Nova York: Doubleday, 1993), 406, 418.
25. Paul Maritz, entrevista com os autores, 7 de outubro de 2013.
26. Ramon Casadesus-Masanell, David Yoffie, and Sasha Mattu, "Intel Corporation: 1968-2003", HBS, Caso Nº. 703-427 (Boston: Harvard Business School Publishing, 2002), 5.
27. Ibid., 6.
28. Tom Dunlap, correspondência por e-mail com os autores, 19 de dezembro de 2013.
29. Ibid.
30. Andrew S. Grove, *Só os paranoicos sobrevivem* (Rio de Janeiro: Futura, 1997).

31. Casadesus-Masanell, Yoffie, and Mattu, "Intel Corporation: 1968-2003", 6.
32. Citado em Kathleen Wiegner, "The Empire Strikes Back", *Upside*, junho de 1992, 34.
33. Executivo Sênior da IBM, entrevista com David Yoffie, 1990.
34. Andy Grove, entrevista por telefone com os autores, 25 de março de 2014.
35. Frank Gill, entrevista com os autores, 15 de outubro de 2013.
36. "The Intel 80386 Case", vídeo, the Computer Museum. Acessado em 18 de outubro de 2013. (https://www.youtube.com/watch?v=XFgFWdxHILc)
37. "Andy Grove Quotes", Thinkexist.com. Acessado em 27 de março de 2013. (http://thinkexist.com/quotes/andy_grove)
38. CNNMoney/Fortune, 9 de novembro de 1998, citado em "The Top 20 Most Inspiring Steve Jobs Quotes", TNW. Acessado em 2 de julho de 2014. (http://thenextweb.com/apple/2011/9/20/the-top-20-most-inspiring-steve-jobs-quotes/)
39. Jon Rubinstein, entrevista com os autores, 11 de outubro de 2013.
40. Andy Hertzfeld, *Revolution in the Valley:* The Insanely Great Story of How the Mac Was Made (Sebastopol, CA: O'Reilly Media, 2005). 19-20. Também contada em Isaacson, *Steve Jobs*, 114.
41. Michael S. Malone, *Infinite Loop:* How the World's Most Insanely Great Computer Company Went Insane (Nova York: Doubleday, 1999), 250.
42. Owen W. Linzmayer, *Apple Confidential 2.0:* The Definitive History of the World's Most Colorful Company (São Francisco: No Starch Press, 2004), 17, 23.
43. Jim Carlton, *Apple: The Inside Story of Intrigue, Egomania, and Business Blunders* (Nova York: Random House, 1997), 13-14.
44. Linzmayer, *Apple Confidential*, 98.
45. Ibid, 31.
46. Jon Rubinstein, entrevista com os autores, 11 de outubro de 2013.

47. Steven Levy, *The Perfect Thing* (Nova York: Simon & Schuster, 2006), 220-21.
48. Owen Thomas, "Why Apple Chose Intel", CNNMoney.com, 22 de julho de 2005. Acessado em fevereiro de 2013. (http://money.cnn.com/2005/07/22/technology/techinvestor/tech_biz/index.htm?section=money.latest)
49. Laurie J. Flynn and Vikas Bajaj, "Apple Moves Quickly to Use Intel Chips", *New York Times*, 10 de janeiro de 2006.
50. David B. Yoffie and Michael Slind, "Apple Inc., 2008", HBS, Caso n° 708-480 (Boston: Harvard Business School Publishing, 2008), 17.
51. Jon Shirley, antigo presidente da Microsoft, entrevista com David Yoffie, 27 de janeiro de 1991.
52. Bill Gates, palestra na Boston Computer Society, 18 de outubro de 1993, citado em Michael Cusumano and Richard W. Selby, *Microsoft Secrets: How the World's Most Powerful Software Company Creates Technology, Shapes Markets, and Manages People* (Nova York: Free Press/Simon & Schuster, 1995), 142.
53. Jon Shirley, entrevista com David Yoffie, 29 de janeiro de 1991.
54. Dados sobre as vendas de CPU Intel podem ser encontrados em Dan Steere e Robert Burgelman, "Intel Corporation (D): Microprocessors at the Crossroads", Graduate School of Business, Universidade de Stanford, BP-256D, 30-31.
55. Stephen Elop, memorando "Burning Platform". Acessado em 5 de junho de 2014. (http://blogs.wsj.com/tech-europe/2011/02/09/full-text-nokia-ceo-stephen-elops-burning-platform-memo/)
56. Isaacson, *Steve Jobs*, 408.
57. Cusumano and Selby, *Microsoft Secrets*, 146.
58. Donna Dubinsky, comunicação pessoal com os autores, 21 de outubro de 2013. Dubinsky desempenhou uma série de papéis na Apple, inclusive distribuição, no início da década de 1980, e mais tarde se tornou CEO da Palm e uma das fundadoras da Handspring.

59. Jon Rubinstein, entrevista com os autores, 11 de outubro de 2013.
60. Ibid.
61. Ver Isaacson, *Steve Jobs*, 465.
62. Adam Lashinsky, *Inside Apple: How America's Most Admired — and Secretive — Company Really Works* (Nova York: Business Plus, 2012), 3-4.
63. Steve Jobs "Keynote Address", *Macworld*, 9 de janeiro de 2007. Acessado em 15 de março de 2013. (http://www.youtube.com/watch?v=s72uTrA5EDY)
64. Ver Owen Thomas, "Why Apple Cannibalized the iPod", *Business Insider*, 27 de outubro de 2012. Accessado em 8 de março 2013. (http://www.businessinsider.com/apple-ipod-cannibalization-2012-10)
65. Isaacson, *Steve Jobs*, 498.
66. Erick Schonfeld "Apple's Tim Cook: The iPad Is Cannibalizing Some Mac Sales, There Are 'A Lot More Windows PCs to Cannibalize than Macs'" *TechCrunch*, 19 de julho de 2011. Acessado em 5 de março de 2013. (https:/techcrunch.com/2011/07/19/ipad-cannibalizing-pc)
67. Ibid.
68. Paul Otellini, entrevista com David Yoffie, 13 de janeiro de 2000.
69. Andrew S. Grove, *Só os paranoicos sobrevivem* (Rio de Janeiro: Futura. 1997).
70. Andy Grove, discussão em 6 de setembro de 2013.
71. Conversa entre Harold Hughes, CFO da Intel, e David Yoffie.
72. "Compaq to Drop Intel Inside Logo from Its PC Range", *PC User*, 21 de setembro de 1994.
73. Andrew S. Grove, *Só os paranoicos sobrevivem* (Rio de Janeiro: Futura, 1997).
74. Essas foram as palavras usadas por Russell Siegelman para descrever Bill Gates, em uma entrevista com os autores, em 9 de outubro de 2013. Renée James, assistente técnica de Grove em meados da década de 1990, usou as mesmas palavras em uma entrevista com os autores, em 9 de outubro de 2013.

75. Andrew S. Grove, *Só os paranoicos sobrevivem* (Rio de Janeiro: Futura, 1997).
76. Ver, por exemplo, *New York Times*, 21 de dezembro de 1994, B8.
77. David B. Yoffie, "Microsoft Goes Online: MSN 1996", HBS, Caso n° 9-798-019 (Boston: Harvard Business School Publishing, 1997), 1.
78. Ibid., 10.
79. Ibid., 1.
80. Russell Siegelman, entrevista com os autores, 9 de outubro de 2013.
81. "Usage Share of Browsers", *Wikipedia*. Acessado em 10 de fevereiro de 2014. (http://en.wikipedia.org/wiki/Usage_share_of_web_browsers)
82. Steven Levy, "Apple Computer Is Dead; Long Live Apple", *Newsweek*, 9 de janeiro de 2007. Acesssado em 21 de junho de 2013. (http://www.newsweek.com/steven-levy-apple-computer-dead-long-live-apple-98429.
83. Michael Arrington. "iPhone App Store Has Launched", *TechCrunch*, 10 de julho de 2008. Acessado em 8 de novembro de 2013. (http://techcrunch.com/2008/07/10/app-store-launches-upgrade-itunes-now/; App Store (iOS)," *Wikipedia*. Acessado em 8 de novembro de 2013. (http://en.wikipedia.org/wiki/App_Store_(iOS))
84. Renée James, entrevista com os autores, 9 de outubro de 2013.
85. Avie Tevanian, entrevista com os autores, 8 de outubro de 2013.

Capítulo 3: Construa plataformas e ecossistemas — não apenas produtos

1. Ver Annabelle Gawer e Michael A. Cusumano, *Platform Leadership:* How Intel, Microsoft and Cisco Drive Industry Innovation (Boston: Harvard Business School Press, 2002); and Michael A. Cusumano and Annabelle Gawer, "The Elements of Platform Leadership", *MIT Sloan Management Review 43*, n°. 3 (Primavera, 2002): 51-58.

2. Thomas Eisenmann, Geoffrey Parker e Marshall W. Van Alstyne, "Strategies for Two-Sided Markets", *Harvard Business Review* 84, nº 10 (2006): 92-101; and Michael A. Cusumano, *Staying Power: Six Enduring Principles for Managing Strategy and Innovation in a Changing World* (Oxford: Oxford University Press, 2010), 54-55.
3. John Donne, "Meditation XVII". Acessado em 3 de setembro de 2013. (http://www.poemhunter.com/poem/no-man-is-an-island/)
4. Entrevista com Bill Gates, 1994, citado em Tarun Khanna e David Yoffie, "Microsoft, 1995", Harvard Business School Caso nº 795-147 (Boston: Harvard Business School Publishing, 1995), 1.
5. Michael J. Miller, "The Rise of DOS: How Microsoft Got the IBM PC OS Contract", PCMag.com, 10 de agosto de 2011, acessado em setembro de 2013. (http://forwardthinking.pcmag.com/software/286148-the-rise-of-dos-how-microsoft-got-the-ibm-pc-os-contract)
6. Stephen Manes e Paul Andrews, *Gates: How Microsoft's Mogul Reinvented an Industry — and Made Himself the Richest Man in America* (Nova York: Doubleday, 1993), 162-63.
7. Manes e Andrews, *Gates*, pp. 203-4.
8. Moore citado em Robert A. Burgelman, *Strategy Is Destiny: How Strategy-Making Shapes a Company's Future* (Nova York: Free Press, 2002), 108.
9. Citado em Richard S. Tedlow, *Andy Grove: The Life and Times of an American* (Nova York: Portfolio, 2006), 269.
10. Ibid.
11. Pat Gelsinger, entrevista com os autores, 7 de outubro de 2013.
12. Frank Gill, entrevista com os autores, 15 de outubro de 2013.
13. Andrew S. Grove, *Only the Paranoid Survive:* How to Exploit the Crisis Points That Challenge Every Company and Career (Nova York: Currency Doubleday, 1996), 106.
14. Walter Isaacson, *Steve Jobs* (Nova York: Simon & Schuster, 2011), 381.

15. Ibid, 568.
16. Nossos agradecimentos ao fundador da Intuit, Scott Cook, por assinalar a dependência precoce de Jobs ao uso de plataformas.
17. Isaacson, *Steve Jobs*, 404.
18. "iPod Sales Charts" *Wikipedia*. Acessado em 30 de março de 2014 (http:/en.wikipedia.org/wiki/File:ipod_sales_per-quarter.svg). Dados extraídos dos comunicados à imprensa da Apple.
19. Fred Anderson, entrevista com os autores, 8 de outubro 2013.
20. Isaacson, *Steve Jobs*, 405.
21. Jon Rubinstein, entrevista com os autores, 11 de outubro de 2013.
22. Citado em Isaacson, *Steve Jobs*, 406.
23. Leander Kahney, *Inside Steve's Brain* (Nova York: Portfolio, 2008), 200.
24. Para vendas do iPod em 2007, ver David Carr, "Steve Jobs: iCame, iSaw, iCaved", *New York Times*, 10 de setembro de 2007, C1. O Bank of America Securities estimou a base instalada do Mac em 22 milhões em março de 2007; ver Slash Lane, "Mac Install Base Estimated at 22 Million pre-Leopard", Apple Insider, 2 de março de 2007. Acessado em 1º de março de 2013. (http://appleinsider.com/article/?id=2541)
25. Ver Annabelle Gawer e Michael A. Cusumano, "How Companies Become Platform Leaders", *MIT Sloan Management Review 49*, nº 2 (2008): 28-35; e também Cusumano, *Staying Power*, 22-68.
26. Isaacson, *Steve Jobs*, 502.
27. Apresentação de Bill Gates no Burden Hall, Harvard Business School, 19 de novembro de 1991, vídeo. Acessado em 25 de julho de 2014. (http://video.hbs.edu/videotools/play?clip=billgates)
28. David Johnson, citado em Cusumano e Gawer, "The Elements of Platform Leadership", 51.

29. Discurso de Jobs, Macworld Boston, agosto de 1997. Acessado em 12 de junho de 2013. (http:/www.youtube.com/watch?v=WxOp5mBY9IY)
30. Andy Grove, entrevista com David Yoffie, primavera de 2003.
31. Gawer e Cusumano, *Platform Leadership*, 22.
32. Ibid., 23.
33. Grove, citado em ibid., 32.
34. Ibid., 33.
35. Ibid., 41-42.
36. Renée James, entrevista com os autores, 9 de outubro de 2013.
37. Gawer e Cusumano, *Platform Leadership* 149-51.
38. Jim Manzi, entrevista com David Yoffie, 1990.
39. D. Clark, "Microsoft Will Keep Making Products for Apple's Macintosh, Gates Pledges", *Wall Street Journal*, 22 de março de 1995.
40. Para o acordo, ver *United States vs. Microsoft* (Ação civil nº 98-1232). Modified Final Judgment, 7 de setembro de 2006. Acessado em 4 de agosto de 2013. (htpp:/www.justice.gov/atr/cases/f218300/218339.htm) Para exemplos de queixas anteriores sobre vantagens injustas para o desenvolvimento de aplicativos da Microsoft, ver Michael A. Cusumano e Richard W. Selby, *Microsoft Secrets: How the World Most Powerful Company Creates Technology, Shapes Market, and Manages People* (Nova York: Free Press/Simon & Schuster, 1995), 168-69; Manes e Andrews, *Gates*, 349-50.
41. Grove, entrevista com o autor, citado em Gawer e Cusumano, *Platform Leadership*, 120.
42. Frank Gill, entrevista com os autores, 15 de outubro de 2013.
43. Ibid.
44. Manes e Andrews, *Gates*, 433.
45. Daniel Ichbiah e Susan L. Knepper, *The Making of Microsoft* (Rocklin, CA: Prima, 1991), 101-3, 108-18.
46. Calculado com base no relatório 10K da Microsoft, 2013.
47. Bill Gates, "Internet Tidal Wave", memorando interno da Microsoft, maio de 1995, *United States vs. Microsoft* (Ação civil

nº 98-1232), Goverment Exhibit 20. Acessado em 4 de abril de 2013. (http://www.justice.gov/att/cases/exhibits/20.pdf)
48. Ver Michael A. Cusumano, "The Platform Leader's Dilemma", *Communications of the ACM 54*, nº. 10 (2011): 21-24. Este dilema é semelhante ao descrito para estratégia de produtos em Clayton Christensen, *The Innovator's Dilemma*: When New Technologies Cause Great Firms to Fail (Boston: Harvard Business School Press, 1996).
49. Jobs citado em Isaacson, *Steve Jobs*, 349.
50. David B. Yoffie, "Wintel (B): From NSF to MMX", HBS, Caso nº 704-420 (Boston: Harvard Business School Publishing, 2003), 1-2.
51. Pat Gelsinger, entrevista com os autores, 7 de outubro de 2013.
52. John C. Dvorak, "How the Itanium Killed the Computer Industry", *PC*, 26 de janeiro de 2009. Acessado em 23 de junho de 2014. (http:/www.pcmag.com/article2/0,2817,2339629,00.asp)
53. Citado em Tedlow, *Andy Grove*, 315.
54. Robert A. Burgelman, *Strategy Is Destiny* (Nova York: Free Press/ Simon & Schuster, 2002), 236.
55. Bill Gates, *Business @ the Speed of Thought: Using a Digital Nervous System* (Nova York: Warner Books, 1999), 174.
56. Bill Gates, "As Promised: OEM Pricing Thoughts". Memorando Interno da Microsoft, 17 de dezembro de 1997, *United States vs. Microsoft Corporation* (Ação civil nº 98-1232), Government Exhibit 61. Acessado em 10 de abril de 2013. (http://www.justice.gov/acr/cases/exhibits/61.pdf)
57. Paul Maritz, entrevista com os autores, 7 de outubro de 2013.
58. Avie Tevanian, entrevista com os autores, 8 de outubro de 2013.
59. Scott Mace, "Emulator Lets Apple II Programs Run on a Mac", *InfoWorld*, 14 de julho de 1986. Acessado em 12 de julho de 2013. (http://www.landsnail.com/ii-in-a-mac.htm)
60. Jon Rubinstein, entrevista com os autores, 11 de outubro de 2013, e Avie Tevanian, entrevista com os autores, 8 de outubro de 2013.

61. Jon Rubinstein, entrevista com os autores, 11 de outubro de 2013.

Capítulo 4: *Explore a influência e o poder — pratique judô e sumô*

1. Arthur Rock, "Strategy vs. Tactics from a Venture Capitalist", *Harvard Business Review*, novembro-dezembro 1987, 2.
2. Citado em Michael Hogan, "Jack Welch Gives 'Em Hell at VF/ Bloomberg Panel", *Vanity Fair Online*, 29 de maio de 2009. Acessado em 10 de setembro de 2013. (http://www.vanityfair.com/online/daily/2009/05/jack-welch-gives-em-hell-at-vfbloomberg-panel)
3. David B. Yoffie and Michael A. Cusumano, "Judo Strategy: The Competitive Dynamics of Internet Time", *Harvard Business Review*, Janeiro — Fevereiro 1999, 71-81; e David B. Yoffie e Mary Kwak, *Judo Strategy: How to Turn Your Competitors' Strengths to Your Advantage* (Boston: Harvard Business School Press, 2001).
4. Jimmy Jovine, entrevista com os autores, 23 de outubro de 2013.
5. Drew Fudenberg e Jean Tirole, "The Fat-Cat Effect, the Puppy-Dog Ploy and the Lean and Hungry Look". *American Economic Review* 74, n° 2 (maio de 1984): 361-66.
6. Jon Rubinstein, entrevista com os autores, 11 de outubro de 2013.
7. Ibid.
8. Jimmy Iovine, entrevista com os autores, 23 de outubro de 2013.
9. Paul Freiberg e John Markoff, "Macintosh May Be for the Masses", *Infoworld* 5, n°. 29 (18 de julho de 1983): 35; John Markoff, "To Cut Online Chatter, Apple Goes to Court", *New York Times*, 21 de março de 2005, C1.
10. Citado em Adam Lashinsky, *Inside Apple: How America's Most Admired — and Secretive — Company Really Works* (Nova York: Business Plus, 2012), 39.

11. Leander Kahney, *Inside Steve's Brain* (Nova York Portfolio, 2008), 229.
12. Lashinsky, *Inside Apple*, 42.
13. Adam Satariano e Peter Burrows, "Apple's Supply-Chain Secret? Hoard Lasers", *Bloomberg Bussinessweek*, 3 de novembro de 2011. Acessado em 9 de novembro de 2012. (http://www.businessweek.com/magazine/apples-suppplychain-secret-hoard-lasers-11032011.html)
14. Sun Tzu, *A arte da guerra*, traduzido por Samuel B. Griffith (Oxford: Oxford University Press, 1963), 66.
15. Brad Stone and Ashlee Vance, "Apple Obsessed with Secrecy on Products and Top Executives", *New York Times*, 23 de junho de 2009.
16. Ver Walter Isaacson, *Steve Jobs* (Nova York: Simon & Schuster, 2011), 491.
17. Avie Tevanian, entrevista com os autores, 8 de outubro de 2013.
18. Jon Rubinstein, entrevista com os autores, 11 de outubro de 2013.
19. A patente, com data de 17 de março de 2004, pode ser encontrada em http://www.google.com/patents?id=6BsWAAAA EBAJ&printsec=abstract&zoom=48&dq=steve+jobs+tablet& source=gbs_summary_r&cad=0_0#v=onepage&q=stevepe rcent20jobspercent20tablets&f=False. Ver também Brian X. Chen, "Steve Jobs' 6 Sneakiest Statements", Wired.com, 16 de fevereiro de 2010. Acessado em 10 de abril de 2013. (http://www.wired.com/gadgetlab/2010/02/steve-jobs/)
20. Citado em Kim Yoo-chul, "Samsung-Apple Tablet War to Define Industry Standard", *Korea Times*, 21 de outubro de 2010.
21. Tim Bradshaw, "Jobs Emails Show Apple Eyed Seven-Inch Tablet", *Financial Times*, 4 de agosto de 2012.
22. "CEO Forum: Microsoft's Ballmer Having a 'Great Time'". USA Today, 30 de abril de 2007. Acessado em junho de 2014. (http://usatoday30.usatoday.com/money/companies/management/2007-04-29)

23. Entrevista com Steve Ballmer, 18 de dezembro de 2007. Acessado em 2014. (https:/www.youtube.com/watch?v=eywi0h_Y5_U)
24. Steve Jobs, "Keynote Address". Macworld Boston, 6 de agosto de 1997, acessado em 8 de março de 2013. (http://www.youtube.com/watch?v=4pAhay9cYaE)
25. Ver Adam M. Brandenberger e Barry J. Nalebuff, *Co-opetition* (Nova York: Doubleday, 1996).
26. Stephen Manes e Paul Andrews, *Gates: How Microsoft's Mogul Re-invented an Industry — and Made Himself the Richest Man in America* (Nova York: Doubleday, 1993), 282.
27. Ibid., 266.
28. Ibid., 323.
29. A Apple também concordou em colaborar com a Microsoft para garantir que a versão do Java entregue com o MacOS era compatível com a implementação do Java na Microsoft. Para relatos contemporâneos sobre o anúncio, ver John Markoff, "Computing's New Alliance: The Partnership", *New York Times*, 7 de agosto de 1997, A1; Eric Evarts, "Bitten by Reality, Apple Saves Its Skin", *Christian Science Monitor*, 8 de agosto de 1997, 1; Steven Levy, "A Big Brother?", *Newsweek*, 18 de agosto de 1997, 22ff. Ver também Walter Isaacson, *Steve Jobs* (Nova York: Simon & Schuster, 2011), 321-26.
30. Steve Jobs, "Keynote Address". *Macworld Boston*, 6 de agosto de 1997. Acessado em 9 de julho de 2014. (http://www.youtube.com/watch?v=4pAhay9tYaE)
31. Entrevista com Steve Jobs na All Things Digital Conference, 2007, acessada em 21 de junho de 2013. (http://www.youtube.com/watch?v=_5Z7eal4uXI&list=PL024C995E1DDCAFB0)
32. Evans, "Bitten by Reality".
33. Jon Rubinstein, entrevista com os autores, 11 de outubro de 2013.
34. Dan Farber, "Mix '06: Gates Ready to Embrace and Extend", ZDNet, 20 de março de 2006. Acessado em 27 de junho de

2014. (http://www.zdnet.com/blog/btl/mix-06-gates-ready-co-embrace-and-extend/2740)
35. E-mail de Steve Jobs, 25 de outubro de 2010. Acessado em 8 de maio de 2014. (http://cdn2.vox-cdn.com/assets/4244355/DX489_Rev_03-07-14.pdf)
36. Ibid.
37. Gareth Powell, "Dazzling Power of New Version of MS-DOS", *Age (Melbourne)*, 16 de fevereiro de 1993; ver também Peter Jackson, "Computer (Workspace): What a DOS", *Guardian*, 7 de fevereiro de 1991; Peter H. Lewis, "Personal Computers: DOS Goes on a Streamlined Diet", *New York Times*, 11 de junho de 1991; Cairn MacGregor, "Help Is Too Little, Too Late in the Latest Version of MS-DOS Operating Program", *Gazette* (Montreal), 17 de julho de 1991; Richard Morochove, "Here Comes Microsoft's Software Winner for '93", *Toronto Star*, 15 de fevereiro de 1993.
38. Transcrição das observações de Bill Gates na reunião de estratégia para internet da Microsoft, em 7 de dezembro de 1995.
39. David Banks, *Breaking Windows: How Bill Gates Fumbled the Future of Microsoft* (Nova York: Free Press/Simon & Schuster, 2001), 105.
40. "How to Get to 30% Share in 12 Months", memorando interno da Microsoft, *United States vs. Microsoft Corporation* (Ação Civil n° 98-1232), Government Exhibit 684. Acessado em 21 de maio de 2013. (http://www.justice.gov/atr/cases/exhibits/684.pdf)
41. Sun Tse [SunTzu], *The Art of War: Complete Texts and Commentaries*, trad. de Thomas Cleary (Boston: Shambhala, 2000), 68.
42. James Wallace e Jim Erickson, *Hard Drive: Bill Gates and the Making Of the Microsoft Empire* (Nova York: John Wiley & Sons, 1992), 251.
43. Manes and Andrews, *Gates*, 221
44. Louise Kehoe, "Brave Faces After the Software 'Quake'", *Financial Times*, 9 de outubro de 1984, 18.
45. Kathleen Wiegner, "The Empire Strikes Back", *Upside*, junho de 1992, 32.

46. Ibid., 38.
47. Slide 103, Apresentação para SLRP de Andy Grove em 1993.
48. Leander Kahney, *Jony Ive: The Genius Behind Apple's Greatest Products* (Nova York: Portfolio/Penguin, 2013), 139-41.
49. George Stalk and Rob Lachenauer, *Hardball: Are You Playing to Play or Playing to Win?* (Boston: Harvard Business School Press, 2004), 1.
50. Ver Owen W. Linzmayer, *Apple Confidential: The Definitive History of the World's Most Colorful Company* (São Francisco: n° Starch Press, 2004), 170; Manes and Andrews, *Gates*, 278-80; Brenton R. Schiender, "Software Hardball: Microsoft's Gates Uses Products and Pressure to Gain Power in PCs", *Wall Street Journal*, 25 de setembro de 1987.
51. John Sculley, *Odyssey: Pepsi to Apple... A Journey of Adventure, Ideas, and the Future* (Nova York: Harper & Row, 1987), 344.
52. Linzmayer, *Apple Confidential*, 171-72; Manes e Andrews, *Gates*, 288-93; Jim Carlton, *Apple: The Inside Story of Intrigue, Egomania, and Business Blunders* (Nova York: Times Books, 1997), 53-56.
53. Ver Banks, *Breaking Windows*, 157.
54. Ibid., 105. Russ Siegelman, que estava presente na reunião, confirmou a conversa numa entrevista com os autores, 9 de outubro de 2013.
55. Navisoft, "Gate'sWorld", memorando interno da AOL, 21 de janeiro de 1996, *United States vs. Microsoft Corporation* (Ação Civil n° 98-1232), Government Exhibit 38. Acessado em 22 de janeiro de 2013. (http://www.usdoj.gov/att/cases/exhibits/38.pdf)
56. Lashinsky, *Inside Apple*, 149.
57. Jon Rubinstein, entrevista com os autores, 11 de outubro de 2013.
58. Charlie Redmayne para Jonathan Miller et al., 22 de janeiro de 2010; Plaintiff's Exhibit PX-0308; US vs. Apple, (12-cv-02826). Acessado em 13 de junho de 2013. (http://www.justice.gov/atr/cases/apple/exhibits/px-0308.pdf)
59. A conversa entre Jobs e Murdoch, que aconteceu entre 22 de janeiro e 24 de janeiro de 2010 está disponível em https://

www.documentcloud.org/documents/702951-email-exchange-between-steve-jobs-and-james.html. Acessado em 5 de março de 2013.
60. *United States vs. Apple, Inc.* (12-cv-02826), Plaintiff's Proposed Finding of Fact, 60. Acessado em 13 de junho de 2013. (http://www.justice.gov/atr/cases/f296700/296796.pdf)
61. Brian Murray, "Apple Cheet [sic] Sheet", memorando interno da HarperCollins, em 27 de janeiro de 2010, *United States vs. Apple, Inc.* (12-CV-02826), Plaintiff's Exhibit PX-0637. Acessado em 11 junho de 2013. (http://www.justice.gov/atr4cases/apple/exhibits/px-0637.pdf)
62. Laurence Zukerman, "Intel and Digital Settle Lawsuit and Make Deal", *New York Times*, 28 de outubro, 1997, Dl.
63. Federal Trade Commission, In the Matter of Intel Corporation, Docket n° 9288, Decision and Order ILA, 6 de agosto, 1999. Acessado em 4 de junho de 2013. (http://www.ftc.gov/os/1999/08/intel.do.htm)
64. David B. Yoffie and Mary Kwak, "Playing by the Rules: How Intel Avoids Antitrust Litigation", Harvard Business Review 79, n° 6 (junho de 2001): 119-22.
65. "Microsoft's 1994 Consent Decree: Boon or Bust?", entrevista com Brad Smith, Conselho Geral da Microsoft, *CNET News*, 9 de julho de 2004. Acessado em 9 de julho de 2013. (http://news.cnet.com/Microsofts-1994-consent-decree-Boon-or-bust/2100-1016_3-5262600.html)
66. Steve Ballmer, entrevista com David Yoffie e Michael Cusumano, 23 de março de 1998.
67. Yoni Heisler, "Emails Revealed That Steve Jobs Angrily Called Sergey Brin over Google's Recruitment of Apple's Safari Team", TUAW.com. Acessado em 4 de maio de 2014. (http://www.tuaw.com/2014/03/24/emails-reveal-that-steve-jobs-angrily-called-sergey-brin-over-go/)
68. Andy Grove, apresentação para SLRP de 1990, 45.

Capítulo 5: Molde a organização em torno da sua âncora pessoal

1. Ver, para um exemplo recente, Deborah Ancona et al., "In Praise of the Incomplete Leader", *Harvard Business Review*, fevereiro de 2007.
2. Bill Gates, "Bill Gates' Favorite Business Book", *Wall Street Journal Online*, 11 de julho de 2014. Acessado em 12 de julho de 2014. (http://online.wsj.com/articles/bill-gatess-favorite-business-book-1405088228?mod=WSJ_hp_EditorsPicks)
3. "You've Got to Find What You Love,' Jobs Says", *Stanford News*. Acessado em 27 de junho de 2014. (http://news.stanford.edu/news/2005/june15/jobs-061505.html)
4. Nossos agradecimentos a Mel Horwitch por indicar quais aspectos da nossa visão sobre liderança neste capítulo — a capacidade de se comunicar com paixão, bem como reconhecer as próprias e fraquezas — correspondem às ideias do falecido Warren Bennis. Ver, em especial, Warren Bennis, *On Becoming a Leader*, 4ª ed. (Nova York: Basic Books, 2009).
5. Ver Michael A. Cusumano, "The Legacy of Bill Gates", *Communications of the ACM 52*, n° 1 (janeiro de 2009): 25-26.
6. Para uma história do negócio de produtos de software, ver Michael A. Cusumano, *The Business of Software* (Nova York: Free Press, 2004), 86-127.
7. Entrevista com Bill Gates, agosto de 1993, citada em Michael A. Cusumano e Richard W. Selby, *Microsoft Secrets: How the World's Most Power id Software Company Creates Technology, Shapes Markets, and Manages People* (Nova York: Free Press/ Simon & Schuster, 1995), 290.
8. Les Vadasz, entrevista com os autores, 7 de outubro de 2013.
9. Andy Grove, entrevista com os autores, 9 de outubro de 2013.
10. Richard S. Tedlow, *Andy Grove: The Life and Times of an American* (Nova York: Portfolio, 2006), 129.
11. Les Vadasz, entrevista com os autores, 7 de outubro de 2013.

12. Andrew S. Grove, *High Output Management* (Nova York: Random House, 1983), 172.
13. Ibid., 111.
14. Ver Michael A. Cusumano, "The Legacy of Steve Jobs", *Communications of the ACM 54*, n° 12 (dezembro de 2011): 26-28.
15. Walter Isaacson, *Steve Jobs* (Nova York: Simon & Schuster, 2011), 5-12.
16. Ron Johnson, entrevista com os autores, 9 de outubro de 2013.
17. Andy Grove, apresentação para SLRP da Intel, em 1996.
18. Andy Grove, entrevista com os autores, 9 de outubro de 2013.
19. Ibid.
20. Entrevista de Gates, agosto de 1993, citada em Cusumano e Selby, *Microsoft Secrets*, 33.
21. Ibid, 25.
22. Ibid., 27.
23. Ibid., 28.
24. Ibid., 33.
25. Ibid., 28-29.
26. Ver Michael A. Cusumano, "What Road Ahead for Microsoft and Windows", *Communications of the ACM 49*, n°. 7 (julho de 2006): 23-26.
27. Shira Ovide, Joann Lublin, e Monica Langley, "Microsoft Prescription: More Bill Gates", *Wall Street Journal*, 5 de fevereiro de 2014.
28. Isaacson, *Steve Jobs*, 126.
29. Leander Kahney, *Inside Steve's Brain* (Nova York: Portfolio, 2008), 51-54; a citação de Ratzlaff está na página 51.
30. Isaacson, *Steve Jobs*, 345-46; e Adam Lashinsky, *Inside Apple: How America's Most Admired-and Secretive-Company Really Works* (Nova York: Business Plus, 2012), 54-55. Ver também uma discussão mais detalhada do processo de desenvolvimento de produtos da Apple e as interações entre Ive e Jobs em Leander Kahney, *Jony Ive: The Genius Behind Apple's Greatest Products* (Nova York: Penguin, 2013).

31. Michael Hailey, citado em Lashinsky, *Inside Apple*, 22.
32. Christopher Stringer, depoimento em *Apple Inc. v. Samsung Electronic Co.*, transcrições dos autos, 31 de julho de 2012, 530. Acessado em 20 de maio de 2013. (http://www.groklaw.net/pdf4/ApplevSamsung-1547.pdf)
33. Ver Isaacson, *Steve Jobs*, 391-92; 499-500.
34. Pat Gelsinger, entrevista com os autores, 7 de outubro de 2013.
35. Andrew S. Grove, *Only the Paranoid Survive: How to Exploit the Crisis Points That Challenge Every Company and Career* (Nova York: Currency Doubleday, 1996), 161-62; Robert A. Burgelman, Dennis L. Carter, and Raymond S. Bamford, "Intel Corporation: The Evolution of an Adaptive Organization", Stanford Graduate School of Business Case SM-65 (Stanford: Trustees of Leland Stanford University, 1999), 12-13.
36. Grove, *Only the Paranoid Survive*, 161-62.
37. Ibid., 96-97.
38. Ibid., 161-62.
39. Ver Burgelman, Carter, and Bamford, "Intel Corporation: The Evolution of an Adaptive Organization", 12-13.
40. Andy Grove, entrevista com os autores, 23 de setembro de 2013.
41. Grove, *Só os paranoicos sobrevivem*, 114.
42. Isaacson, *Steve Jobs*, 75-78.
43. Andy Grove, entrevista com os autores, 9 de outubro de 2013.
44. "In Secret Hideaway, Bill Gates Ponders Microsoft's Future", *Wall Street Journal*, 28 de março de 2005. Acessado em 3 de outubro de 2013. (http://online.wsj.com/article/0,,SBI111196625830690477,00.html)
45. Ver Cusumano and Selby, *Microsoft Secrets*, 362-65.
46. Russ Siegelman, entrevista com os autores, 9 de outubro de 2013.
47. Jon Rubinstein, entrevista com os autores, 11 de outubro de 2013.
48. Ibid.

49. Steve Jobs, citação da 1997 na Apple Worldwide Developer Conference, vídeo. Acessado em fevereiro de 2014 (http://www.youtube.com/watch?v=GnO7D5UaDig). Nossos agradecimentos a Karim Lakhani da Harvard Business School por nos indicar este vídeo.
50. Comentários por e-mail sobre o manuscrito de Donna Dubinsky para os autores, 7 de maio de 2014.
51. A discussão de Jobs sobre como modificou a estrutura organizacional pode ser encontrada nos seus comentários na Apple Worldwide Developer Conference de 1997. Acessado em 26 de fevereiro de 2014. (http://www.youtube.com/watch?v=GnO7D5UaDig)
52. Ron Johnson, entrevista com os autores, 9 de outubro de 2013.
53. Grove, *Só os paranoicos sobrevivem*, 120.
54. Ver Michael A. Cusumano, "The Legacy of Steve Ballmer", *Communications of the ACM 57*, n°. 1 (janeiro de 2014): 30-32.
55. Paul Maritz, entrevista com os autores, 7 de outubro de 2013.
56. Andy Grove, entrevista com os autores, 6 de setembro de 2013.
57. Ibid.
58. Jobs, citado em Isaacson, *Steve Jobs*, 218.
59. Fred Anderson, entrevista com os autores, 8 de outubro de 2013.
60. Donna Dubinsky, comentários escritos sobre o manuscrito, 7 de maio de 2014.
61. Isaacson, *Steve Jobs*, 360.
62. Avie Tevanian, entrevista com os autores, 8 de outubro de 2013.
63. Ron Johnson, entrevista com os autores, 10 de outubro de 2013.
64. Ver Kahney, *Jony Ive*, 199 e em outros lugares para mais sobre o relacionamento entre Ive e Rubinstein.
65. Isaacson, *Steve Jobs*, 342.
66. Ibid., 342.
67. Ron Johnson, entrevista com os autores, 10 de outubro de 2013.
68. Apple Computer, Inc., 1999 Form DEF 14A (arquivado em 9 de fevereiro de 1999), do site Securities and Exchange Com-

mission. Acessado em 20 de janeiro de 2014. (http://www.sec.gov/Archives/edgar/data/320193/0001047469-99-003858.txt)
69. Ron Johnson, entrevista com os autores, 18 de novembro de 2013.
70. http://blog.brightmesh.com/2011/10/24/jobs-a-players-work-with-a-players)
71. Grove, entrevista com os autores, 9 de outubro de 2013.
72. Grove, *Só os paranoicos sobrevivem*, 120.
73. Tedlow, *Andy Grove*, 226.
74. Grove, *Só os paranoicos sobrevivem*, 110.
75. Bill Gates, *Business @ the Speed of Thought: Using a Digital Nervous System* (Nova York: Warner Books, 1999), 182.
76. Cusumano e Selby, *Microsoft Secrets*, 59-61, 144-45.
77. Paul Maritz, entrevista com os autores, 7 de outubro de 2013.
78. Russ Siegelman, entrevista com os autores, 9 de outubro de 2013; ver também Kathy Rebello, "Inside Microsoft: The Untold Story of How the Internet Forced Bill Gates to Reverse Course", *Business Week*, 15 de julho, 1996, 56-70.
79. Enquanto pesquisavam para *Microsoft Secrets*, Cusumano e Selby entrevistaram dezenas de executivos e engenheiros da Microsoft e não ouviram quase nada sobre seu interesse na internet, que só surgiu em 1995, apesar de muitas vezes conversarem sobre a aparição da "Information Highway". Ver Cusumano e Selby, *Microsoft Secrets*, 180-85.
80. Russ Siegelman, entrevista com os autores, 9 de outubro de 2013.
81. Gates, *Business @ the Speed of Thought*, 166.
82. Grove, *High Output Management*, 120.

Conclusão: lições para a próxima geração

1. "An Owner's Manual for Google Shareholders". Acessado em 31 de outubro de 2013. (http://investor.google.com/corporate/2004/ipo-founders-letter.html)

2. Steven Levy, *In the Plex: How Google Thinks, Works, and Shapes Our Lives* (Nova York: Simon & Schuster, 2011), 215-17.
3. Jim Edwards, "Proof That Android Is Really for the Poor", *Business Insider*, 27 de junho de 2014. Acessado em 28 de junho de 2014. (http://www.businessinsider.com/android-v-apple-ios-market-share-revenue-income-2014-6)
4. Jeff Goodell, "Bill Gates: The Rolling Stone Interview", *Rolling Stone*, 13 de março de 2014, 50.
5. David Kirkpatrick, *The Facebook Effect: The Inside Story of the Company That Is Connecting the World* (Nova York: Simon & Schuster, 2010), 217.
6. Ver "Number of Monthly Active Facebook Users Worldwide from 3rd Quarter 2008 to 2nd Quarter 2014 (in Millions)", *Statista*. Acessado em 22 de maio de 2014. (http://www.statista.com/sEatisEics/264810/number-of-monthly-active-facebook-users-worldwide/) e "Facebook Statistics", Statistic Brain. Acessado em 22 de maio de 2014. (http://www.statisticbrain.com/facebook-statistics/)
7. Ver Brad Stone, *The Everything Store: Jeff Bezos and the Age of Amazon* (Nova York: Little, Brown, 2013), 269-273, 295-99.
8. "The Institutional Yes: An Interview with Jeff Bezos". Harvard Business Review, 2007.
9. David Streitfeld e Christine Haughney, "Expecting the Unexpected from Jeff Bezos", *New York Times*, 21 de outubro de 2013.
10. Gary Rivlin, "A Retail Revolution Turns 10", *New York Times*, 10 de julho de 2005.
11. Matt Rosoff, "Jeff Bezos 'Makes Ordinary Control Freaks Look Like Stoned Hippies', Says Former Engineer", *Business Insider*, 12 de outubro de 2011. Acessado em 30 de outubro de 2013. (http://www.businessinsider.com/jeff-bezos-makes-ordinary-control-freaks-look-like-stoned-hippies-says-former-engineer-2011-10#ixzz2kM7zwabS.
12. Ver A. Farhoomand, "Tencent's Business Model", Asia Case Research Center, University of Hong Kong, Caso #1003 (HBS

Publishing), 2013; Iian Alon and Wenxian Zhang, *Biographical Dictionary of New Chinese Entrepreneurs and Business Leaders* (Cheltenham, England, and Northampton, MA: Edward Elgar, 2009), 111; company annual reports and website, http://www.tencent.com/en-us/index.shtml.
13. Paul Mozur, "Tencent's Market Cap Rises Above $150 Billion", *Wall Street Journal Blogs*, 11 de março de 2014. Acessado em 5 de julho de 2014. (http://blogs.wsj.com/digits/2014/03/11/tencents-market-cap-rises-above-150-billion/)
14. Dorothy Leonard-Barton, "Core Capabilities and Core Rigidities: A Paradox in Managing New Product Development", *Strategic Management Journal* 13 (1992): 111-25.
15. Paul Maritz, entrevista com os autores, 7 de outubro de 2013.
16. Ibid.
17. Les Vadasz, entrevista com os autores, 7 de outubro de 2013.
18. Carl Everett, entrevista com os autores, 10 de outubro de 2013.
19. John Reed, entrevista com os autores, 14 de maio de 2014.

Índice remissivo

A empresa na velocidade do pensamento (Gates), 252
"A vantagem do gasto de capital" (Grove), 70
Aakers, David, 237
abordagens iguais, *Ver* Gates, Grove e Jobs, abordagens comuns aos três
acompanhamento, 230
Action Required (AR) designações de Grove
Allard, J, 251
Amazon.com, 205-206, 266-267
AMD (Advanced Micro Devices), 67, 69, 77, 96, 97, 98, 197
Amelio, Gil, 204
âncora, 269-276 *Ver também* Molde
A Organização em torno da Sua âncora pessoal
Anderson, Fred, 11, 54, 57, 58, 91, 140, 176, 223, 244
Android, sistema operacional, 142, 169, 138
antitruste, violações, 152, 209, 210, 226

AOL e a Microsoft, 119, 203-204
Aparelhos não-PC, 165-169. *Ver também* Aparelhos e específicos
aparelhos smart, 165-169. *Ver também* aparelhos específicos
Aplicativos para internet, 78
Apostas, *Ver* Fazer Grandes Apostas
Aposte alto sem apostar a companhia, 85-123
admitia erros, 116-117
apostas na hora certa, 102-103
aversão a riscos, 100-107
aversão de Grove *vs.*, 274-275
canibalize seu próprio negócio, 107-115
com liderança de mercado, 92-95
corte perdas, 115-121
descarte custos perdidos, 118-121
diversifique riscos, 103-104
espalhe apostas ao longo do tempo, 104-105

modifique a estrutura da indústria, 95-99
Nokia e Windows, 105
seja seu próprio substituto, 108-111
sobre novas tecnologias, 87-92
visão geral, 35, 122-123, 258-262
Apple
App Store, 30, 76, 121, 142, 150, 159, 222
canibalização de produtos, 108-111
complementos feitos na companhia, 158-159
depois de Jobs, 20, 53-54, 241, 242
e Microsoft, 32, 185-187, 202-203
e música digital, 73-74, 138-140, 158-160, 175-176, 201
e o GUI, 29, 40
equipe de administração, 222-223, 236-237, 204-206, 243-247
estratégia do hub digital, 49, 61, 81-82, 140
fechada, mas não fechada, estratégia de plataforma, 139-144
fracassos, 59, 82-83, 89, 188
Job's anchor as a drag on 271-272, 276-277
lojas de varejo, 91-92, 229, 245
lutando nos anos 1990, 88-89, 186-187
MobileMe, 81-82, 188
negociações sobre venda de ebook, 204-205
parceiros em ecossistemas, 148-149
propriedade de patentes e ações judiciais, 72
reorganização estrutural, 239-240
transformação para mentalidade de plataforma, 126-130, 142-143, 158
transição de aparelhos PC para Não-PC, 166-167
Ver também Jobs, Steve; *aparelhos específicos*
visão geral, 16-19, 27-30, 169, 254, 272
Apple II, 87-88, 101-102, 137, 202
aplicativos, Ver software
aprenda a dominar a estratégia, 8-9, 21
aprendendo e pensando, 21-22, 214-215, 220-221, 230, 236-238
AR (Ação Requerida), designações de Grove, 230
ARM Holdings, 272
Arte da Guerra, A (Sun Tzu), 179, 194
atenção seletiva de detalhes, 224-230

Ballmer, Steve, 20, 27, 94, 118, 182, 184, 210, 219, 227, 243, 251, 254, 277
banque o cachorrinho, 175-176
Barrett, Craig, 20, 208, 254, 277
batalhas sobre plataformas de smartphones, 142-143
Bezos, Jeff, 20, 38, 164, 205, 262, 266
Brin, Sergey, 210, 262
Construa Plataformas e Ecossistemas, 124-173
criação de complementos, 153-157
dilema do inovador, 160-161, 170, 171
ecossistemas, 142, 144, 269
plataforma Amazon, 267-268
Plataforma Facebook, 264
plataformas de indústria, 37, 125-129, 130, 133-136, 146-149
plataformas não PC, 165-168
prevenção da obsolescência de plataforma 160-169
produtos numa plataforma ambiente, 125-126, 130-141,169-170, 147-148
visão geral (visão geral), 16-19, 27-30, 169, 254, 272
Burke, Edmund, 39

campanhas de publicidade, 112-115, 229
canibalize seu próprio negócio 107-115, 122
capacidade, Ver investimentos na capacidade de fabricação
capacidade de computação, 62, 84-85
capacidade de fabricação, investimentos na, 118
Grove sobre, 118
Intel no negócio de placas mãe, 202
para o processador 386 da Intel, 130, 131, 139
para o processador Pentium da Intel, 95-96, 252, 272
Carter, Dennis, 11, 113, 117, 135, 237
Case, Steve, 192, 204
chips RISC vs. CISC, 134-135, 188-189, 198-199
Christensen, Clay, 75
Cinco regras, 16, 258. *Ver também* Construa Plataformas e Ecossistemas; Explore a Influência e o Poder; Olhe para o Futuro, Raciocine no Presente; Aposte Alto; Molde sua
Organização em Torno da sua Âncora Pessoal
cinco regras, além das, 269-276
coleta de informações, 230, 236, 250-252.*Ver também* pensando e aprendendo

combine as necessidades do consumidor com capacidades, 60-64, 239
e a GUI, 164
e Jobs, 49
e o Google, 264
  racionamento de peças pela Intel, para, 207
  travando na, 46, 72-73, 160-161, 170, 171
Comissão Federal do Comércio (FTC), 208-209
Comissão Federal do Comércio dos Estados Unidos, 208-209
Compaq Computer, 98
compatibilidade, 101-102, 134-137, 138-141, 160, 163, 166-168
computação em nuvem, 81-82, 188, 262-263
conceito de plataforma de trilhos e efeitos de network, 128
concorrentes
  aborde e amplie as forças dos concorrentes, 187-192
  antecipe movimentos dos, 65-68, 84
  Apple e Microsoft como, 187
  ataque ao "castelo" Intel, 65-66
  barreiras contra entrada, 69-71
  "Como conseguir 30% do mercado em 12 meses", 193
  compartilhamento do código fonte da Microsoft com, 151-152
  cooperando com, 182-185
  coopetição, 183-184
  e buracos na linha de produtos, 196-199
  Gates e, 64, 66-67
  imitação como reação ao desafio do concorrente, 187-205, 193
  Jobs, segredo sobre projeto, 67-68 177-185
  vaporware para enervar os concorrentes, 194-195
conheça-se a si mesmo, 217-224
preencha o vazio deixado pelas fraquezas, 214, 243-247
visão geral, 217-218
conhecimento, 249-252. *Ver também* poder para as pessoas com "o conhecimento"
Considerações sobre cadeia de fornecedores, 61-178
consumidores (clientes)
  antecipe as necessidades dos, 55-60, 65, 83-84
  e a Amazon.com, 266
  e as questões de compatibilidade da Apple 101-102, 139-140, 168-169

e o constante "veja e sinta" da
Apple, 228
construa complementos para,
158-159
conteúdo de multimídia e chip
MMX Pentium 161-162
contratando empregados, 247-
249
Cook, Tim, 111, 236, 241, 245,
254, 277
coopetição, 183-184
CP-DOS, sistema operacional,
183-184
CPU, *Ver* microprocessadores
Cue, Eddy, 181
cultura das companhias
abrindo uma cultura fechada
na Intel 248-249
atenção a detalhes, 225-226,
228
cultura aberta na Microsoft,
249-250
ética no trabalho, 33
Ver também Molde a Organização em Torno da Sua Âncora Pessoal
pensamento disciplinado na
Intel, 220, 224-225
sigilo na Apple, 177
visão geral, 37, 213-214, 253-
254, 261, 269-270
Cusumano, Michael, 15, 127,
218, 251
Cyrix, 196

DEC (Digital Equipment Corporation), 45, 207-208
DEC, ação judicial de infringência, 207-208
capacidade de fabricação
para, 69-70, 211
e o negócio de placa-mãe da
Intel 155-156
MMX, conjunto de instrução,
161-162
processe o erro como ameaça
mínima, 116-117
Deep Blue, 43
Departamento de Justiça dos
Estados Unidos, 14, 152,
192, 209
desempenho financeiro, 16-18
desempenho *vs.* compatibilidade, 133-134
desenvolvimento de arquitetura ônibus na Intel, 147
dilema do inovador, 160-161,
170, 171
direção errada, 175, 179-181
direitos de licenciamento, 70-
71, 85-86, 96-98, 132-133,
149
Donne, John, 129
DOS, sistema operacional
IBM pedindo a Gates um,
27, 40
imitação da Novell, 189
kits de desenvolvedor de
software, 151
no IBM PC, 27-28

retenção de licenciamento dos direitos pela Microsoft, 70-71, 132
transição para o Windows, 163
Windows como foco em vez de, 107-108
Dubinsky, Donna, 108, 244
Dunlap, Tom, 96, 97
Dvorak, John, 163

e-books, 205, 206, 210
ecossistemas
  abertos mas não abertos, 150-152
  controle de Jobs na Apple, 142
  crescendo o bolo, 146-150
  na China e além, 268
  visão geral, 144-145
efeitos da rede, 21-22, 73, 127-128, 268 e Ecossistemas
  Ver também Construa Plataformas
Elop, Stephen, 106
estilos de liderança, 33-34, 36, 37
estratégia, x. *Ver também* cinco regras; visão
estratégia da plataforma fechada, mas não fechada, 138-143
estratégicos, pontos de inflexão, 55-60, 84, 98
estrategistas, 7-10

Excel, 27, 53, 72, 104, 152, 156-160, 203
Explore a influência e o poder, 172-212
  abraçe e amplie as forças dos concorrentes, 187-191
  empurre com seu peso, 191-210
  ficando sob o radar, 175-180
  mantenha seus inimigos por perto, 182-186
  Ver também, táticas de judô, táticas de sumô
  visão geral, 37, 172-175, 210-211, 261
externalidades da network, 170
Extrapolação, 44

fracassos
  fracasso da Intel em diversificar, 274-275
  mudança na hora e segmentação, 100
  na Apple, 59, 81-82, 88, 188
  projeto Itanium na Intel, 105-106, 162-163
  reações ao, 116-120, 122-123
fraquezas, preenchendo os vazios deixados por, 214, 243-247
Fairchild, semicondutor, 220
Feedback, alças de, (efeitos de network) 55, 100, 167-168, 268 *Ver também* Construa Plataformas e Ecossistemas.

Financial Times, 195
fonte aberta, aversão de Jobs sobre, 167-168
forças, 166-67. *Ver também* conheça-te a ti mesmo; Molde a Organização em Torno da Sua Âncora Pessoal
FTC (Comissão Federal do Comércio), 208
Fundenberg, Drew, 175
Futuro, antecipando e moldando, 39-40. *Ver também* olhe para o futuro, raciocine no presente.

Gates, Bill
acessibilidade de, 250
âncora pessoal de, 46, 48, 50-52
aprendendo e pensando, 184-185, 194
e a IBM, 12, 24, 67-68, 140-41
e a Internet, 54-55, 57, 88, 124-25, 148, 195-96, 237n79
e a Lei de Moore, 28
e Ballmer, 189
e coopetição, 140-147
e GUI, 77, 149-50
e o Apple Macintosh
e o OS/2 para a IBM, 67-68, 69, 76, 77, 141
informação biográfica, 22, 23, 30, 100, 203
Semana de Pensar, 237, 252
teoria do aluguel, 243
vaporware para enervar a concorrência, 195-196
Ver também Microsoft; entradas começando com "Gates, Grove and Jobs"
visão para computação pessoal, 32, 45, 48, 130
Gates, Bill, citações
concorrência, 63, 67, 187
domínio, 192
estratégia, 24
fator humano em empenho nos negócios, 216
foco, 225
IBM, 184
interfaces gráficas como pedra angular da Microsoft, 100
Internet, 78, 160
oportunidades, 121
sob a perspectiva do mais fraco, 40
sobre aplicativos escritos por companhias independentes, 143
software como recurso em baixa, 52, 214
Gates, Grove e Jobs
aplicação das lições aprendidas, 19-20
apostas grandes e ousadas, 122-123
aprenda a ser estrategista, 21-22
atenção aos detalhes, 224

atitudes comuns aos três nas abordagens
atitudes comuns aos três nas abordagens, *(cont.)*
atributos compartilhados, 30-31
desempenho financeiro, 16-18
diferenças entre eles, 31-32
envolvimento em decisões práticas do dia a dia, 172-173
estimule demanda para novas versões, 153-154
estratégia de plataforma, 129, 142-144
facilite inovações e cooperação em seus ecossistemas, 128-129
falta de treinamento em administração compensada com âncoras pessoais, 213-216, 222-223
foco no quadro mais amplo, 231
fotografia dos três, 13, 20-21
natureza competitiva, 170-171
honestidade intelectual, 118-119
identificação dos principais pontos de influência, 106-107
jogue hardball, 202
metas comunicantes, 68-69
olhar para o futuro e raciocinar no presente, 73-74, 83-84
parceiros executivos e empregados, 41
paranoia, 80-83
plataformas da indústria, 31-32
possibilidade de fracassar, 40-41, 122-126
reconheça pontos de inflexão estratégicos, 79
revise visões, 50
siga a liderança do concorrente, 170-171
táticas de judô e sumô, 174-176, 192
visão geral, 18-19, 24-25, 225-226, 230
Gaver, Annabelle, 127
Gelsinger, Pat, 62, 135, 162, 230, 248
Gerstner, Lou, 51
Gill, Frank, 98, 136, 155, 274
Google, 224-225
gravidade, 78-199
Grove, Andy
amarre o presente com o futuro, 92-93
âncora pessoal de, 200, 204-205
antecipe as necessidades do consumidor, 59-60
aversão a risco, 273
carreira, 8-9, 22

direção estratégica de alto para baixo, 235
e confronto construtivo na Intel, 238-239
e potencial dos microprocessadores, 44-45
expansão do capital como barreira contra concorrência, 61-62
gravidade, 77, 199
informações biográficas, 24, 219-220
internet, 230-231
jogando hardball, 202-203
lei de Moore, 39-40, 50
paranoia de, 60-61
pensando e aprendendo, 40, 200, 203, 214
transformar a Intel, de semicondutores para microprocessadores, 50, 52
Ver também Intel, *entradas começando com* "Gates, Grove e Jobs"
vídeo conferência/ISDN fiasco, 62
Grove, Andy, citações
administração, 107
capacidade de fabricação, 85
foco, 190
instinto, 80
livrar-se de produtos, 140-141
paranoia
pensamento visionário, 46
poder do conhecimento, 225-226
pontos de inflexão estratégicos, 92
sobre mudança 10X, 90
GUI (graphical user interface), 29, 57, 78, 88, 164, 195, 244

hardball, 202
HarperCollins, 205-207
Henderson, Bruce, 69
Hewlett-Packard, 28, 195, 162
High Output Management (Grove), 9

IBM
campanha da Intel para Intel Inside, 104
diversificação dentro da, 46
e Gates, 20, 40, 89-90, 179-180
e os direitos de licenciamento do DOS, 70, 125
Microsoft encerra parceria com, 94-95
sistema operacional CP-DOS, 179-180
visão geral, 92
iBookstore, 205
iCloud, 82, 188, 222
iMac, 29, 30
Imprudente *vs.* ousado, 87
indústria, estrutura, Intel forçando mudança na, 91-94
indústria de clones, 70, 97, 98, 131-132, 175-176

Indústria de computadores
  alta tecnologia (high-tech), mercado da, características, 16-17
  aplicativos para internet, 79-80
  camadas, de verticais para horizontais, 45
  confronto construtivo, 201-202
  consumidores, *Ver* clientes
  desenvolvimento da arquitetura ônibus na Intel, 147
  dominando uma camada horizontal, 51
  e GUI, 28, 49, 52, 89-90, 100, 142, 180-181
  e IBM, 93
  investimentos na capacidade de computação, 40, 68-70
  MIPS aplicativos, 60-76
  mudanças na arquitetura, 89-90
  negócio de servidores, 65, 72-73
  transformação da, 46
  Ver também computadores pessoais,
Influência. *Ver* táticas de judô
inovações complementares,
  complementos para os CEOs, 276
  criando dentro da companhia, 153-158
  sucesso do efeito plataforma em, 150-151, 163, 165
  terceiros, 130-131
  Ver também Construa Plataformas *e* Ecossistemas
  Ver também equipe de administração
  visão geral, 124-125, 169-170
Instagram, 265
Intel
  âncora de Grove como atraso, 271
  canibalização como meio de vida, 110-111
  colocação de marcas, 25
  como cultura fechada, 226-227
  como microprocessador única fonte, 90-91, 102-103
  concessão de licença e diluição de lucros, questões, 100
  construir barreiras contra a entrada, 69-70
  desempenho financeiro, 16-18
  e clones, 100, 180-181
  e plataforma de indústria, 98-102, 126-130
  equipe de gerenciamento, 200, 205-206, 215
  fracasso em diversificar, 273
Itanium, chip de 64 bits, fracasso do, 102-103, 150-151

meta de fabricar produtos
  obsoletos, 108
no PC da IBM, 29
NSP e a Microsoft, 163
PCI e USB, desenvolvimento,
  148
Pentium, falha no projeto do
  processador, 116
placa mãe, produção, 145-146
pontos de influência, 210-211
pós Grove como CEO, 20
processo de planejamento,
  215-216
retenção de concessão de
  licença, 85-86, 96-98
sigilo, na, 72-73, 170
SLRP, 66, 112, 200, 212, 234,
  235
transformação para menta-
  lidade de plataforma,
  138-139
Ver também Grove, Andy
capacidade de fabricação
investimentos; micropro-
  cessadores
visão geral, 22, 215
"Intel Inside", campanha de
  propaganda, 113
interface gráfica (GUI), 29,
  78, 88
internet
  e Gates/Microsoft, 77-78, 80,
    105, 210, 220-221
  e Grove, 77
  e Tencent, 262

surgimento da, 21, 76-78, 80
Ver também browsers (navegadores) da Web
internet, "A Onda Sísmica da",
  (Gates) 77-78, 80, 210, 221
Internet Explorer, 120, 164, 185,
  191, 204
interpretação, 44
Intuit, 157
iOS, 168
Iovine, Jimmy, 175-177
iPad
  campanhas de publicidade,
    200
  canibalização de Mac, 113
  como plataforma de indús-
    tria, 130-131
  e a App Store, 145
  e iBookstore, 178-179
  Jobs enganando a mídia no
    pré-lançamento, 154-155
  parcela do mercado decres-
    cente, 140-141
  versões 2002-2003 da Apple,
    42
  visão geral, 32
iPad Mini, 181
iPhone
  Android *versus*, 140-141
  aplicativos para, 115-116, 132
  como plataforma de indús-
    tria, 130-131
  e iWatch, 143
  estratégia de Jobs para, 170
  lançamento, 32, 105-106, 152

sigilo da Apple sobre, 178-179
sistema operacional para, 154-155
Infoworld, revista, 177
ipod
  campanha para, 202
  como família de produtos para grande número de usuários, 200-201
  como plataforma de indústria, 148-149
  domínio do iPhone sobre, 116-117
  e iTunes, 74, 76, 139, 140, 141, 158
  estratégia de plataforma, 139-142
  interações, 115, 182
  sistema operacional para, 139-142
  sucesso do, 139-142, 182
iPod mini, 109, 201
iPod Shuffle, 179
iPod Touch, 201
Isaacson, Walter, 107
ISDN, linha de telefones, 62
Itanium, projeto da Intel, 105-106, 162
iTunes, 73-76, 139-141, 150, 200
iTunes Music Store, 74
Ive, Jonathan "Jony", 229, 236, 241, 246, 254
iWatch, 144

James, Renée, 122, 148, 199, 248
Java, 68, 190, 191
Jobs, Steve
  âncora pessoal de, 34, 56, 130, 132, 198, 202
  antecipe necessidades do consumidor, 60-62
  aprendendo e pensando, 20, 225
  atenção aos detalhes, 215-216
  banque o cachorrinho, 176
  canibalização dos produtos Apple, 111
  carreira, 10
  e violações antitruste, 208
  e GUI, 50, 102
  e o NeXT, 30, 92, 138
  e operações, 232
  filosofia "sem botes salva-vidas", 167
  impulsione as mudanças multiplicadas por dez, 70
  informações biográficas, 26, 32-34, 89, 99, 223, 228
  jogo de hardball, 202, 203, 205, 209
  ligando o futuro com o presente, 62
  paranoia de, 68-69
  podando a lista de produtos da Apple, 59-60
  produtos como foco, 128, 130-132

Ver também Apple entradas começando com "Gates, Grove e Jobs"
visão para a Apple, 58
visão para computação pessoal, 88
Jobs, Steve, citações
　sobre Apple vivendo em um ecossistema, 144
　sobre coexistência da Apple e Microsoft, 182
　sobre desejos dos consumidores, 55
　sobre fracasso, 99
　sobre todos ganham para Apple e Microsoft, 186
　sobre integração de produtos, 137
　sobre iPhone e Android, 188
　sobre períodos criativos, 44
　sobre qualidade vs. quantidade, 55
　sobre sucesso da Apple, 54
　sobre ter sido demitido da Apple, 216
Johnson, David, 144
Johnson, Ron, 49, 61, 91, 223, 236, 241, 245, 246
Jones, Reginald, 278
Judô, táticas de, 174-192
　banque o cachorrinho, 176-177
　coopere com concorrentes, 170-188
　coopetição, 183-184
　da soma zero ao todos ganham, 185-186
　identifique pontos de influência chave, 201-202
　imitação como reação ao desafio do consumidor, 187-188, 195
　manter-se sob o radar, 188-189
　sigilo na influência, 189-190
　usando o erro de direção, 189
　Ver também influência
　visão geral, 42, 178-179, 202

Kildall, Gary, 130
Kinnie, Craig 135, 147
kits para desenvolvedores de software, 151

Lachenauer, Rob, 202
Lei de Moore, 44-45, 51
Leonard, Dorothy, 271
Levinson, Art, 120, 142
liderança de mercado, 98-99
Lisa (computador da Apple), 88
lógica, testes e acompanhamento, 202
Loja App, Apple's, 92
lojas de varejo, Apple, 92
Lotus, 27, 72

MacBasic, 202
MacBook, laptop, 91
Macintosh,

apoio financeiro do Apple II, 98
aplicações de agrupamento, 154
e GUI, 26, 52
e o software Microsoft, 198, 210
falta de compatibilidade com o Apple II, 162-163
iPad cortando as vendas do, 225
iPod como suporte financeiro para transição de chip, 204-205
lançamento, 26-27
paixão de Jobs, por, 202-203
parcela de mercado, 145-146
sistema operacional OS X, 67, 90, 167, 168, 228
software de terceiros para, 132
substituindo o Power PC pela tecnologia Intel, 62, 65-66, 75-76, 127
Macworld Expo, Boston, 185
Ma, Huateng "Pony", 20, 267
Maloney, Sean, 76
  equipe de administração e desempenho ótimo dos empregados, 203
  escolha sucessores, 274-275
  instile disciplina com atenção aos detalhes, 211-212
  na Apple, 211-212
  na Intel, 234, 250
  na Microsoft, 202, 203, 252
  Ver também poder para pessoas com "o conhecimento"
  visão geral, 254-255
  manter-se sob o radar, 175
Manzi, Jim, 152
Maples, Mike, 156
Maritz, Paul
  informação biográfica, 250
  sobre acessibilidade de Gates, 243
  sobre aparelhos móveis e Microsoft, 249-250
  sobre Gates e Ballmer, 243
  sobre IBM e a Microsoft, 118
  sobre plataformas da Microsoft, 166
  sobre visão de Gates, 42
Markkula, Mike, 236
mensagem instantânea, 268
mercado de alta tecnologia, 20-21
mercado de massa, indo para, 139-140
mídia e Apple, 165-166
microprocessadores
  adicione novas capacidades aos, 75-76
  Apple substituindo chip Motorola 68000 pelo chip PowerPC, 99
  Apple substituindo chip PowerPC pela tecnologia Intel, 103

Cisc vs. RISC, 135, 188
compatível com anterior, 132
DEC, ação judicial contra Intel, 159-60
e projeto da placa-mãe, 142-143
Intel como única fonte, 99
Intel, impressão da marca, 22, 125
Intel, passagem de semicondutores para microprocessadores, 50, 208
licenciamento e diluição dos lucros, 102
para aparelhos smart, 165
potencial dos, 59-60
sistemas 32 bits vs. 64 bits, 162
Ver também Intel
visão geral, 24-25
Microsoft
aberta, mas não aberta, estratégia, 142
âncora de Gates atrasando, 243
"Como chegar a 30% da parcela em 12 meses", memorando, 192
desempenho financeiro, 12-14
diversificando o risco, 102-103
e a AOL, 89, 156-157
e a Apple, 32, 182-184
e a IBM, 52
e Departamento de Justiça, 140
e Java, 80, 191-192
e mercado de produtividade do desktop, 88-89
e negócio de smartphones, 188
e o Departamento de Justiça dos Estados Unidos, 150, 201
e o software NSP da Intel, 162
equipe de administração, 50, 217
estratégia para atender necessidades do consumidor, 65
fazendo produtos e melhorando depois, 65, 88-89
inflexão, pontos de, 201-202
licenciando direitos de retenção, 92
planejamento, processo de, 211-212
pós Gates, 20, 211, 265-266
terminando parceria com a IBM, 98-99
Ver também sistema operacional DOS;
Gates, Bill; sistemas operacionais
visão geral, 24-25, 165-166
Windows; *software específico*
Microsoft Money, 157
Microsoft Network (MSN), 118-119

Microsoft Secrets (Cusumano e Selby), 281
Microsoft Word, 72, 203
MMX e o chip Pentium, 161-162
MobileMe, 58, 82
Molde a organização em torno da sua âncora pessoal, 213-256
   âncora pessoal atrasando o progresso, 225-230
   atenção seletiva a detalhes, 224
   conheça-te a ti mesmo, 217
   paixão de Gates pela tecnologia, 62, 217
   paixão de Grove pela disciplina, 219
   paixão de Jobs pelo design, 222
   poder para pessoas com "o conhecimento", 242
   visão do quadro mais amplo, 125-126
   visão geral, 42, 198-199
Moore, Gordon, 25, 45, 70, 96, 114, 133, 220
Mossberg, Walter, 82, 179
Motorola 68000, microprocessador, 90
MSN (Microsoft Network), 118
MSNBC, 118
mudança
   administração de mudanças, 20-21, 90
   gerenciamento de mudanças, 20-21, 98
   Intel forçando mudança na estrutura da indústria, 61
   mudança na hora certa e segmentação *vs.* fracassos, 100
   mudanças multiplicadas por dez, 75, 79
   mudando o jogo, 95-96
   estrutura da indústria, 98-99, 154-155
   com liderança no mercado, 97-99
   com novas tecnologias, 90-95
   reações às mudanças multiplicadas por dez
mudanças multiplicadas por dez, 75, 79
mudanças de arquitetura, 65-66
Mundie, Craig, 250
Munster, Gene, 179
Murdoch, James, 206
Murray, Brian, 207
Myrhvold, Nathan, 48, 250
MySpace, 265

Nano, 109, 201
navegadores, *Ver* Web browsers
navegadores (browsers) da Web
   Amazon Web Services, 266

como ponto de inflexão estratégico, 98-99
e Gates, 176-177, 195-196
Internet Explorer, 53, 73, 81, 120, 164, 185, 191, 192, 204
Netscape Navigator, 120, 191
Negociações, jogando hardball em, 202-208
networking, indústria, 275
NeXT Computers, 138
novas gerações de companhias e CEOs
Bezos, 266
e âncoras pessoais, 270-271
e complementos, 276-277
e cinco regras, 233-234
Ma, 267
Page, 262
visão geral, 22-23, 242, 254
Zuckerberg, 264
Nokia, 106-107, 170, 181, 277
Nourry, Arnaud, 205
NSP (Native Signal Processing), 163

obsolescência. *Ver* prevenção de de obsolescência de plataforma
Oculus, 265
Olhe para o futuro, raciocine no presente 42-83
analogias na teoria dos jogos e no xadrez, 42-44
antecipe as necessidades dos consumidores, 55
antecipe os movimentos dos concorrentes, 65
antecipe pontos de inflexão estratégicos, 75
combine as necessidades dos clientes com as capacidades, 60
comprometa-se a mudar, 79
construa barreiras contra entrada, 69
e pontos de influência estratégicos, 75
estabeleça limites e prioridades, 51
permaneça no futuro próximo, 60
prenda os consumidores, 55
princípios, 42
visão do futuro, 43-50
visão geral, 40, 42-45, 254
Olsen, Ken, 46
ônibus serial universal (USB), desenvolvimento do, 148
OS/2, sistema operacional, 72, 93-95, 99, 104, 184
OS X, sistema operacional, 67, 90, 167, 168, 228
ousado *vs.* imprudente, 98
Otellini, Paul, 20, 112
"O ovo e galinha", problema como dilema relacionado com plataforma, 154, 155, 156

Page, Larry, 20, 38, 262
paranoia, 38, 65-66
paixão, 37-38. *Ver também* conheça a si mesmo; Molde a organização em torno da sua âncora pessoal
paixão de Gates pela tecnologia, 62, 217
paixão de Grove pela disciplina, 219
paixão de Jobs pelo design, 222
PC da IBM
   chip PowerPC, 69, 86, 90, 97, 102
   com chips Intel, 89, 168, 199
   e o sistema operacional DOS, 26, 29, 61
   OS/2, 72, 93-95, 99, 104, 184
PCI (Peripheral Component Interconnect), desenvolvimento, 147
pensando e aprendendo, 20-21, 201-202, 207-208, 210, 212-213
Pentium, processadores e Celeron, 207
perspectiva dos que estão por baixo, 32
pessoal, âncora. *Ver* Molde a organização em torno da sua âncora pessoal
pessoal, âncora causando contenção, 254
pessoal, conscientização. *Ver* conheça a si mesmo
pessoais, computadores
   Apple II, 88, 100-102, 137, 167
   e microprocessadores Intel, 24, 98, 99-100, 113, 115, 117-118, 135
   e o mercado de software, 214-215
   indústria de clones, 131-132, 196, 198
   interesse de Grove no upgrade, 151
   serviços, valor acrescido na China, 26
   Ver também Apple II; PC da IBM; Macintosh
Wintel, computadores, 89, 91, 149, 163
Pfeiffer, Eckard, 114
Pixar, 29, 55, 89
placas-mãe, 155-156
Planejamento Estratégico de Longo Prazo (SLRP) na Intel, 66, 234
planos estratégicos, planos para produtos tornam-se, 215-216
plataforma, prevenção de obsolescência, 160
   visão geral, 160, 168, 169, 174
   ampliando aspectos e capacidades de plataformas, 161-165
   reconhecendo as necessidades para novas plataformas, 165-168

plataforma aberta, mas não aberta, estratégia, 142, 153
plataforma com grade de poder, conceito e efeitos de network, 127-128
Plataforma Facebook, 264-265
plataformas, 20-21, 124-125, 128-129.
Ver também Construa plataformas e ecossistemas
plataformas de indústria, 37, 126-130, 137, 142, 149, 160, 170. *Ver também* Construa plataformas e ecossistemas
plataformas múltiplas e efeitos de network da Tencent, 268-269
Platform Leadership (Cusumano e Gaver), 127
Podolny, Joel, 10, 11
poder. *Ver* táticas de sumô
poder da organização, ligando o poder de conhecimento ao, 247-248
poder para o povo com lançamento de uma larga rede para a informação, 248-249
conectando poder de conhecimento com poder organizacional, 245-247
empregados, 245-247, 248, 251
"o conhecimento", 238-239
parceiros, encontrando, 239-242

Ver também equipe de administração
visão geral, 239-240
pontos de inflexão. *Ver* pontos de inflexão estratégicos
PowerPC, chip (IBM), 69, 86, 90, 97, 102
preços, estabelecimento de
e gravidade, 78-200
iPad, aplicativos, 142
iPhone, 111
iPod, produtos, 200
na Amazon.com, 266
para prender clientes, 80-81
priorização. *Ver* Olhe para o futuro, raciocine no presente,
processadores Celeron, 199
Processamento Nativo de Sinal (NSP), 163
produtos
como foco de Jobs, 130-131, 134-135, 196-197, 210-211
novos produtos, decisões de desenvolvimento, 205
planos para o futuro se tornam o plano estratégico, 210-214
produtos únicos, 22, 37, 127, 171
produtos num ambiente de plataforma, 125-128
colocando plataforma antes do produto, 128-130

compatibilidade supera desempenho, 141
falta de compromisso de Jobs com, 125, 167
indo para o mercado de massa, 142
visão geral, 130-142
produtos únicos, 127, 171
Projeto
aplicativos para produtividade no desktop, 53, 72, 159
atenção ao, de Jobs, 32, 62, 154
detalhes, 52-53, 201-202
Digital Equipment Corporation (DEC), 45
disciplina, 201-202, 210-211
estratégia do hub digital da Apple, 49, 61, 82, 139
falha de projeto no processador Pentium
falha em diversificar, 101-102
música digital, 73, 76, 200
sigilo na Intel, 177-179
sistema de administração de direitos digitais, 183
tocadores de música digitais, 109, 166
Ver também iPod
proprietários, serviço on-line de, 190

Quadro maior, 231-239
visão geral, 234
planos para produtos tornam-se planos estratégicos, 232-235
fornecendo direção do alto, 231-233
tempo para pensar e aprender, 227-228, 230, 232-233
conselho de diretores e processo de sucessão, 254, 255

raciocínio, Ver Olhe para o futuro, raciocine no presente
Ratzlaff, Cordell, 228
reações às mudanças multiplicadas por dez, 79
Reardon, Thomas, 251
Redmayne, Charlie, 205
recursos, alocação de, 65-66
risco, 103-104, 272-273. Ver também Faça grandes apostas
Rock, Arthur, 172
Rogers, Jerry, 196
Rubinstein, Jon
  informação biográfica, 236
  sobre a estratégia, 62, 145
  sobre assumir riscos de Jobs, 101, 110, 124
  sobre Jobs e música digital, 182, 183
  sobre Jobs odiar fonte aberta, 168
  sobre habilidades de negociação de Jobs, 195
  sobre negócio da Apple com a Microsoft, 190
  sobre o foco no negócio de Jobs, 215

sobre sigilo na Apple, 181
sobre a visão de Jobs, 84

Schiller, Phil, 120
Schmidt, Eric, 263
Sculley, John, 203
Selby, Richard W., 218
Semana do Pensamento de Gates, 237
semicondutores, indústria de, 96, 208, 220. *Ver também* Microprocessadores
servidores, negócio de, 80, 162
Shirley, Jon, 81, 104
Siegelman, Russ, 48, 81, 93, 118, 238, 252
Sigilo na influência, 1820-183
Silverberg, Brad, 250
Simonyi, Charles, 250
Sinofsky, Steven, 251
Sistema operacional Android do Google, 143, 263
sistemas operacionais
  Android, 143, 263
  foco da Microsoft em, 168
  OS/2, 72, 93-95, 99, 104
  OS X, 67, 90, 167, 168
  para aparelhos smart, 165
  para CPUs da Intel, 199
  Ver também sistema operacional DOS; sistema operacional Windows
  Visi On, 195
Slivka, Ben, 251

SLRP (Planejamento estratégico de longo prazo) na Intel, 66, 234
Só os paranoicos sobrevivem (Grove) 34, 65, 76, 248
sócios, encontre, 254-255
software
  aberta, mas não aberta, política, 142
  agrupamento, 88-89, 124, 164, 165
  aplicativos, escritos por companhias de
  aplicativos para produtividade em desktops, 53, 72, 159
  e demanda por microprocessadores, 179
  e Microsoft, 120-121, 215-216
  para iPhones, 134
  software de terceiros e produtos Apple, 131-132
  softwares independentes, 144
  Ver também sistemas operacionais
software, indústria, 32, 56, 58. *Ver também* Microsoft
Stalk, George, 202
sucessores, escolhendo, 254
sumô, táticas de, 174
  e respeito pelas regras, 211
  enervando os concorrentes, 191

jogando hardball, 202
minimizando aberturas para ataque, 191
visão geral, 167-168, 177-178, 254
Sun Tzu, 179, 194

tablets, batalhas sobre plataforma de, 132-133
tecnologia
 efeito de inovação, 18, 19
 nova geração de companhias e CEOs, 20-21
 paixão de Gates por, 205, 210-211, 216-217
 questões de engenharia e fabricação, 216-217
 reações a mudanças multiplicadas por dez, 98
 Ver também investimentos em capacidade de fabricação
Tencent, 268-269
teoria dos jogos, 42
Tevanian, Avie, 63, 122, 167, 180, 236
todos ganham, da soma zero ao, 165, 185-187
trabalho, ética no, 34

única fonte, estratégia da Intel, 99, 105
usando seu peso para abrir caminho. *Ver* direção alto a baixo, 199

Time, revista, 75° aniversário, 13
Tirole, Jean, 175

Vadasz, Les, 63, 219-221, 237, 274
vaporware para enervar os concorrentes, 194
videoconferência, fiasco do ISDN, 62
visão, 64, 68-70, 82-83, 95-96, 145
Visi On, sistema operacional, 195

WhatsApp, 265
Windows, sistemas operacionais
 aposta da Nokia sobre, 110
 competição com a IBM, 99-100
 complementos do, 142-143
 conhecimento de Gates sobre, 215
 construindo a parcela de mercado, 205-206
 e emergência da Internet, 98-99
 lança estratégia pré-imprensa, 185-186
 melhorias para, 97-98
 no iPod, 145-146
 paixão de Gates por, 102-146
 substituindo o DOS pelo, 101-102
 kits para desenvolver o software, 142

para aparelhos smart, 165
   transição de DOS para, 156
   visão geral, 78, 245-246
Wintel, computadores, 89, 91, 149
Wozniak, Steve, 28
Wriston, Walter, 278

xadrez, 42
Xerox
   Invenção do GUI, 57

Yoffie, David, 12, 15, 134, 138
YouTube, 263
Zuckerberg, Mark, 20, 264

best.
business

Este livro foi composto na tipologia Palatino LT Std Roman, em corpo 10,5/15, e impresso em papel off-set 75g/m² no Sistema Cameron da Divisão Gráfica da Distribuidora Record.